正义在左，赔偿在右

JUSTICE ON THE LEFT
REPARATION ON THE RIGHT

诉讼律师办理
疑难损害赔偿案件制胜之道

张荣君　著

中国法制出版社
CHINA LEGAL PUBLISHING HOUSE

我拿着一只大盾,保护两方,不让任何一方不公正地占据优势;我制定法律,无贵无贱,一视同仁。

——梭伦

序一

李宗胜[①]：漫卷显初心

在好友荣君律师新作《正义在左，赔偿在右：诉讼律师办理疑难损害赔偿案件制胜之道》即将出版之际，我表示由衷的喜悦。正所谓：侠之大者，为国为民——律师的社会责任亦如此。对于执业律师著书立说，我向来都是提倡、赞成并鼓励的。

虽间隔大连与沈阳两地，但和荣君的交流从未间断。我们在沈阳、盘锦、鞍山、大连乃至全国律协组织的很多专业性会议和论坛上会经常有侃谈。就在两个月前，我们还在沈阳辽中共同参与了一起卷宗多达153本、共有16名被告人的涉黑案件辩护工作。我作为第一被告人的辩护人，他作为第三被告人的辩护人，我们一同研讨辩护思路，庭审配合默契，相得益彰，应当说辩护获得了极大成功，受到了当事人的好评。

非常欣喜地看到荣君的这部书稿，这是他的第二部作品了。律师从实践中总结、升华出自己的书籍，虽不能说夙兴夜寐，但却需孜孜以求，而且还要善于研究。荣君无论在办理案件上还是总结提炼中，均是如此。这本书还能从侧面反映他的人格，笔墨之中折射出他为公平而奋斗、为正义而呐喊的每时每刻。在这里，案件标的虽有大小之别、多少之差，但为维护权利而不懈努力的脚步却是一视同仁的。这里有他"青山遮不住"的本性，那就是任何权利、任何人的权利、任何人的任何权利，都应是平等的、庄严的、珍贵的。从这个意义上说，任何权利都是"大权利"，均应受到重视和保护。

[①] 李宗胜，系全国人大代表，辽宁省律师协会副会长。

荣君律师的这部书稿，可谓案例鲜活，以理取胜，超然远览，爬梳剔抉。我感到其心可鉴、其情可佩、其言可明、其志可嘉。如果要概括一下的话，我觉得在荣君身上，体现了"五个有"。

一是有韧劲。作为一名律师，面对疑难复杂的案件，没有韧劲不行。好做的案子没看头，难做的案子才有咬头，才有回味。书中的每一个案例都渗透着作者的辛苦劳作，如手记"让悬空的权利落地"中，积5年之功代理一案，包含了劳动能力鉴定、仲裁、民事诉讼、强制执行、申请先行支付、到基层法院提起行政诉讼、到上一级法院提起行政诉讼、再回到基层法院提起行政诉讼并参加庭审等十多个程序，最后获得了相对满意的判决结果。在案件的后期，他用足和穷尽了行政诉讼立案的所有规定，咬定青山不放松，不达目的不罢休，才成就了辽宁乃至东北地区工伤保险赔偿先行支付"第一案"。实际上，在律师代理的案件中，劳动案件的程序比较烦琐，数额也高低不一。而在刑民行三大诉讼领域中，行政诉讼案件的难度也是相当大的。当这几种因素融为一体时，他的工作强度和压力可想而知。该案中当事人遇到的律师不是退避三舍而是锲而不舍，可谓幸运之至。

二是有思路。思路就是思维和谋划，谋定而后动，方为上策；奇正结合，迂回逆袭，才称得上高手。荣君在案件开始前和案件进行中都会进行深度的谋划，这一点值得称道。如手记"转包谜局与表见代理之争"中，采取击中要害、借力打力、层层递进、顺藤摸瓜之法，坐实了"大包"挂靠在某建设集团公司名下，从而使法院判决"大包""二包"与建设集团公司承担连带赔偿责任。目前的建筑工程领域，还不同程度地存在着层层转包、违法分包的现象，一些潜规则大行其道。如果不采取一些策略和思路，想打赢官司，特别是为弱者维权，将是非常困难的。

三是有见识。所谓见识，就是一种能力，对我们律师而言就是要谙熟法律，并且在应用时信手拈来。这是我们每一个律师安身立命之所在。荣君凭借对法律知识和司法政策以及相关规定的熟练掌握，处理起案件来可谓"胸中有丘壑"，从什么案由入手索赔，从哪里打开案件的突破口，他都要费一番心思，选择对当事人最有利的诉讼方案，最大化地维护当事人的合法权益。如手记"撤诉再起诉，对症下药巧施策"中，虽然当事人是因交通肇事受伤，但荣君认为不能去打交通事故官司，原因在于评定伤残等级存在一定的障碍，不能获得更多的赔偿。他在当事人自己打官司评残无望之时，利用熟练的法律技巧，换了个方法，使得原告被评定为9级伤残，让当事人佩服不已。这就达到了"我有你没有，我能你不能，我行你不行"的高度和境界，而要想达到这种高度，没有一定的"道行"是不行的。这个"道"从哪里来——"道可道，非常道"——无疑是从苦思冥想、发乎精微、夯淳而行的修炼中得来。而具备了这个"道"，才能在"山重水复疑无路"之际，迎来"柳暗花明又一村"之效。

四是有思考。通常当事人对律师的基本评价有4个字，就是"能说会写"。但要真正做到这4个字，哪有这么简单？没有周密的思考和长期的积累不可能成功。前几年，央视主持人白岩松出了本书，名为《我思故我在》；唐代诗人韩愈也在一篇文章中讲到"行成于思毁于随"。荣君每做一案，都要从案件中进行反思，哪些地方成功了，哪些地方还欠火候；法庭上哪些话需要点到为止，不宜过多，哪些环节又要多说，甚至要反复地说。他对待案子的态度是极其虔诚的，他常说，每个案子都如同自己的孩子，甚至会为一点小小的失误或临场发挥不理想而责备自己。同时，我认为律师"有思考"的另一要义，就是一定要具备独立思考的勇气和能力。我们一定要强调"独立"这两个字，不能人云亦云，亦步亦趋，被别人牵着鼻子走。换句话讲，不能独立分析和思考的律师，就不是一个真正的律师。而不敢突破自己、囿于定式的律师，也只能是一个平庸的律师。我看到手记"受伤24年后再获赔偿139万元"这个案子，前面经过了数年的诉讼和几任律师的代理，索赔成效均不佳。到荣君手里后，他突然发现，这个案子还有另一个重要路径可以突破和实施，于是反掌一击，又发动了一次诉讼，竟然一举获得了高达139万元赔偿的判决结果（一审）。这得益于他独立的思考、独到的眼光以及披沙拣金的智慧。

五是有正气。"天地有正气，杂然赋流形"，维护社会的公平和正义乃律师的天然职责。律师缺乏正气怎么能行？也只有铮铮铁骨，正气凛然，方能在法庭上据理力争，获得胜诉。据说，荣君一上法庭，精神抖擞，慷慨陈词。这或与他少年时的经历有关，他曾讲起少年时曾受欺于乡里之事——盖同村中有某纨绔子弟，时常欺人，且言语粗俗，荣君经常与其论理，却遭其哂笑，自此立志，他日成人，必兢兢业业，以匡扶正义为职责。他最喜诵读之古诗为："十年磨一剑，霜刃未曾试。今日把示君，谁有不平事？"一个人少年时的经历会影响到未来的性格走向以及对职业的选择。荣君的正气和正义感或许就从少年时的经历而来。

  桃李春风一杯酒，江湖夜雨十年灯。借着给荣君第二本书写序的机会，我也抒发了自己的感知、感想和一些"豪言壮语"。荣君说还有几本房地产方面的书稿也已基本准备完毕，都在不断完善和打磨中。真诚地祝愿他积15年代理案件之经验，顺势而为，镞砺括羽，越走越远！

  夜已深，情未了，在荣君新作出版之际，潦草小诗一首以贺之："丹青栎古今，漫卷显初心。笔落挟风雨，正气有荣君。"

  是为序。

李宗胜

二〇二一年元月

序二

邹世允[①]：张荣君印象

我与张荣君，接触虽不多，但久闻其名。

先是，若干年前，在电视台的一个法制节目中，恰是张荣君办理的一个案件，记者找到我，请我作为访谈嘉宾，谈谈对案件的看法。实际上，那个案件里，我完全赞同张荣君的代理观点。后来，那个案件的结果是法官在写判决时采信了荣君的观点，案件获得了胜诉。应该说那个案件涉及的问题，恰是法律的疏漏之处，这就涉及对法律的解释——或者说对法律条文如何理解的问题了。

其后，我便经常在报纸上看到关于他的胜诉案件的报道。那些文章既能对世人起到普法和警示、教育作用，也对他本人起到了扩大社会影响力和知名度的宣传作用。回想起来，那些案件大都被记者的一支生花妙笔写得波澜起伏，悬念迭生，通俗易懂，很有吸引力，让人看得津津有味。我的主业自然是法律教学和法学研究，但也在兼职做着律师，也经常出庭代理别人的案子，这就引发了我对他的一些关注。

前不久的一个冬日，我们在星海附近一个小渔村特色饭馆里相聚，也是探讨两个案子。我们点了两个小菜，每人白水一杯，以极简的方式对坐而谈。这时，我才知他老家是黑龙江的，早年起步于教育工作，中年后始以律师为业。应该说在他从事律师职业时，已累积了较为丰富的人生阅历和社会经验，这一点是很重要的。在律师界，太年轻的律师往往容易被人轻视或沮议，甚至被认为稚嫩或单纯，从而被诟病为办案经验不足。张荣君似乎不存在这一问题。

[①] 邹世允，系东北财经大学法学院副院长、教授。

若论起对张荣君的印象，我觉得有以下三点可以说一说。

第一，他是个谦逊而凌厉之人。张荣君给我的印象始终很谦逊，人如其名，有谦谦君子之风，对人礼貌有加，绝无某些律师身上的那种桀骜之气。但我能看出，由于职业的特点，他会在谈到某些案件的关键之处时展现出一种凌厉之势，如谈到某些案件的有失公正，谈到法庭程序的瑕疵，谈到某些法官适用法律的错误，谈到律师的执业操守和道德问题等等，他都会针对案件本身发表自己的看法和观点。我从中能感受到，他那种凌厉的语气、凌厉的视角、凌厉的眼光、凌厉的话语，实际上洋溢着一种法治情怀和信仰在里面。可以这么说，张荣君在谦虚时，静若处子；在凌厉处，动若脱兔。这也体现了他作为律师的一种独特风格。

第二，他称得上是个博识而精专之人。谈吐中，我才注意到张荣君是一博学之人。日常工作中，我也接触过很多律师，印象中的他们——每天都行色匆匆，急急地拎包上车，脚踩油门一溜烟儿，扬长而去，甚至有些律师"言必称代理费"，"执业只为稻粱谋"。这样的人若是谈及法律或许能够头头是道，但对于其他门类，就显得捉襟见肘。张荣君则不然，他除了深入研读法律条文、细细揣摩实践技能之外，对经济、历史、哲学、文学乃至戏剧等均有涉猎，亦有一定见解，而且能够触类旁通，融会贯通。例如，他说中国的很多戏曲都是最好的法治教材，如豫剧《七品芝麻官》、京剧《铡美案》、评剧《杨三姐告状》、曲剧《卷席筒》等。他说法律人应当忠于法律，深入理解法律的内涵。他在谈到如何对一审案件提起上诉时说，一定要在上诉状中进行少而精的论证，不要陈述和摘要太多的问题，要选择那些以你的判断最有可能推翻原判正当性的问题，而在这些精选出的少数几个问题中，还应当把最具说服力的那部分置于论证序列的首位，力求一击而中，同时引证的事实亦需精确和明晰。这些都是他很有见地的诉讼技能和技巧知识，不躬耕于实践，是得不到的。

第三，他是个善思而有卓见之人。法律职业是以专业法律知识为基础的工作，必须根据法律的规定进行说理、判断和解决法律问题，必须遵循相应的法律程序确定和解决法律问题。张荣君的这本书稿，可称为一本律师的技能书。如今的大学法学院也都在积极倡导学生和教师走出书斋，到实践中去。为此我们在一些具备条件的人民法院、律师事务所和法律服务中心设立了若干个法学教育实践基地。我始终认为，任何人若不与坚忍不拔、谦虚踏实和埋头苦干的品质相结合，则不可能有所成就。张荣君在跟我交流一起侵权案件过程中，谈到如何对保险公司提出的非医保用药问题进行抗辩，又谈到如何对司法鉴定意见书进行有效的质证，这些都来自于他在司法实践中对执业经验的总结和归纳，很有启发意义。张荣君在这本书中收录的都是其办理的人身损害赔偿的案件，大多数案件涉及生命权和健康权遭受损害以后的索赔问题。我认为相比于财产权而言，民事权益中的人格权，如生命权和健康权等更应该得到法律的保护。试想，一个人损失了金钱和财产，或许还可以"恢复原状"，但如果连生命和健康都没有了，人生几乎就失去了一切，岂不是最大的悲哀？所以，能够维护受害人或其家属生命权和健康权的律师，我觉得是非常伟大、了不起的律师。同时，我们也欣喜地看到，在2020年5月28日正式通过、2021年1月1日施行的《民法典》里，关于"人格权"部分已经独立成编（即"人格权编"），而且排列在"婚姻家庭编""继承编""侵权责任编"之前，这无疑是一个重大创新，弥补了传统大陆法系民法典"重物轻人"的缺陷，体现了我国法律对人格权保护的高度重视。

我在法学院主管研究生教学管理工作，经常告诫学生们，一定要重视对名著的阅读，尤其对于很多西方法学名著要花时间啃一啃、嚼一嚼，像孟德斯鸠、萨维尼、博登海默、波斯纳、托克维尔等的书，都要下功夫、花力气去阅读。只有植根于深厚的法学土壤，才能感悟法学这棵参天大树的枝繁叶茂，才能体会法学之魅、法学之力、法学之威、法学之光和法学之用。当然，现在的学生都很务实，也很现实，这一点不能说不对，但如果太现实的话，也不见得是一件好事。例如，这几年的"法考"通过率非常高，从国家政策层面来看，大的趋势是好的，但对一部分法学功底和法学素养稍差的人来讲，勉强通过了法考，绝非法学界之福，亦不利于法律精英的培养。

就我个人的观点而言，我始终不主张律师在执业过程中一味地追逐钱财，律师不应以收取代理费的多寡论英雄。毕竟，律师不是生意人，他的神圣职责在《律师法》第 2 条中有着明确的规定——维护当事人合法权益，维护法律正确实施，维护社会公平和正义。律师在某种程度上更像医生，应秉持一颗仁心，担当道义，诚实守信，业务娴熟，精韧不怠。

我记得在一堂法学课上，学生们讨论了"法官是如何审案的"问题后，紧接着就讨论了"律师是如何思考的"这一话题。其中一个观点是，律师应当像当事人一样思考，认真对待每一个案件，而不分大案件和小案件。因为在律师看来可能是一个小案件，在当事人看来却是一个天大的事，并且当事人的承受能力也不一样，同样的案件，有的当事人一笑而过，有的当事人则昼夜不安。理解当事人不同的心理，律师就能够理解当事人在假期或者午后给自己打电话的急切心情了。认真对待当事人的关切，解答他们的疑惑，既是律师的职责所在，也是律师赢得客户信赖的基础！

当然，我作为"学院派"的一员与张荣君代表的"实战派"还是有很多差别的。我常想，在这个特殊的时代，在全民都置身于依法治国的大背景下，太需要广大律师实实在在地去做一些事情了。张荣君或许就是这些"做事情"的律师的一个缩影，也或许是这些"做事情"的律师的一个光点吧！

二〇二一年二月

目录 CONTENTS

手记 1

我弟弟的官司
——一起难忘的因帮工引发的索赔案纪实 .... /001

> 现在想来，非常有意思的是，在我做律师之前，经历的第一个官司就是人身损害赔偿案件。而且案件的原告，不是别人，正是我的亲弟弟。

案情再现 /001　代理过程 /006　评析与思考 /015

手记 2

受伤 24 年后再获赔偿 139 万元
——大连梁某健康权纠纷案代理纪实 .... /019

> 梁某出事后成了植物人，白发苍苍的老母亲为儿子打了好几场官司，结果却很不理想。就在此时，她找到了我。

案情再现 /019　代理过程 /023　评析与思考 /030

手记 3

粉尘爆炸"局中局"

——一起安全事故引发的连环案件代理纪实 ..../035

> 粉尘爆炸,差点使他丧命;诉讼索赔,又遭遇"局中局"。到底是谁在做局?真相将一步步揭开。

案情再现 /035　代理过程 /037　评析与思考 /055

手记 4

转包谜局与表见代理之争

——女工建筑工地高坠案索赔代理纪实 ..../058

> 一位记者朋友给我介绍了这起案件。我接受委托后不负众望,将5名被告起诉到了法院。因案件疑难、复杂,法庭先后4次开庭审理。

案情再现 /058　代理过程 /059　评析与思考 /073

手记 5

一起发人深省的骨折案

——陈某君受伤涉多个法律关系案件代理纪实 ..../075

> 承包地上建养猪场时,瓦匠受伤,法院最终判木匠等3人赔偿。一起看似普通的案件,却是剪不断、理还乱!

案情再现 /075　代理过程 /076　评析与思考 /083

手记 6

撤诉再起诉，对症下药巧施策

——驾校男教练倒车撞伤女教练案代理纪实 ..../085

> 她是一名驾校女教练，被另一名男教练倒车时撞伤，于是法院多了一起交通事故官司。但是，当她找到我时，我却让她撤诉。

案情再现 /085　代理过程 /086　评析与思考 /091

手记 7

中专生之死

——关于大中专院校学生自杀问题的思考 ..../094

> 男生校园自杀，警方展开调查。这起中专生自缢身亡案件，在律师介入后很快获得了 30 万元的赔偿，但背后的原因仍值得人们反思。

案情再现 /094　代理过程 /096　评析与思考 /099

手记 8

一张纸赢官司

——雇佣关系抑或承揽关系之辨析 ..../102

> 法庭上，是雇佣还是承揽，双方各执一词。就在这时，我出示了一张纸，打赢了这场争议较大的官司。

案情再现 /102　代理过程 /103　评析与思考 /108

手记 9
三次"退鉴"引发诉讼大战
——一起争议巨大的车祸后保险公司拒赔案件代理纪实 ..../110

> 一起交通事故案件,却被不同的司法鉴定机构先后三次"退鉴",受害人面临败诉。正在此时,他找到了我。法庭上一次次的激烈交锋开始了。

案情再现 /110　　代理过程 /112　　评析与思考 /126

手记 10
184 万元的赔偿案
——孙某女因交通事故致高位截瘫案代理纪实 ..../129

> 突如其来的一场车祸使她差点儿成了植物人。她的丈夫告诉我,妻子成了这个样子,感觉天塌了一样,这个家庭再也听不到欢声笑语了。

案情再现 /129　　代理过程 /131　　评析与思考 /137

手记 11
五审"残上加残"案
——残疾女工杨某玲交通事故案件代理纪实 ..../141

> 对于本身就有残疾的杨某玲来说,这场车祸不啻于晴天霹雳。医生说,这辈子她可能再也站不起来了。她悲痛得几乎天天以泪洗面。

案情再现 /141　　代理过程 /142　　评析与思考 /151

手记 12

花季女孩的悲剧
——10 岁女孩横过马路受伤案件代理纪实 ..../153

> 交通事故案件中的精神损害索赔，有一定的技巧。是选择在交强险中支付，还是在商业险中承担？读完本文，你也许会得到一些有益的启示。

案情再现 /153　　代理过程 /154　　评析与思考 /159

手记 13

一起特殊的交通事故索赔案始末
——王老太遭遇交通事故 7 个月后死亡案代理纪实 ..../163

> 七旬老太被车撞伤，医治数月后不幸身亡，使这起案件一下子变得复杂起来。死亡原因究竟为何？在当年，这起案件的判决，具有标杆的意义。

案情再现 /163　　代理过程 /164　　评析与思考 /168

手记 14

"祸"后之惑，法律之问
——女老板开车撞死"无名氏"案代理纪实 ..../170

> 女老板涉嫌犯罪，我出庭为她辩护，最终使其免受牢狱之苦。但至今，这起曾经轰动一时的案件，由于法律的疏漏，让她陷入更大的迷茫。

案情再现 /170　　代理过程 /176　　评析与思考 /183

手记 15

高速公路上的"工亡"案

——企业不给职工缴纳社保赔偿 50 万元案件代理纪实 ..../195

> 老马是高速公路服务区的一名保洁员,不料在一天凌晨被车轧死。聘请律师后,家属获得了满意的赔偿。但让人始料不及的是,5 年后又有一个女人站了出来,把老马的第二任妻子和儿女都给告了。

案情再现 /195　　代理过程 /197　　评析与思考 /212

手记 16

让悬空的权利落地

——辽宁首例工伤保险先行支付案代理纪实 ..../216

> 小姜的工伤官司打赢后,公司拒不履行判决,法院也穷尽了执行措施,案件一时陷入僵局。律师一怒之下,状告社保部门。没想到的是,法院却迟迟不给立案。

案情再现 /216　　代理过程 /217　　评析与思考 /227

手记 17

一枚订书钉引发的"双赔"案件

——邱某国工伤保险、商业保险双赔案代理纪实 ..../229

> 工地上,一枚小书钉射入邱某国的眼球。历时一年半时间,终于打赢了这场官司!邱某国感慨地说:没有律师的帮助,简直寸步难行!

案情再现 /229　　代理过程 /230　　评析与思考 /236

手记 18

冒名患者的 6 场官司

——邓某一波三折的工伤索赔案代理纪实 ..../238

> 他因工受伤后，单位用另外一名职工的名义为他办理了住院。"李逵"变"李鬼"后麻烦不断，他将所住医院告上法庭。他会讨回"真身"吗？

案情再现 /238　代理过程 /239　评析与思考 /255

手记 19

未经工伤认定，能否诉讼索赔

——一起超过工伤认定时效案代理纪实 ..../256

> 由于不懂法，她没有在法定期限内申报工伤，导致索赔受阻。这起超过工伤认定时效的案子，还能打赢吗？两审法院给出了答案。

案情再现 /256　代理过程 /257　评析与思考 /268

手记 20

工伤"私了"15年后的索赔案

——一起历经省、市、区三级法院审判的案件代理纪实 ..../271

> 15年前，他被机器轧伤了一根手指，进行了断指再植。15年后，这根"小手指头"搅动起大波澜，竟然把官司一路打到省高院，展开了一场维权大较量。

案情再现 /271　代理过程 /272　评析与思考 /282

手记 21

股东"金蝉脱壳"之后
——一起工伤案件胜诉后的执行代理策略与技巧 .... /284

> 一天,顾问单位的一位副总给我打来了电话,让我帮忙处理一下他老乡的案子。案件内容,简单来说就是一句话:赢了官司执行难!

案情再现 /284　代理过程 /285　评析与思考 /297

附录一 交通事故案件中"第三者"与"车上人员"的认定
——"丈夫轧死妻子"索赔案中保险公司应否承担赔偿责任的思考 .... /301

附录二 浅析人身侵权案件中雇员受害赔偿纠纷的几个问题
——结合《民法典》第1179条、第1183条、第1192条的探讨和分析 .... /310

附录三 "石看纹理山看脉"
——发挥律师参与调解的主观能动性,倾力化解矛盾纠纷 .... /318

附录四 专访文章:律师博弈之道
——《方圆律政》记者2015年3月对笔者的一次采访 .... /323

后　记 铭记一段历程 .... /327

手记 1

我弟弟的官司

——一起难忘的因帮工引发的索赔案纪实[①]

现在想来,非常有意思的是,在我做律师之前,经历的第一个官司就是人身损害赔偿案件,而且案件的原告,不是别人,正是我的亲弟弟。

我弟弟的案子发生在 2004 年秋天,地点是吉林省公主岭市的一个镇上。尽管在今天看来,我弟弟的那个案子仅是一个很小的案件,但在当时,对我弟弟来说,那就是很大的"事儿"——自己受了伤,承受着身心的痛楚和折磨不说,还没有得到侵权人的任何赔偿和抚慰,无论如何也说不过去。

 **案情再现**

飞来横祸:一瞬间他被水泥袋砸倒在地

2004 年 8 月 19 日下午,我弟弟同往日一样,在镇上的马市附近出租畜力车,正好遇到清泉村四屯的农民刘老六到镇上的兴达建材商店购买 3 袋水泥,让我弟弟帮着装车。当我弟弟走进堆放水泥的仓库与刘老六一起抬起第一袋水泥时,没有料到,旁边堆放的另一垛水泥突然倾斜倒塌,瞬间把我弟弟砸

[①] 编者注:本书案例均源于作者的真实执业经历,书中有关人名和公司名称均为化名。

倒在地，他左腿被沉重的、横七竖八的水泥袋子紧紧压住。刘老六一看不好，赶紧喊人进来将水泥袋子挪开，将我弟弟紧急送到镇医院治疗，我弟弟被诊断为左股骨粗隆间粉碎性骨折。由于家境贫困，我弟弟仅住了6天院，就拖着病痛的身体回家治疗。

雪上加霜：贫困家庭百事哀

当年，我弟弟每天都在那个镇上的繁华路段——号称"关东第一大马市"一带出租畜力车。他每天赶着小马车，在不时吆喝牲口的同时，往路边一站，看看有没有人来雇他的车拉东西，挣个劳务费，维持家用，勉强度日。如果一整天都没有人来找他，那么他一整天就没有一分钱的收入。像他这样一个没有什么手艺和技术的人，只能靠这个"小马车"来支撑一家四口的生活。

他被水泥袋砸伤后住进了医院，又回家休养了3个月，一条腿被绑在牵引架上始终不敢动，每天只能一个姿势仰面躺在炕上，左边的臀部由于长时间不能动起了厚厚的茧子，吃喝拉撒都要别人伺候。他自己咬牙承受着病痛的折磨，同时一家四口的生活来源也断了。因为没有经济收入，小儿子也无奈地辍学了，大儿子这时又患了重感冒，借钱打着点滴，可以说当时情况很凄惨。

司法所调解：以失败告终

事发第二天，我弟媳等人找到兴达建材商店协商此事，哪知道该商店业主穆某喜态度异常蛮横，拒不承担责任。我弟弟在住院期间听说镇里有个司法机构，可以做调解工作，于是就向镇里的人民调解委员会申请调解。

实际上，镇里的调解委员会是和司法所、法律服务所合署办公的一个机构，他们在接到我弟弟的申请后，对三方当事人都进行了询问，并制作了笔录。由于我弟弟正在住院，行动不便，他们就主动到医院病床前向我弟弟了解被砸伤的经过。笔录显示：

调解委员会：你找我们什么事？

当事人：8月19日下午在兴达建材商店，我帮刘老六搬水泥时，水泥垛倒了把我的腿砸骨折这件事。

调解委员会：你说下事情经过。

当事人：8月19日下午刘老六来买水泥，我就来到商店门口（我和刘老六以前认识，给他拉过货），刘老六说"来帮我抬几袋水泥"，我就去了。我刚把第一袋水泥抬起来，还没有走半步，在抬的这垛水泥旁边的另一垛水泥（靠南侧，和抬的这垛水泥挨着）倒了，把我侧着身子给砸着了，脸朝北侧，左腿先着地。

调解委员会：当时你被砸倒的时候都有谁在屋？

当事人：就我和刘老六2人，在我被水泥砸倒以后，刘老六的小舅子王某和店主穆某喜从外边进来，刘老六、王某把水泥从我腿上挪开。

调解委员会：在抬水泥过程中，建材商店有没有告诉你们搬哪垛水泥？

当事人：没有。

调解委员会：在你被砸倒后都有谁看到了？

当事人：在马市出租马车的都过来了，都看到了（里面有一个我认识的，叫王某才）。

调解委员会：后来谁把你送到医院的？

当事人：刘老六把我送到医院，拍完片后就走了。

调解委员会：你以上所讲属实吗？

当事人：属实。

刘老六的笔录是这样记载的：

调解委员会：请你把张荣臣被水泥垛砸伤的经过再说一下。

当事人：2004年8月19日下午5时左右，我和我小舅子到建材商店买3袋水泥，我推"倒骑驴"去的，讲好价后到仓库装车，我进屋时张荣臣和我小舅子一起进屋了。我对我小舅子说快点搬，家里等着用。我就和张荣臣一起抬北侧第一行水泥的第一袋，刚一抬第二行水泥垛就倒了，把张荣臣砸着了，他头向西侧倒的，双腿被水泥袋子压住，把他左腿砸伤了，后来我就把他送到医院了。经过就是这样。

调解委员会：你们搬水泥时，建材商店有没有指定你们搬哪垛？

当事人：没有。

调解委员会：你们抬水泥时都有谁在现场？

当事人：我、张荣臣，还有我小舅子在，没有别人。出事后进来了几个人。

调解委员会：当时仓库水泥垛垛得怎么样？

当事人：都向西侧斜。

调解委员会：张荣臣倒下时脸朝什么方向？

当事人：北侧。

调解委员会：你还有要说的吗？

当事人：没有了。

穆某喜的笔录记载如下：

调解委员会：你知道今天找你来有什么事吗？

当事人：是8月19日下午，张荣臣在我的商店帮刘老六搬水泥，腿被砸坏这件事吧。

调解委员会：你说一下事情的经过。

当事人：前几天刘老六去我家买水泥，谈好价以后，我说帮你找个人抬水泥，他说不用。这时候张荣臣进来了（好像以为要用车）。刘老六就说，来，张荣臣帮我抬几袋水泥。在张荣臣拽第一袋水泥的时候，这垛水泥就倒了（一垛码放10袋或11袋），将张荣臣砸倒了。刘老六就把张荣臣送医院了，以后的事我就不知道了。

调解委员会：你还有什么补充说明的吗？

当事人：没有。

调解委员会： 你以上所讲属实吗？
当事人： 属实。

但是，在2004年8月24日，调解委员会告知我弟弟，因刘老六、穆某喜明确表示不承担住院所需费用，调解失败，决定不受理该纠纷。

司法所是个什么机构，我当时并不太清楚。正是我弟弟这次事件发生后，我才认真关注了一下。根据《司法部关于创建规范化司法所工作的意见》（2004年）的规定，司法所是县、市、区司法局在乡镇、街道的派出机构，负责指导管理和组织实施本辖区的司法行政各项业务工作。条件暂时不具备的，也可作为乡镇人民政府（街道办事处）的内设机构。司法所一般按行政区划单独设置，每个乡镇（街道）设置一个司法所。

司法所主要承担以下职能：（1）指导管理人民调解工作，参与调解疑难、复杂民间纠纷；（2）承担社区矫正日常工作，组织开展对社区服刑人员的管理、教育和帮助；（3）指导管理基层法律服务工作；（4）协调有关部门和单位开展对刑释解教人员的安置帮教工作；（5）组织开展法制宣传教育工作；（6）组织开展基层依法治理工作，为乡镇人民政府（街道办事处）依法行政、依法管理提供法律意见和建议；（7）协助基层政府处理社会矛盾纠纷；（8）参与社会治安综合治理工作；（9）完成上级司法行政机关和乡镇人民政府（街道办事处）交办的维护社会稳定的有关工作。

那么，人民调解委员会又是干什么的呢？这是一个在基层人民政府和基层人民法院指导下，调解民间纠纷的群众性组织。人民调解委员会依照法律规定，根据自愿原则进行调解。当事人对调解达成的协议应当履行；不愿调解、调解不成或者调解后反悔的，可以向人民法院起诉。

根据《最高人民法院关于审理涉及人民调解协议的民事案件的若干规定》（法释〔2002〕29号）①第1条和第2条规定，经人民调解委员会调解达成的、

---

① 编者注：该司法解释已于2019年失效。

有民事权利义务内容,并由双方当事人签字或者盖章的调解协议,具有民事合同性质。当事人应当按照约定履行自己的义务,不得擅自变更或者解除调解协议。当事人一方向人民法院起诉,请求对方当事人履行调解协议的,人民法院应当受理。

我弟弟的案子,如果经人民调解委员会或者司法所调解成功,就会为双方出具调解协议,双方签字后,调解协议的效力等同于合同,当事人双方都应当及时履行。很遗憾本案没有调解成功,但也有一个很大的收获,就是在调解过程中形成的《询问笔录》作为书面证据,在后来的诉讼中起到了重要作用,被法官予以采信。从这个意义上讲,这次的调解还是非常有价值的。调解笔录相当于对我弟弟被砸伤的现场情况进行了一个证据保全。

 **代理过程**

走上法庭:迫不得已的选择

无奈之下,我弟弟在出院后一纸诉状将兴达建材商店经营人穆某喜告上法庭,请求其承担医疗费777.7元,伙食费150元,护理费100元,误工费4000元,营养费500元,合计5527.7元,并承担本案的诉讼费用。

2004年12月9日是法院开庭的日子,我弟弟一大早就被人搀扶着,拄着一根棍子,一瘸一拐地来到了法院门口。冬日透骨的寒风中,他穿着一件打着补丁的旧棉大衣。他说,法院是讲理的地方,也是解决纠纷的地方,他相信法律会给他一个说法,会对他遭受的损害给予公正的裁判。

我代理我弟弟出庭进行诉讼,那个时候,法律还允许公民代理诉讼(即使现在,以近亲属身份出庭代理也是可以的),这是我平生第一次以代理人身份到法院打官司,显得仓促而紧张,只能跟随主审法官的指令进行每一步的程序。我之所以高度关注这个案子,一是我弟弟本身属于从农村刚到城镇不久的外来务工人员，收入微薄，势单力孤，没有其他人可以依靠，他受伤后，我必须出面帮他维权；二是我当时正在利用工作间隙和业余时间，准备参加全国的司法考试，也想看看司法实务中的案件到底是怎样操作的，法庭审理程序是如何进行的，举证质证是怎么一回事，法院又将如何认定和裁判。

庭审交锋：被告拒绝承担任何责任

法庭适用简易程序审理了此案。庭审中，双方各执一词。我们举出了在住院时调解过程中形成的 3 份《询问笔录》，以及在被告商店被砸倒的证人证言书面材料和医院的诊断书、卧床休息 3 个月的证明、误工费标准等证据。

被告穆某喜聘请了一名法律工作者作为其代理人，其当庭辩称，原告被水泥袋子砸倒，完全是由于原告违规操作，与案外人刘老六（购买水泥人）拽水泥袋子时，将水泥垛拽倒导致的，是原告和刘老六人为原因造成的，与商店无关，被告对原告的经济损失没有赔偿的义务。另外，被告在店内正规码放的水泥垛仅 10 袋高，距离地面的高度不足 1.5 米，不存在安全隐患。况且，被告处备有专业装卸工，在被告不同意刘老六与原告自己装卸水泥并阻拦的情况下，刘老六与原告不听劝阻，强行拽水泥，责任应当自负。

被告还向法庭出示了 5 份证人证言材料，其中有 4 份用以证实在我弟弟出事时，在商店里亲眼看见我弟弟受伤是因其与买水泥的刘老六拽水泥时水泥垛倒塌所致，与被告毫无关系；最后 1 份用以证实被告商店的水泥是一个姓李的人送来的，且码放得整整齐齐。很明显，这几份证人证言材料与之前调解过程中被告所做的《询问笔录》不一致，属于虚假证据，我们立即提出了异议，告知法庭这 5 个人当时都没有在现场出现。

庭审结束后，主审法官耐心地留下双方主持了调解。迄今，我都能回想起那个姓刘的主审法官来，他那种同情弱者的态度着实令人感动。我弟弟为了尽早息事宁人，缓和双方关系，尊重刘法官提出的调解意见，做出了最大让步。但被告始终摇晃着脑袋说："调解行呀，我同意，但是我不能掏一分钱。"

刘法官向被告建议，你就拿个 2000 块钱，再承担一半诉讼费行不行？被告仍然梗着脖子坚持说不行，致使调解失败。被告离开法院时，还非常不屑地向我弟弟甩出一句话："你等着，就是法院下了判决，我也让你一分钱都拿不到！"

法院判决：被告赔偿原告 70% 的经济损失

在等待和期盼中，法院终于在 2005 年 1 月 5 日作出（2004）公民一初字第 1327 号判决[①]：

本院归纳的争议焦点为：原告之伤与被告有无关系，被告应否负赔偿责任，如何赔偿。

本院认为，原告在庭审中述称其伤是在被告商店抬水泥时，相邻水泥垛倒塌所致，被告辩称原告在与刘老六拽水泥时方法不当致水泥垛倒塌将原告砸伤，双方分别出示了相关证据。原告对被告的证人证言有异议，认为证人刘某某、潘某某、谭某某、谢某某根本未在现场，证人杨某某是在原告被砸后进的商店。被告虽对原告证人刘老六的证言有异议，但承认原告被砸时刘老六在现场，而刘老六在法律服务所询问时陈述原告被砸系相邻水泥垛倒塌所致，与原告所述基本一致，并证实，为被告出庭的证人没在原告被砸现场。对此，本院认为，本案原告在被告商店为他人抬水泥时，因相邻水泥垛倒塌致原告受伤，而该水泥垛系被告所有并管理，从这一事实推定被告具有一定过错。被告认为自己没有过错，就应当举证证明其水泥垛没有倒塌，或者已经设置明显标志，或者原告自己存在过错。被告虽出示了证人证言，但因原告否认证人在出事现场，双方认可的在场人刘老六亦否认证人在场，证人的证言也未相互印证证人在现

[①] 编者注：判决中援引的《民法通则》现已失效；《最高人民法院关于审理人身损害赔偿案件适用法律若干问题的解释》（法释〔2003〕20 号）已于 2020 年修正，后同。

场，故对于被告提供的证人所陈述的证言，本院不予采信。

《中华人民共和国民法通则》第126条规定："建筑物或者其他设施以及建筑物上的搁置物、悬挂物发生倒塌、脱落、坠落造成他人损害的，它的所有人或者管理人应当承担民事责任，但能够证明自己没有过错的除外。"《最高人民法院关于审理人身损害赔偿案件适用法律若干问题的解释》第16条规定，堆放物品滚落、滑落或者堆放物倒塌致人损害的，适用《中华人民共和国民法

▲ 图1-1 本案2004年的一审判决书

通则》第126条的规定。本案被告未能举出充分证据证明自己没有过错，依照上述法律规定，被告对原告受伤所受到的经济损失应当承担主要赔偿责任。《中华人民共和国民法通则》第131条规定："受害人对于损害的发生也有过错的，可以减轻侵害人的民事责任。"原告作为完全民事行为能力人，在抬水泥时，应该注意到相邻水泥垛能否倒塌以及倒塌后可能带来的不良后果而未尽注意责任，原告对此也应负一定责任。

法院判决结果为，原告张荣臣因伤住院的合理经济损失为5377.70元，被告穆某喜负担3764.39元（5377.70元×70%），其余1631.31元（5377.70元

×30%）由原告张荣臣自行负担。

尽管一审判决的赔偿数额并不高，但我弟弟认为，毕竟法院给了自己一个说法，也判对方出钱了，而且比法官建议的调解数额要高很多，就想算了。不料，几天后他竟然得到了被告穆某喜不服一审判决、提起上诉的消息。这对于没什么文化的我弟弟来说，又是一个打击，他信奉的始终是"息事宁人"的诉讼观念，面对程序烦琐的案件，他极不适应，产生了一种惧讼和厌讼的心态，想尽快了事，没有心思纠缠这些。但树欲静而风不止，被告的上诉硬是"逼"着他把这场官司继续进行下去。

四平中院：一审程序违法，发回重审

被告的上诉状为，请求二审法院改判其不承担责任，驳回原告的诉求，理由是：1. 原告是帮案外人刘老六抬水泥时遭到伤害，刘老六是受益人，与本案有利害关系，应追加为本案第三人参加诉讼；2. 被告商店的水泥码放得非常整齐，是原告与刘老六违规操作将水泥垛拽倒，将自己砸伤，被告没有责任，没有赔偿的义务；3. 被告商店备有专业装卸工，要给刘老六装水泥，但刘老六硬要原告帮助装车，这才是导致原告受损害的直接原因。

在这起上诉案件开庭前夕，我仍然放心不下，从当时工作的延边坐了一夜的火车赶到四平。在四平市中级人民法院办公大楼审判庭里，我在旁听席上远远望见了主审法官，那是一个中年男人，坐在审判台上，询问了双方几个问题，又再次组织了一次双方调解（被告仍然不同意调解），随后就宣布休庭。很快，二审法院作出民事裁定，认为本案遗漏了第三人刘老六，以程序违法为由，撤销原判，发回重审。

二审法院发回重审的法律根据是当时的《民事诉讼法》（1991年）第153条，即第二审人民法院对上诉案件，经过审理，对于原判决违反法定程序，可能影响案件正确判决的，裁定撤销原判决，发回原审人民法院重审。

而所谓民事诉讼中的第三人，就是指除了原告、被告以外的当事人。在法律上，第三人又分为无独立请求权的第三人和有独立请求权的第三人。无独立请求权的第三人是指在民事诉讼中，对原被告双方争议的诉讼标的没有独立的请求权，但案件处理的结果可能与他有法律上的利害关系，而参加到已经开始的诉讼中进行诉讼的人。有独立请求权的第三人是指对当事人争议的诉讼标的，认为其有独立请求权，以独立实体权利人的身份，提出诉讼请求而参加诉讼的人。本案的情形，就属于遗漏了无独立请求权的第三人刘老六，因为我弟弟是在帮助第三人刘老六抬水泥的过程中被堆放的水泥砸伤，刘老六作为被帮工人，按照法律规定，应当对我弟弟的损害承担赔偿责任。根据《民事诉讼法》(1991年)第56条第2款的规定，对当事人双方的诉讼标的，第三人虽然没有独立请求权，但案件处理结果同他有法律上的利害关系的，可以申请参加诉讼，或者由人民法院通知他参加诉讼。人民法院判决承担民事责任的第三人，有当事人的诉讼权利义务。因此，二审法院采用发回重审的方式，要求追加刘老六为第三人，是为了更好地保护我弟弟的合法权益。

再次交锋：法律终还当事人以正义

2005年11月1日，这起案件再次开庭审理。

我弟弟聘请了省城长春的一名老律师，被告聘请的是吉林省公主岭市某律师事务所的一名律师。

在开庭审理时，我弟弟说："以前给刘老六拉过塑钢窗户，就这么认识了。这次是第三人刘老六招呼我进屋帮助搬水泥，被告的仓库门朝西开，里边的水泥垛是东西向摆放的，我俩抬的是北面那垛，是邻垛水泥倒了把我砸伤。被告没有明确不让我帮抬水泥，他说他的建材商店里有装卸工更不对，都是外面等着干零活的民工帮着装卸和拉货。所有范家屯卖建材的商店，没有一家单独有装卸工的。我被砸时，屋里只有我们三个人。"

被告穆某喜说："是原告和第三人刘老六拽着的那垛水泥倒了，不是邻垛水泥倒了，刘老六叫张荣臣帮助抬水泥，刘老六的小舅子扶着车子，另外我仓库的水泥垛只有10袋高。原告受伤是因为帮助第三人抬水泥过程中拽倒水泥垛造成的，是原告过错行为引起的。被告没有过错，被告作为商店的经营者不应承担责任。"

第三人刘老六说："我那天买3袋水泥是推'倒骑驴[①]'去的，在被告处看好水泥后我招呼我的小舅子装水泥，原告过来帮着搬，实际上我没让他搬。我们搬头一垛时，第二垛倒了把原告砸伤，是我把他送到医院的，花80多元钱给原告拍的片。我是消费者，对原告的诉讼请求听从法院判决。"

2005年12月，法院作出（2005）公民一重字第15号判决：

本院认为，本案争议的焦点是：1.原告的伤与被告及第三人是否有关，被告及第三人应否承担赔偿责任；2.原告诉讼请求的合理范围。

关于焦点1：对原告的诉讼请求，被告及第三人应当承担赔偿责任。

原告在诉讼中主张在帮助第三人抬水泥时邻垛水泥倒塌将原告砸伤，后被第三人送到公主岭市第三人民医院。被告认为原告是拽水泥时被砸伤，不是邻垛水泥倒塌所致，在举证期限内被告虽然提供了潘某某、刘某某、谭某某、谢某某的证人证言，但原告对4人的证言有异议，认为潘某某等4人根本没在场。被告虽然对第三人的陈述有异议，但承认原告是在帮第三人抬水泥时被砸伤，而在原告起诉前法律服务所询问第三人笔录中陈述原告的伤是相邻水泥垛倒塌所致，与原告主张的事实基本一致，并证实被告提供的证人没有在原告被砸现场。因此对原告主张被邻垛水泥砸伤的事实应予认定，对被告出示的证人证言不予采信。《中华人民共和国消费者权益保护法》第11条规定："消费者因购买、使用商品或者接受服务受到人身、财产损害的，享有依法获得赔偿的权利。"第18条第1款规定："经营者应当保证其提供的商品或者服务符合保障人身、财产安全的要求。对可能危及人身、财产安全的商品和服务，应当向消费者作出

---

① 编者注：一种人力三轮车，在东北城乡接合部使用较多。

真实的说明和明确的警示,并说明和标明正确使用商品或者接受服务的方法以及防止危害发生的方法。"被告作为经营者对原告的受伤应承担主要责任。原告是具有完全行为能力的人,在抬水泥时应注意相邻水泥垛会否倒塌以及倒塌后可能带来的不良后果而未尽注意责任,原告对此应负次要责任。由于原告帮助第三人抬水泥、第三人虽然主张没叫原告帮忙,但对原告的帮助没有拒绝。《最高人民法院关于审理人身损害赔偿案件适用法律若干问题的解释》第 14 条第 1 款规定:"帮工人因帮工活动遭受人身损害的,被帮工人应当承担赔偿责任。被帮工人明确拒绝帮工的,不承担赔偿责任;但可以在受益范围内予以适当补偿。"对原告受到的损失,第三人应当承担赔偿责任,即本案中原告应承担的那部分过错责任。

关于焦点 2:原告诉讼请求的合理范围。

《最高人民法院关于审理人身损害赔偿案件适用法律若干问题的解释》第 17 条第 1 款规定:"受害人遭受人身损害,因就医治疗支出的各项费用以及因误工减少的收入,包括医疗费、误工费、护理费、交通费、住宿费、住院伙食补助费,必要的营养费,赔偿义务人应当予以赔偿。"原告共住院 6 天,住院期间是二级护理,医疗费为 777.7 元,原告出院后卧床休息 3 个月。原告请求的合理范围是医疗费 777.7 元,住院期间伙食补助费 90 元(15 元 ×6 天),护理费 264.84 元(49.51 元 ×6 天),误工费 4752.9 元〔(6 天 +90 天)×49.51 元〕,就医交通费 190 元,律师代理费 1000 元。营养费 500 元因证据不足不予支持。

法院再审判决:被告穆某喜赔偿原告各项损失共计 4952.81 元(7075.44×70%),第三人刘老六赔偿原告各项损失 2122.63 元(7075.44×30%)。以上款项被告和第三人于判决生效后一次付清。

从本次判决可以看出,我弟弟共获赔偿 7075.44 元,比原审判决的 3764.39 元几乎高出一倍。该判决送达后,无人上诉,判决生效。不久后,被告和第三人履行了该判决,把 7000 多元款项交到了我弟弟手里。打这场官司之前,被告还曾蛮横地向我弟弟放话:"就是法院下了判决,我也让你一分钱都拿不到！"没想到，最后的判决送达后，他第一个把钱送到了法院。倒是第三人刘老六拖了好几天才履行判决，他叹着气，逢人就讲：买 3 袋水泥花了 45 元，结果摊上一场官司，赔出去 2000 多元，真是不值！

就在接到法院重审判决书的第二天，我联系了省城长春的一位记者，他把我弟弟的遭遇和打官司的经历写成了一篇文章，发表在报纸上，题目是《水泥垛倒塌，帮工人被砸；仨月无人管，法院讨说法》。

后续：民工变身"煤老板"

我弟弟的案子从 2004 年 9 月立案至 2005 年 12 月结束，历经一审、二审、发回重审 3 个审判程序，历时 400 多天，终于落下帷幕。但有个后文要简单交代一下。

我弟弟经过了那场官司以后，似乎又成熟了很多。世上的事总是有变化的，正像一位名人所讲的，"倒霉的背面有时是幸运"。

那场官司过去不久，因为我弟弟勤劳肯干，也能吃苦，被镇上的一家煤场老板看中，那老板年纪有些大了，有些事情就交给我弟弟帮忙打理，只要有人到他的煤场买煤，就让我弟弟用车给送上门，这样就保证了我弟弟每天都有一定的收入。不仅如此，这位煤场老板不在的时候，还放心地把管理煤场事务的"大权"都交给我弟弟。我弟弟是个有心人，一来二去，把煤场的经营方式和进货渠道、季节、时间等，都记得很清楚了。

就在几年前，在那个好心老板的指点下，我弟弟摇身一变，从一个外来的民工，竟也变成了那个镇上的一个煤场小老板。同时在我的帮助下，他花重金租赁了一处临街的院落，购买了铲车、磅秤等大型设备，以诚待人，言而有信，经营的无烟块煤很受欢迎。还要说明的是，他原来的畜力车也早就废弃不用了，那匹拉车的瘦马也早卖了，取而代之的是一台崭新的机动车。全家的生活朝着美好的方向发展。

评析与思考

受伤后应在第一时间固定证据

《民事诉讼法》（1991年）第64条第1款规定，当事人对自己提出的主张，有责任提供证据。这就是著名的"谁主张，谁举证"原则。古罗马有一句法谚："举证之所在，败诉之所在。"在每一场官司中，证明责任都是诉讼的脊梁。如果你应当提供证据而未提供，或者没有及时进行证据保全而导致证据灭失，你将面对败诉的结局。本案原告在受伤住院期间，三方都在司法所进行过调解，留下了书面签字的《询问笔录》，这是打赢这场官司的关键所在。如果没有此份证据，那么，我弟弟要想打赢这个官司可能还要困难一些。

打官司一定要聘请懂行的专业律师

众所周知，律师界也是鱼龙混杂，良莠不齐，如果遇到"庸医"，则害人不浅。本案发回重审以后，我弟弟聘请了一名律师，但现在想来，那个律师业务能力明显不足，导致案件出现了重大问题。我弟弟受伤后被诊断为左股骨粗隆间粉碎性骨折，根据当时适用的司法鉴定标准和相关规定，是可以被评定为十级伤残的。但是，我弟弟聘请的这位律师可能根本不懂这个业务，在发回重审过程中连《司法鉴定申请书》都没有向法庭提交过，也没有对我弟弟和我作出过任何的告知和释明。这就导致我弟弟无法获得残疾赔偿金和精神损害抚慰金两笔款项。而这类案件，获得赔偿数额最多的项目就是残疾赔偿金和精神损害抚慰金了。

在我弟弟的案子发生3年后，我克服种种困难，终于通过了全国统一司法考试，旋即做了一名律师。回头一看，这种案子只要事实清楚、证据充分，是最简单不过的了。经历了这个事件，也时刻警醒我，对待当事人的官司，一定要全神贯注、全副身心地投入进去，穷尽各种法律规定和办案渠道，以维护当事人的合法权益，案子要么不接，接了就要坚决打到底！

关于举证责任倒置问题

本案中还涉及举证责任倒置问题。举证责任倒置是指按照举证责任分配的一般规则，本来应当配置给一方当事人的客观举证责任，通过法律上的明确规定转移给另一方当事人承担。设立举证倒置的原因是在民事诉讼法律关系中，双方的社会地位强弱不同，弱势一方很难举证，如果按照"谁主张，谁举证"的一般举证原则，将使弱势方处于极为不利的境地，合法权益难以维护。

《最高人民法院关于民事诉讼证据的若干规定》（2001年）第4条规定了何种情形下应该适用举证责任倒置，本案涉及的是第1款第4项：建筑物或者其他设施以及建筑物上的搁置物、悬挂物发生倒塌、脱落、坠落致人损害的侵权诉讼，由所有人或者管理人对其无过错承担举证责任。本案一审中也采用了此规则，法院在判决中写明"本案被告未能举出充分证据证明自己没有过错，依照上述法律规定，被告对原告受伤所受到的经济损失应当承担主要赔偿责任"。

关于帮工的法律问题

帮工是指无偿提供劳务的行为。在我国现实生活中，帮工是普遍存在的一类社会关系，尤其是在广大的农村地区，在操办婚丧嫁娶等红白喜事、自建房屋、抢收抢种等急需人手之时，街坊邻居、远亲等前来帮忙而不收取报酬是十分常见的。在此过程中，就可能发生帮工人因帮工致人损害或受害的情形。

《最高人民法院关于审理人身损害赔偿案件适用法律若干问题的解释》（法

释〔2003〕20号）第14条规定，帮工人因帮工活动遭受人身损害的，被帮工人应当承担赔偿责任。在当时，该规定蕴含的法理基础是，帮工人为被帮工人提供的劳务客观上增加了被帮工人的利益，而这些利益被创造出来，首先是属于创造者即帮工人的。本案中，原告为第三人提供无偿帮工，第三人在客观上增加了利益，即原告免费为第三人搬运水泥。因此，当水泥倾倒后砸伤原告，第三人应当根据《最高人民法院关于审理人身损害赔偿案件适用法律若干问题的解释》（法释〔2003〕20号）第14条的规定承担相应的责任。在帮工法律关系中，还有很重要的一点，就是被帮工人是否知道帮工人的帮忙行为并明确表示过拒绝。有证据证明被帮工人明确拒绝过帮工行为，则被帮工人不承担责任；如不能证明其明确拒绝过，即应承担相应的责任。本案第三人在法庭上说自己拒绝过原告的帮工，但并没有证据证明。相反，第三人之前在司法所出具的《询问笔录》中都提到了原告帮工时其未拒绝过，还和原告一起去抬水泥。

还有一点要说明的是，《民法典》施行后，最高人民法院修改了关于帮工的司法解释，《最高人民法院关于审理人身损害赔偿案件适用法律若干问题的解释》（法释〔2020〕17号）第5条规定，无偿提供劳务的帮工人因帮工活动遭受人身损害的，根据帮工人和被帮工人各自的过错承担相应的责任；被帮工人明确拒绝帮工人帮工的，被帮工人不承担赔偿责任，但可以在受益范围内予以适当补偿。帮工人在帮工活动中因第三人的行为遭受人身损害的，有权请求第三人承担赔偿责任，也有权请求被帮工人予以适当补偿。被帮工人补偿后，可以向第三人追偿。可见，帮工受害索赔规则发生了重大变化，被帮工人承担的责任由原来的无过错责任变成了过错责任，此外还明确了被帮工人的追偿权等。

法院适用《消费者权益保护法》值得商榷

本起案件重审的法院在判决中适用了《消费者权益保护法》（1993年）第

11条"消费者因购买、使用商品或者接受服务受到人身、财产损害的,享有依法获得赔偿的权利"和第18条第1款"经营者应当保证其提供的商品或者服务符合保障人身、财产安全的要求。对可能危及人身、财产安全的商品和服务,应当向消费者作出真实的说明和明确的警示,并说明和标明正确使用商品或者接受服务的方法以及防止危害发生的方法"的规定,并据此认定,被告作为经营者对原告的受伤应承担主要责任。

对此,我认为,我国《消费者权益保护法》(1993年)第2条规定了适用对象:消费者为生活消费需要购买、使用商品或者接受服务,其权益受本法保护;本法未作规定的,受其他有关法律、法规保护。从该法条可以看出,《消费者权益保护法》保护的是消费者,而本案的消费者只有一个,就是第三人刘老六,是刘老六在被告处购买水泥。而原告并不是消费者,其为帮工人,因此,本案适用《消费者权益保护法》显然是值得商榷的。

我们的观点是,本案应当适用《最高人民法院关于审理人身损害赔偿案件适用法律若干问题的解释》(法释〔2003〕20号)第6条第1款"从事住宿、餐饮、娱乐等经营活动或者其他社会活动的自然人、法人、其他组织,未尽合理限度范围内的安全保障义务致使他人遭受人身损害,赔偿权利人请求其承担相应赔偿责任的,人民法院应予支持"的规定,来认定被告作为经营者对原告受伤应承担主要责任。该法条确立了经营者的安全保障义务,明确了安全保障义务人的义务范围和责任界限。经营者利用经营场地、设施和环境是为了获取利益和实现一定的社会目的,当然应承担由此带来的风险。本案中,原告进入被告的经营场所,则被告的经营场所应当符合保护公众安全的要求,即其堆放的水泥袋应当牢靠,不易坍塌倾倒,以免砸伤经过水泥堆放处的任何人。此外,即使被告堆放水泥已经完成了注意义务,进行了合理的堆放,其也应该在水泥堆放处设置明显的警示标志,以提醒路过水泥堆放处的人保持足够的警惕。

手记 2

受伤 24 年后再获赔偿 139 万元

——大连梁某健康权纠纷案代理纪实

在位于大连市中南路大连港医院的一间病房里，白发苍苍的老母亲王某兰正在照顾瘫痪在床 24 年的儿子。躺在病床上的梁某，出事的时候年仅 23 岁，如今已经成为"植物人"整整 24 年，不能结婚，无法生育，世界从此对他来说只有无尽的黑色。更加让人唏嘘不已的是，老母亲给儿子打了好几场官司，结果却很不理想。就在此时，她找到了我，在别人把这个案件"煮成一锅夹生饭"的情形下，笔者苦思良策，终于使案件获得了巨大转机。

 案情再现

24 年前，梁某在工作中发生重大安全事故，被诊断为急性二氧化氮、二氧化碳气体窒息缺氧性脑瘫，成了"植物人"，生活完全依靠别人的照顾。如今，梁某的父母都已年过 70，为了给梁某维权四处奔走，早已是家徒四壁、负债累累，老父亲更是因为长期忧虑罹患癌症。但是 24 年来，梁某的亲人始终未放弃用法律的武器为儿子讨回公道，终于在 24 年后，迎来了胜利的曙光。

一次爆炸事故使他成为植物人

回到 1996 年 8 月 20 日，这一天彻底改变了 23 岁的梁某的一生。

当天，包括梁某在内的 4 名大连机电安装工程公司（以下简称机电公司）员工，在大连市西岗区森茂大厦安装由南京消防器材厂（后改制为南京南消控股有限公司，以下简称南消公司）提供的二氧化碳自动灭火器系统设备时，发生重大安全事故。事故造成一人死亡、一人重伤、两人轻伤的严重后果。本案的梁某，就是此次事故中的重伤人员，现为植物生存状态。

1996 年 10 月 18 日，大连市公安消防局向省消防局作出《关于森茂大厦二氧化碳固定灭火装置事故的调查报告》，认为事故的主要原因系二氧化碳固定灭火设备的安全装置不符合规定所致。

1996 年 11 月 5 日，事故调查组作出《关于"8·20"森茂大厦工地丁广伟等人伤亡事故的调查报告》，认定：南消公司应负事故的主要责任，并承担经济损失。

1996 年 11 月 6 日，大连市建筑工程总公司向大连市劳动局作出《关于对丁广伟等人伤亡事故的结案报告》，认为事故业经调查组查清，予以结案，并附《关于"8.20"森茂大厦工地丁广伟等人伤亡事故的调查报告》。

1996 年 12 月 16 日，大连市劳动局作出《关于"8·20"伤亡事故调查报告的批复》，认为：1. 机电公司在安装过程中，对此类工程业务不熟练，对此次事故也有一定的责任；2. 同意调查组其他调查结论和对有关责任单位的处理意见。

1997 年 4 月 28 日，经大连市劳动鉴定委员会鉴定，梁某为因公致残一级。

2004 年 4 月 1 日，《工伤保险条例》（2003 年）施行。梁某从 2004 年 8 月 1 日起开始享受工伤保险待遇，由大连市工伤保险基金按月支付伤残津贴及护理费至今。

2012 年 11 月 28 日，大连市第七医院精神疾病司法鉴定所作出《司法鉴定意见书》：1. 氮氧化合物中毒所致精神障碍（植物生存状态）；2. 无民事行为能力。

2012 年 12 月 12 日，沙区法院宣告梁某为无民事行为能力人。

7年维权，获赔额无异杯水车薪

事故的发生，彻底改变了一个家庭的命运。梁某的母亲王某兰忍着悲痛，开始了漫漫的维权之路。

2012年4月13日，梁某向大连市沙河口区劳动争议仲裁委员会提出申请，请求机电公司每月支付护理费4500元，同时赔偿梁某自己垫付的2万元护理费，但是劳动仲裁委未予受理。

2012年12月17日，梁某以机电公司为被告，向大连市沙河口区法院提起劳动争议诉讼，要求支付护理费等12万余元。大连市沙河口区法院以护理费应由工伤保险支付为由，驳回了梁某的诉讼请求。梁某对此提起上诉和再审申请，均被驳回。

2014年3月13日，梁某母亲发现了一份南消公司和机电公司在1997年5月25日签订的《关于一九九六年"8·20"事故有关经济损失赔偿问题的协议》（以下简称《赔偿协议》），内容为：对本次经济损失，原则上由南消公司承担65%，机电公司承担35%，具体如下：

医药、治疗、住院、就医路费和住院期间本人饮食补助费支出由南消公司承担65%，机电公司承担35%，如工伤保险赔付和双方财务人员核实的不实部分，则赔付部分相应扣减，剩余部分仍按南消公司承担65%，机电公司承担35%的比例，由双方承担。

歇工工资按工资表核实后由南消厂承担65%，机电公司承担35%。

但是，预计歇工工资经双方协商不作计算，换成如下方式计算：（1）关于梁某1997年5月19日以后发生的歇工工资、营养费、护理费由南消公司每年承担贰万柒仟元（直至死亡），提前预付一年，从第二年起，每季度结算一次，南消公司不得以任何理由拖欠。（2）关于梁某1997年5月19日以后所发生的医药费，如工伤保险赔付，双方均不承担，否则由南消公司承担65%，机电公司承担35%。梁某死后发生的费用，南消公司不再承担。

2015年6月16日，梁某母亲以这份《赔偿协议》为依据，将机电公司和南消公司再次起诉至沙河口区法院，请求二被告共同支付《赔偿协议》约定的1997年5月至2015年5月的赔偿金486000元（27000元/年×18年），同时要求二被告共同支付利息50000元。

2016年1月18日，沙河口区法院作出（2015）沙民初字第2663号民事判决书，认为：梁某与机电公司存在劳动合同关系，其因公遭受人身损害，构成工伤，应按《工伤保险条例》规定处理。本案是侵权之诉，利息损失并非侵权人身损害赔偿的范围；因原告受事故损害构成一级伤残，一直在医院不间断治疗，未过诉讼时效。因1997年9月至2012年12月，机电公司每月向梁某支付护理费共计172400元；1997年至2005年8月，机电公司转账给沙区社会服务公司护理费62400元，共计234800元，应予扣除。遂判决：1.南消公司给付梁某赔偿金251200元；2.驳回梁某其他诉讼请求。

南消公司不服，上诉。2016年6月2日，大连中院作出（2016）辽02民终1788号民事裁定书，认为：一审法院在二被告均否认《赔偿协议》真实性的情形下，未通过法定途径联系录音证据中的经办人陈某（南消公司员工）出庭，进而完成案涉鉴定程序即作出判决，属于认定基本事实不清，裁定撤销原判，发回重审。

2016年10月24日，沙河口区法院再次作出（2016）辽0204民初3062号民事判决书，认为：南消公司员工陈某未能出庭配合鉴定，南消公司应承担举证不能后果，对于原告提供的录音证据予以采信，推定《赔偿协议》真实有效。遂判决：1.南消公司给付梁某赔偿金251200元；2.驳回梁某其他诉讼请求。

南消公司仍不服，再次上诉。其后不久，南消公司又撤回上诉。

2018年5月17日，梁某母亲委托律师再次将机电公司、南消公司起诉至大连市沙河口区法院，请求二被告连带赔偿自2015年6月1日起至2018年9月30日止的护理费549000元（3年3个月），2012年7月10日起至2018年6月

15日止的护工床位费11447.1元、鉴定费5740元，2012年11月14日起至2018年4月12日止交通费1570元、用品费1263元、复印费39元，共计569059.1元。

2019年6月6日，法院委托辽宁学苑司法鉴定中心出具"（2019）临鉴字第205号"《鉴定意见书》，认为：梁某构成一级伤残，2015年6月1日至鉴定前一日（即2019年5月17日）可设1.5人陪护，存在完全护理依赖。

2019年8月9日，沙区法院作出（2018）辽0204民初3166号民事判决书，认为：1.梁某与机电公司存在劳动合同关系，其因公遭受人身损害，构成工伤，应按《工伤保险条例》规定处理；2.梁某和机电公司并非产品消费者，不适用《产品质量法》中因产品存在缺陷引发侵权责任纠纷的2年诉讼时效规定；3.因原告受事故损害构成一级伤残，原告一直在医院治疗，从未间断，因此本案未过诉讼时效。

梁某主张护理费的计算标准为300元／天／人×1.5人×1220天，法院以原告提供的护理费收条和证明，非合法有效的票据且护理人员未出庭质证为由，对梁某护理费的标准未予采信，酌定180元／天／人。法院综合认定本次事故梁某的合理损失为：护理费320490元、交通费1000元、鉴定费5740元、用品费1263元，共计328493元，遂依照《赔偿协议》约定的南消公司承担65%赔偿责任判决：1.南消公司赔偿梁某护理费208319元；2.赔偿交通费650元；3.赔偿鉴定费3731元；4.赔偿用品费821元；5.驳回其他诉讼请求。

梁某与南消公司均不服，提起上诉。2019年11月11日，大连市中级人民法院作出终审判决，对护理费计算天数予以更正，判决南消公司支付护理费、护工床位费等共计22万余元，其他判项予以维持。

 代理过程

确定主攻方向，再举法律之剑

前三次诉讼历经7年多时间，法院判决的赔偿金共计47.24万元，然而

8000多天的住院和卧床的医疗费、护理费、营养费等，早已让这个家庭不堪重负、无以延续。2019年11月，梁某的母亲找到了我所在的辽宁圣邦律师事务所进行咨询，经过缜密研究我发现，这个案子在前期诉讼过程中，对于侵权赔偿项目有着重大遗漏，最主要的残疾赔偿金、精神损害抚慰金和住院伙食补助费3项都没有主张过。

于是，梁某母亲委托我在2019年12月13日，以南消公司为被告，以机电公司为第三人，向侵权行为地法院大连市西岗区人民法院再次提起生命权、身体权、健康权纠纷之诉，要求被告给付残疾赔偿金、精神损害抚慰金、住院伙食补助费等赔偿共计300多万元。

被告南消公司提起了管辖权异议，被法院驳回。

庭审交锋：双方对诉讼时效及法律适用等产生巨大争议

历时24年的维权之路肯定是不容易的，而我代理的这一场诉讼，就更是难上加难。在2020年8月19日开庭过程中，原被告双方代理律师展开了激烈辩论。

针对我提出的诉讼请求，被告代理律师辩称：

1.原告主张的人身损害赔偿已超过一年的诉讼时效[①]，并且超过了20年的最长保护期限。

2.原告诉请所依据的法律规定为《最高人民法院关于审理人身损害赔偿案件适用法律若干问题的解释》(2003年)，该解释自2004年5月1日起施行，而本案损害结果确定时，该解释尚未施行，因此基于该解释计算赔偿数额缺乏法律依据，应该按照事故发生时的法律规定来确定。

3.原告的事故属于工伤，因此原告的医疗费、残疾者生活补助费以及因

---

① 编者注：被告援引的法律规定是《民法通则》(已失效)第136条："下列的诉讼时效期间为一年：(一)身体受到伤害要求赔偿的……"

误工减少的收入均已由工伤保险的生活护理费及伤残津贴等支付完毕。

4. 被告已经在 2016 年大连市沙河口区人民法院的判决后，根据《赔偿协议》，按照每年 27000 元的标准支付给原告赔偿金，该 27000 元赔偿金为概括性赔偿金，包括残疾赔偿金、护理费、营养费等费用，因此关于 1997 年至 2018 年的相关赔偿，原告系重复起诉。

对此，我提出：

1. 关于诉讼时效问题。原告自 1996 年 8 月 20 日损害发生之日起，至今长达 24 年时间仍呈植物生存状态，侵权行为造成的损害后果持续不间断地对原告造成损害。且这 24 年来，原告的父母未曾停止过向被告及第三人维权，已通过多次诉讼向二公司主张权利，并无怠于行使权利的行为。因此，原告的起诉完全符合法律规定，并未超过诉讼时效。

2. 关于法律适用问题。根据《最高人民法院关于审理人身损害赔偿案件适用法律若干问题的解释》（2003 年，以下简称《人损解释》）第 36 条第 1 款"本解释自 2004 年 5 月 1 日起施行。2004 年 5 月 1 日后新受理的一审人身损害赔偿案件，适用本解释的规定。已经作出生效裁判的人身损害赔偿案件依法再审的，不适用本解释的规定"之规定，本案属于 2004 年 5 月 1 日后新受理的一审人身损害赔偿案件，因此完全可以适用《人损解释》的相关规定向被告进行索赔，原告的诉讼请求具有法律依据。

3. 原告可以获得侵权与工伤双重赔偿。2014 年 9 月 1 日实施的《最高人民法院关于审理工伤保险行政案件若干问题的规定》第 8 条第 3 款规定：职工因第三人的原因导致工伤，社会保险经办机构以职工或者其近亲属已经对第三人提起民事诉讼为由，拒绝支付工伤保险待遇的，人民法院不予支持，但第三人已经支付的医疗费用除外。因此，在第三人侵权与工伤赔偿案件竞合的案件中，原则上仅医疗费不能双重赔偿，原告诉请被告支付残疾赔偿金、精神损害抚慰金、误工费等费用具有法律依据。

4. 关于南消公司与第三人机电公司订立的《赔偿协议》，系两公司之间的内部协议，对协议以外的原告梁某不具有约束力。

二次开庭，再度激辩

2020年9月28日法院又进行了第二次开庭。双方在以下3个问题上，再次进行了激烈辩论。

第一个问题：被告提供的两份案例，是否与本案有关？

庭审中，被告提供辽宁省高级人民法院（2020）辽民申2787号民事裁定书，该裁定书中法院认为，梁某本次申请再审中提出的再审请求及理由，在一、二审的起诉意见、上诉意见中均作出陈述，一、二审法院对其起诉意见、上诉意见均进行了审理及质证，梁某提出的再审请求及理由不足以改判一、二审判决对本案事实的认定及法律适用，一、二审法院根据各方当事人的诉辩意见对案件事实的认定及法律适用并无不当，遂裁定驳回了梁某的再审申请。

被告提举该份裁定书，拟证明其应当按照65%的标准向原告进行赔偿，并且原告在此前的诉讼中也自认了该比例。

我对该份证据的关联性提出强烈异议。我认为，正因为原告对被告及第三人私自约定责任比例的行为不认同，才对大连市中级人民法院（2019）辽02民终8654号民事判决提起再审。侵权责任的承担比例，应当是经过司法机关审查，结合侵权人各自责任的大小，最终划分责任比例而向被侵权人承担责任的过程，并非依据侵权人的私下约定。大连市中级人民法院在这份判决中仅依据《赔偿协议》直接确定南消公司应当按65%的比例承担责任，是错误的。辽宁省高级人民法院的这份裁定书，也是在未开庭审理、未当面询问原告的意见下径行作出的，原告认为这份裁定书依旧有失偏颇，不予认可。

同时，被告还当庭提供了一份大连市中级人民法院（2013）大民一终字第2006号案例的民事判决书，该案例所涉事故发生在1985年，医患双方曾分别在1985年、1986年就事故解决方案进行协商，最后一次达成了《关于韩婷婷一案协议书期满延期合同的协议书》，约定治疗观察至 1987 年 5 月 2 日之后再行解决。之后，双方并无书面协议约定终局性赔偿方案。

我认为，该案与本案不具有关联性。根据《最高人民法院关于统一法律适用加强类案检索的指导意见（试行）》（以下简称《类案检索指导意见》）第 1 条中规定的类案，是指与待决案件在"基本事实、争议焦点、法律适用问题等方面具有相似性"的案件。该案例是医疗损害责任纠纷，应当适用《最高人民法院关于审理医疗损害责任纠纷案件适用法律若干问题的解释》的规定；而本案是生命权、健康权、身体权纠纷，应当适用《人损解释》的规定，二者在基本事实、争议焦点、法律适用等方面均不具有相似性。且根据《类案检索指导意见》，除指导性案例以外，对上一级人民法院及本院裁判生效的案件应当优先检索近 3 年的案例或者案件，而被告提供的案例是大连中院 2013 年作出的，距本案开庭审理之时已有 7 年之久，不符合《类案检索指导意见》中"类案"的条件，不具参考意义。

第二个问题：按照《人损解释》赔偿，是否违背公平原则？

庭审中，被告抗辩"不能以今天的法律评价过去的行为"，并称，若以《人损解释》中的赔偿项目要求被告承担责任有违公平原则。

我认为，该抗辩理由完全不能成立。

首先，《人损解释》第 32 条规定，超过确定的护理期限、辅助器具费给付年限或者残疾赔偿金给付年限，赔偿权利人向人民法院起诉请求继续给付护理费、辅助器具费或者残疾赔偿金的，人民法院应予受理。实践中，法院根据此条款确定的赔偿义务期间届满后，赔偿权利人仍然可能继续生存，法律赋予其再次起诉的权利。因此，原告有权按照现行的法律赔偿项目向被告主张权利，不存在对被告不公平的情况。

其次，本案距离事故发生已超过 24 年，如前所述，作为受害者的原告仍处于生存状态，若以 20 年的最长诉讼时效期间来剥夺对原告的救济权利，才是对原告的极端不公。在 1996 年的事故中，原告并不存在任何过错，只因被告生产的产品质量不合格，致其一生被毁。按照公平原则，被告应依法赔偿原告受到的各项经济损失，才是最大的公平。而作为加害者的被告南消公司竟然认为对受害者进行赔偿有违公平原则，这是一种悖论，于法无据。

第三个问题：再次辩论是否已过诉讼时效？

我坚持认为，本案未超过诉讼时效。在此前已生效的（2016）辽0204民初3062号民事判决书第4页"被告辩称"部分，被告南消公司已在庭审中自认对梁某的损失"目前一直在予以赔偿"；第8页"法院审理查明"部分，2014年5月22日案外人卢某展同被告公司工作人员通话录音中显示，第三人机电公司每年都会来人从被告处拿钱作为对原告的赔付。可知，在原告对该案起诉之前，被告一直（通过第三人）在履行向原告的赔付义务，根据侵权行为发生时的《民法通则》第140条规定，诉讼时效已因被告"同意履行义务"而中断；在此之后，原告多次通过诉讼的方式向被告主张权利，根据起诉时的《民法总则》第195条规定，诉讼时效因原告"提起诉讼或者申请仲裁"而中断。根据上述两部法律的规定，诉讼时效自中断时起重新起算。因此，原告的起诉未超过诉讼时效。

法院判决：南消公司还应赔偿139余万元

最终，法院采纳了我的大部分辩论意见。

法院认为，公民生命权、健康权受法律保护。原告作为第三人机电公司的员工在工作过程中，因发生安全事故致其重伤，成植物生存状态，其损伤构成一级伤残，经事故调查组调查认定，南消公司负主要责任，机电公司负次要责任。

关于此次事故的责任划分，根据之前大连市沙河口区人民法院的民事判决，酌定南消公司承担65%的民事责任，机电公司承担35%的民事责任。因事故发生后，机电公司支付了原告医疗费等相关费用，且原告自1997年8月1日起享受工伤保险待遇至今，故机电公司不用承担赔偿责任。

关于被告提出的诉讼时效问题，法院认为，原告受到侵害的时间是1996

年 8 月 20 日，其自 2013 年 1 月起多次通过诉讼向被告主张权利，并无怠于行使权利的行为，且原告因本次事故导致一级伤残，成植物人状态，侵害行为所造成的行为后果仍处于持续的不间断状态，所以被告关于诉讼时效的抗辩主张不成立。

2020 年 10 月 13 日法院作出判决：南消公司赔偿原告梁某残疾赔偿金、精神损害抚慰金、住院伙食补助费、营养费、误工费、护理费等共计 1393146 元。

一审判决后，原被告双方均提起了上诉。

我们上诉的理由是，一审判决被上诉人按照 65% 承担赔偿责任，是错误的。本案中涉及的《赔偿协议》中约定，原则上由被上诉人南消公司承担 65% 责任，机电公司承担 35% 责任，并对各项赔偿费用如医药费、伙食补助费作出了具体赔付比例的约定，但对于残疾赔偿金、精神损害抚慰金、营养费、误工费、护理费、护工床位费、其他合理损失并未约定由被上诉人南消公司承担 65% 的责任。一审法院将残疾赔偿金、精神损害抚慰金、营养费、误工费、护理费、其他合理损失都按照 65% 责任计算属于认定事实

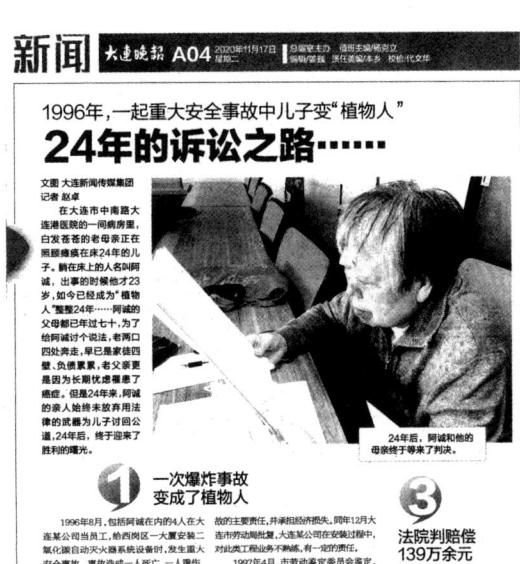

▲ 图 2-1　2020 年 11 月 17 日媒体对本案的报道，题目是《24 年的诉讼之路……》

错误。

被告的上诉理由仍然是认为本案已超过诉讼时效。

目前，本案还在二审进行中。

综观本案，我们说，梁某是不幸的，他在受伤后就完全没有了正常人的生活。但他的亲人在他受到伤害后，愤然拿起法律的武器，四处奔波，为他讨一个公道。在2020年他的母亲终于遇到了专业的律师，最终或许能让他拿到一个应得的赔偿。尽管这些赔偿，并不足以弥补梁某痛苦的一生，但是会让梁某和他老母亲未来的路容易一些。

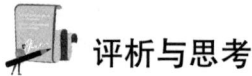 **评析与思考**

本案是否超过诉讼时效？

民事诉讼时效是指权利人经过法定期限不行使自己的权利，依法律规定其胜诉权便归于消灭的制度。根据《民法总则》（2017年生效，现已失效）第188条的规定，向人民法院请求保护民事权利的诉讼时效期间为3年。法律另有规定的，依照其规定。诉讼时效期间自权利人知道或者应当知道权利受到损害以及义务人之日起计算。法律另有规定的，依照其规定。但是自权利受到损害之日起超过20年的，人民法院不予保护；有特殊情况的，人民法院可以根据权利人的申请决定延长。

梁某自1996年8月20日事故发生以来，一直呈植物人生存状态，侵权行为造成的损害后果持续不间断地对梁某造成损害，被告及第三人对梁某形成了持续性的侵权。持续性侵权行为是指对同一权利客体持续地、不间断地进行侵害的行为。梁某因植物人状态需要在医院持续地住院治疗，以维系自己的生命，这种持续性住院行为需要持续多久无法确认。20年最长诉讼时效要求从受侵害人受到损害之日起计算20年，本案梁某所受的损害并不是一次性的，而是持续不间断的损害。也就是说，只要梁某还以植物人状态生存，损害结果就一直是存续的，不能单纯以事故发生之日起计算诉讼时效，更不能将持续性侵权行为从开始至终了的整个过程产生的债权请求权视为一个不可分割的请求权，从而要求权利人在过去的时间里即对将来发生的侵权行为知道或者应当知道，使权利人的权利得不到有效的保护，这也明显不符合公平正义原则。

本案的法律适用问题

被告认为《人损解释》自 2004 年 5 月 1 日起才施行，而本案损害发生时是在 1996 年，该司法解释尚未出台，因此基于该《人损解释》计算赔偿数额缺乏依据，应该按照事故发生时的法律规定予以确定。

根据该《人损解释》第 36 条：本解释自 2004 年 5 月 1 日起施行。2004 年 5 月 1 日后新受理的一审人身损害赔偿案件，适用本解释的规定。已经作出生效裁判的人身损害赔偿案件依法再审的，不适用本解释的规定。在本解释公布施行之前已经生效施行的司法解释，其内容与本解释不一致的，以本解释为准。前文已述及，本案事故虽然发生在 1996 年，但是梁某所受到的损害并不是一次性的，而是持续不间断的，并且梁某的父母也在不间断地起诉和维权。民事诉讼应当以"从新"为原则，即新法发生效力时的未决案件按照新法处理，但是法律对该问题另有规定除外。梁某案一审受理时间在《人损解释》之后，梁某按照《人损解释》要求被告及第三人承担赔偿责任于法有据。

并且，由于本案是持续性侵权行为，处于植物生存状态 20 多年的梁某如果适用 20 年之前的法律请求损害赔偿，则不符合公平正义原则。梁某的父母根本无法预见他们年仅 20 多岁的儿子在病床上"沉睡"20 多年。这 20 年来，社会不断进步，经济高速发展，医疗费用、护工费、营养费等费用涨了几番，梁某的父母由黑发变为白发，即使按照《人损解释》来赔偿，也无法弥补梁某无价的生命和健康。因此，笔者认为本案原告完全可以按照一审法院受理后的新规定来要求损害赔偿。

本案判决的精神赔偿数额过低

《侵权责任法》（2010年，已失效）第22条规定，侵害他人人身权益，造成他人严重精神损害的，被侵权人可以请求精神损害赔偿。精神损害赔偿数额的确定，需综合考量与损害事实、责任基础、金钱评价等相关的所有因素，并参考既往类似案件之判决。庭审中我提供了3个精神损害赔偿类案。

1. 广西柳州市民胡某津乘火车跌落致三肢缺失重伤案。2007年12月广西壮族自治区高级人民法院终审判决被告赔偿原告医疗费、残疾赔偿金、精神损害抚慰金等148万余元。二审法院根据案件具体情况突破了"精神抚慰金的赔偿额一般不超过八万元"的原则，不仅满足了原告20万元的精神损害抚慰金诉求，而且还保留了未来可能由此产生的其他费用的诉讼权利。

2. 辽宁省沈阳市中级人民法院（2004）沈民一权终字第983号民事判决（已生效），即曲某恒与张某宁道路交通事故人身损害赔偿案。该案中，法院判决被告赔付原告精神损害抚慰金70万元。这是截至目前我发现的全国法院相关裁判中精神赔偿最高的一个案例。

3. 大连13岁男孩杀害10岁女童案。大连市沙河口区人民法院在2020年对一起10岁女童被害案作出民事判决，判处蔡某某、庄某某于本判决生效之日起10日内赔偿原告合计1286024元，其中判决精神损害抚慰金40万元。

参考以上案例，本案事故发生时梁某仅23岁，如今已呈植物人状态24年，梁某及其家属遭受了严重的精神损害，特别是梁某本人失去了大好青春年华，不能结婚，不能生育，不能升职，不能奉养年迈的老父、老母，梁某的母亲已经白发苍苍，却终生看不到儿子的笑脸，反过来还要照顾儿子，这是何等的悲哀。本案一审法院仅支持被告赔偿梁某10万元的精神损害抚慰金显然不合情理，亦不足以弥补对梁某及其父母造成的巨大损害。

两公司签订的《赔偿协议》不具有对抗第三人效力

南消公司与机电公司签订的《赔偿协议》系双方内部约定，不具有对抗第三人的效力。这是因为，合同关系只能发生在特定主体之间，通常情况下，仅对签订合同的当事人具有拘束力。本案中，1997年5月25日形成的《赔偿协议》，只是南消公司与机电公司双方签字盖章的协议，该协议的合同主体仅为这两个公司，也仅能对两公司产生效力，原告及其法定代理人并没有在该协议上签字，该协议不具有对抗原告的效力。

但非常遗憾的是，原告在此前对该《赔偿协议》予以了认可。当原告母亲在2014年3月发现该份协议后，甚至是"如获至宝"，其并没有发现这份《赔偿协议》对其不利的一面。按照协议的约定，南消公司承担65%的责任，机电公司承担35%的责任。因为原告与机电公司之间存在劳动关系，根据《人损解释》第12条第1款规定，依法应当参加工伤保险统筹的用人单位的劳动者，因工伤事故遭受人身损害，劳动者或者其近亲属向人民法院起诉请求用人单位承担民事赔偿责任的，告知其按《工伤保险条例》的规定处理。据此，原告已经享受了工伤保险待遇，无权再要求机电公司承担其他赔偿责任。

在案件审理过程中，我们及时发现了该份《赔偿协议》存在的问题。该协议对各项赔偿费用如医药费、伙食补助费作出了具体赔付比例的约定，但对于残疾赔偿金、精神损害抚慰金、营养费、误工费、护理费、护工床位费等其他合理损失并未作出具体约定。笔者认为该协议并非概括性约定，而是确定性约定。一审法院将残疾赔偿金等赔偿项目都按照65%责任进行划分和计算，笔者认为是错误的。

1996.8.20
发生重大安全事故，导致原告呈植物生存状态。

1996.11.5
大连事故联合调查组事故调查报告认为，南消公司对事故发生负主要责任，应当承担经济损失。

1997.4.28
大连市劳动鉴定委员会鉴定，梁某构成工伤一级伤残。

2012.4.13
梁某向沙区仲裁委提出申请，请求机电公司支付护理费，仲裁未受理。

2012.12.17
梁某以机电公司为被告，向沙区人民法院提起劳动争议之诉，要求支付护理费。

2013.3.12
沙区人民法院作出（2013）沙民初字第37号民事判决，认为梁某的护理费应当由工伤保险基金支付，驳回梁某的诉讼请求。梁某上诉。

2013.7.8
大连市中级人民法院作出大民五终字第469号民事判决，驳回上诉，维持原判。梁某申请再审。

2014.5.15
辽宁省高级人民法院作出（2014）辽审四民申字第382号民事裁定书，驳回梁某再审申请。

2015.6.16
梁某以机电公司、南消公司为被告，向沙区人民法院提起生命权、身体权、健康权纠纷之诉，要求二被告给付赔偿金486000元。

2016.1.18
沙区人民法院作出（2015）沙民初字第2663号民事判决，判决南消公司支付梁某护理费251200元。南消公司上诉。

2016.6.2
大连市中级人民法院作出（2016）辽02民终1788号民事裁定书，认为本案事实不清，发回重审。

2016.10.24
沙区人民法院作出（2016）辽0204民初3062号民事判决，判决南消公司支付梁某护理费251200元（与原一审判决一致）。南消公司上诉。

2017.3.3
大连市中级人民法院作出（2017）辽02民终124号民事裁定书，准许南消公司撤回上诉。

2019.6.6
辽宁学苑司法鉴定中心作出《鉴定意见书》，认为梁某构成一级伤残，2015年6月1日至鉴定前一日，可设1.5人陪护，存在完全护理依赖。

2019.8.9
沙区人民法院作出（2018）辽0204民初3166号民事判决，南消公司向梁某支付护理费208319元、交通费等其他费用共计213521元。梁某与南消公司均上诉。

2019.11.11
大连市中级人民法院作出（2019）辽02民终8654号民事判决，对护理费计算天数予以更正，判决南消公司支付护理费213759元、护工床位费7441元，其他判项予以维持。

2019.12.13
梁某以南消公司为被告、机电公司为第三人，向西岗区人民法院提起生命权、身体权、健康权纠纷之诉，要求被告给付残疾赔偿金、精神损害抚慰金、护理费等共计300多万元。

2020.10.13
西岗区人民法院作出（2020）辽0203民初1682号民事判决，判决南消公司支付139万余元，梁某上诉。

图 2-2　梁某案大事记时间轴

手记 3

粉尘爆炸"局中局"

——一起安全事故引发的连环案件代理纪实

 **案情再现**

粉尘爆炸,导致他重度伤残

2018年3月9日,大连市普兰店人宋某勇给高某山开车,到位于普兰店太平街道唐房社区的大连兴发木业有限公司(以下简称兴发公司)收集木粉。通过车载风机形成负压,将木粉抽到改装的车辆上,工作大约30分钟后,不幸的事突然发生了,在木粉装卸车辆周围发生了一次小规模的爆炸,导致车辆一阵晃动。和宋某勇在一起的作业人员张某彬异常惊慌地逃离了作业区。就在宋某勇也要离开车辆的时候,突然间又出现了一次大型爆炸,车厢整体起火,大火瞬间把宋某勇包围,他在一片火海中挣扎,惨叫不已,最终他未能逃出作业区,爆炸事故导致他重度烧伤及昏迷。

治疗272天,他在死亡线上走了一遭

事故发生后,宋某勇被送往大化集团有限责任公司医院住院治疗,其被

诊断为：火烧伤头面、颈、躯干、臀、四肢二度至四度90%，三度57%，四度8%；吸入性损伤；烧伤休克；低蛋白血症；双眼角膜热烧伤一度；烧伤后心肌损害等22种症状，濒临死亡，医院进行了全力抢救。住院病案首页登记的工作单位为大连嘉德新能源有限公司（以下简称嘉德公司），联系人为高某山。

同日，嘉德公司员工初某为宋某勇交纳5万元医疗费。宋某勇于2018年12月6日出院，共计住院272天，花费医疗费用1208800元，在长时间的住院治疗下，宋某勇奇迹般地活了下来。他的姐姐宋某通过水滴筹等方式支付医疗费850800元，嘉德公司支付医疗费10万元，车主高某山支付医疗费25万元，慈善总会也捐助了8000元。

被鉴定为工伤一级伤残

在宋某勇受伤一个多月后，2018年4月17日，一家名为大连鑫源企业咨询信息服务有限公司沈阳分公司（以下简称鑫源分公司）的单位，在沈阳市康平县为他申报了工伤。康平县人力资源和社会保障局作出康人社工认字（2018）第146号《工伤认定决定书》，认定宋某勇为工伤。

2019年4月15日，沈阳市劳动能力鉴定委员会作出《职工工伤、职业病致残程度鉴定结论通知单》，宋某勇构成工伤一级伤残，大部分生活自理障碍。

随后，沈阳市社会保险事业服务中心为宋某勇报销了2018年5月—2020年5月的医疗费940967.33元。但是鑫源分公司只支付给宋某勇工伤报销医疗费778896.23元。

劳动仲裁：一份草率的裁决

2019年12月27日，宋某勇以鑫源分公司、嘉德公司为被申请人，向劳动人事争议仲裁委员会提出劳动仲裁，请求二被申请人共同赔偿申请人医疗费及停工留薪期工资等 272 余万元。

据宋某勇回忆说，劳动仲裁的开庭程序非常潦草和匆忙。2020 年 4 月 17 日，劳动仲裁委员会仅裁决鑫源分公司支付宋某勇停工留薪期工资 84000 元，其他各项仲裁请求均不予支持。

该仲裁委员会认为，被申请人鑫源分公司将申请人派遣到被申请人嘉德公司处从事司机工作，工资标准 7000 元 / 月，由案外人高某山以现金方式支付申请人工资。被申请人鑫源分公司已为申请人缴纳工伤保险。根据《最高人民法院关于审理工伤保险行政案件若干问题的规定》（以下简称《工伤保险规定》）第 3 条第 1 款的规定，劳务派遣单位派遣的职工在用工单位工作期间因工伤亡的，派遣单位为承担工伤保险的责任单位。所以被申请人鑫源分公司应为责任单位。被申请人鑫源分公司已经为申请人参加工伤保险，申请人一级伤残应得的医疗费、一次性伤残补助金、伤残津贴、住院伙食补助费、出院后护理费等工伤保险待遇依法均应由医疗保险经办部门支付。

 代理过程

我是在 2020 年 3 月介入宋某勇案件中的。经过思考，我认为该案件的首要工作是拿到本次事件的《安全事故调查报告》。根据《安全生产法》和国务院《生产安全事故报告和调查处理条例》的规定，爆炸事故发生后，有关部门应当在 60 日内出具事故调查报告，调查报告的内容为：（一）事故发生单位概况；（二）事故发生经过和事故救援情况；（三）事故造成的人员伤亡和直接经济损失；（四）事故发生的原因和事故性质；（五）事故责任的认定以及对事故责任者的处理建议；（六）事故防范和整改措施。

艰难的《会议纪要》

我们和当事人先后奔走于普兰店区应急管理局、普兰店区政府以及大连市应急管理局和市政府之间，向有关部门递交了有关"宋某勇案"的大量材料。在 2020 年 3 月 23 日，我们终于得到了一份加盖大连市普兰店区安全生产监督管理局、辽宁省大连市普兰店区公安消防大队公章的《大连市普兰店区"3·9"事故原因分析会议纪要》(以下简称《会议纪要》)。但是，让当事人和我都非常气愤的是，从日期上显示，这份《会议纪要》早在 2018 年 5 月 24 日就已经作出，有关部门却始终不交给受害人，这又是为什么呢？

该《会议纪要》主要内容如下：

根据安监、消防部门联合调查组的调查情况，并结合事故现场监控视频、相关人员的调查询问、事故现场勘验以及调取的相关资料，综合认定此次事故为粉尘爆炸事故。但导致此次事故的具体点火源，无法明确，因为点火源的证据随着爆炸的产生而消失，爆炸后无法找到直接证据证实。

关于对此次事故相关方的责任，调查组认为没有木粉的收集作业就不会发生此次事故，木粉收集作业、用电不符合防爆防静电相关规定，厂方与木粉收集作业方的合同未明确相关安全防护措施。

会议最后形成统一意见，同意对此次事故的认定、原因分析及责任意见，<u>此次事故为粉尘爆炸事故，木粉收集车辆方（车主：高某山；挂靠：铁岭信达运输有限公司）对事故负有主要责任、厂方（兴发公司）负有次要责任。</u>

会议要求有关部门按照职责分工做好事故处理相关工作。

第一场官司：侵权之诉

此前，宋某勇曾经委托其他律师提起过 2 次侵权之诉，但是都因为没有提供事故调查报告和责任认定等证据,在法院劝说下撤回了起诉。

在获取到这份《会议纪要》后,2020年4月,我第一时间向普兰店区人民法院提起诉讼,要求侵权人兴发公司、高某山、铁岭信达运输有限公司三被告赔偿宋某勇残疾赔偿金等各项损失共计209余万元,高某山、铁岭信达运输有限公司共同赔偿70%,兴发公司赔偿30%。本次起诉在法院顺利地立案。

庭前会议:明确鉴定事项

2020年5月26日法院就司法鉴定事宜举行了庭前会议。

《最高人民法院关于适用〈中华人民共和国民事诉讼法〉的解释》(法释〔2015〕5号)[①]第225条规定,根据案件具体情况,庭前会议可以包括下列内容:(一)明确原告的诉讼请求和被告的答辩意见;(二)审查处理当事人增加、变更诉讼请求的申请和提出的反诉,以及第三人提出的与本案有关的诉讼请求;(三)根据当事人的申请决定调查收集证据,委托鉴定,要求当事人提供证据,进行勘验,进行证据保全;(四)组织交换证据;(五)归纳争议焦点;(六)进行调解。

据此,在民事诉讼中,庭前会议的内容之一就是"根据当事人的申请决定调查收集证据,委托鉴定,要求当事人提供证据,进行勘验,进行证据保全"。

应当说,庭前会议并非法庭审理前的必经程序,这种审理方式在刑事案件中运用较多一些,最高人民法院曾印发了专门的《人民法院办理刑事案件庭前会议规程》(2017年)。民事案件中庭前会议召开的相对较少,但因为庭前会议确实会起到提高诉讼效率、保证庭审顺利进行的作用,所以也逐渐在复杂的民事案件庭审中予以推行和应用。

本案中,因宋某勇受伤严重,住院时间长,医疗费用高,病案和医疗资料较多,且必须通过司法鉴定来确定其伤残等级等事项,因此庭前会议是非

[①] 编者注:该司法解释已于2020年修正。

常有必要的。在这次会议上，我方明确了鉴定事项，并提交了鉴定所需要的全部证据材料。被告方到庭发表了意见。法院当庭确定了本案的司法鉴定方式。

2020年8月17日，大连衡泰法医司法鉴定所作出大衡临鉴（2020）第310号《司法鉴定意见书》，被鉴定人宋某勇分别构成二级伤残、四级伤残、六级伤残，误工期为24个月，需1人护理24个月，营养期为8个月，伤残鉴定后需部分护理依赖。

诉讼保全引发的争议

在侵权诉讼期间，我们依法申请了财产保全措施。

当法院人员到兴发公司准备查封机器设备时，出现了一点儿意外。兴发公司一个姓佟的人慌张地接待了法官，他说，现在这个公司已经不是兴发公司了，而是另一家莲城木业公司（以下简称莲城公司）在经营。

法院的《调查笔录》记载了这一幕——"法官：你好，我们是法院工作人员，来向你调查一些情况。你厂内的机器设备是否属于兴发公司？答：兴发公司原租用我的厂房，从2017年1月1日至2019年11月10日，它的机器设备全部被运走了，现厂房的设备均是莲城公司所有。法官：你说的话要负法律责任，你是否听清楚？答：听清楚了。法官：请阅读笔录，无异议请签字。答：好。"

对此，我们立即申请追加莲城公司为共同被告，并向法院请求对该公司的财产采取诉讼保全措施，冻结莲城公司名下银行账户存款80万元或房屋、车辆、机器设备等其他等值财产。

莲城公司不服，迅速向法院递交了《复议申请书》，要求解除和撤销对其生产设备和银行账户的查封裁定，并洋洋洒洒提出了七条理由。

两公司是否构成"人格混同"

针对该公司的复议，我们向法院提交了答辩状，认为两公司之间构成法人人格混同，莲城公司是本案适格的被告，法院的财产保全措施符合法律规定。

所谓公司法人人格混同，是指在形式上具有法人资格的公司与股东之间，或公司与公司之间，在人员、业务、财产等方面出现混同，导致公司法人丧失独立承担民事责任资格的情形。《公司法》第 20 条第 3 款规定，公司股东滥用公司法人独立地位和股东有限责任，逃避债务，严重损害公司债权人利益的，应当对公司债务承担连带责任。本案中两个公司之间存在以下问题：

第一，两公司间人员混同。 兴发公司的工商档案显示，兴发公司成立于 2016 年 1 月 18 日，投资人为孙某、靳某，后变更投资人为孙某、靳某某。孙某、靳某系夫妻，靳某某系二人女儿，兴发公司实系家族公司。2020 年 6 月 3 日大连市普兰店区人民法院《调查笔录》证明，靳某以莲城公司的工作人员身份接待了来访法官。而莲城公司成立于 2020 年 5 月 18 日，其注册档案中的一份房产执照上写明"与原件一致。孙某"，孙某系兴发公司投资人，却在莲城公司使用的房产执照上签名，显然两公司之间的管理人员存在着混同。

第二，两公司间财产混同。 莲城公司称其现有设备是从靳某处"合法"受让而来，原告不予认可。案涉机器设备，究竟属于靳某个人还是兴发公司，需要被告莲城公司及兴发公司举证。假设该财产属于兴发公司，则靳某处分了兴发公司的财产，既构成（原）股东与公司财产的混同，同时也构成无权处分。而莲城公司的人员没有审慎核实机器设备的物权归属，即签订所谓的《以物抵债协议书》，不能善意取得机器设备的所有权，则案涉机器设备仍归兴发公司所有，原告有权申请查封。

第三，两公司间经营范围混同。 根据工商查询莲城公司为兴发公司设立时的备选名称，两公司经营范围均是"家具及配件、木制品制造、销售；货物及技术进出口，国内一般贸易"。

第四，两公司间经营地点混同。 根据工商查询，莲城公司与兴发公司的经营地点都为大连市普兰店区太平街道唐房社区，且 2020 年 6 月 3 日大连市普兰店区人民法院《调查笔录》可以证明，莲城公司与兴发公司经营场所一致。

因此，本案中两个公司虽然在工商登记部门登记为彼此独立的企业法人，但实际上相互之间界限模糊，其行为违背了法人制度设立的宗旨，违背了诚实信用原则，其行为本质和危害结果与《公司法》（2018 年）第 20 条第 3 款规定的情形相当，故参照该规定，两公司应当承担连带责任。

2020 年 6 月 23 日，法院裁定驳回了莲城公司的复议请求。

庭审异常激烈

2020 年 10 月 29 日，侵权之诉第一次开庭审理，庭审于下午 3 时开始，直到晚上 8 时方结束，整整进行了 5 个小时。

第一被告兴发公司辩称，不同意原告的诉讼请求，理由是：本案不存在侵权，原告已经得到了工伤赔偿，第一被告出售粉尘是与嘉德公司签订的合同，出现人员伤亡或一切事情都应由嘉德公司承担，本案没有火灾认定书，原告已经起诉过两次，后又自己撤诉，兴发公司也曾因此火灾起诉原告及其他相关责任人，法院以没有火灾认定书为由驳回诉讼请求，因此请求法院依法驳回原告本次的诉讼请求。庭审中，被告兴发公司向法庭提交了一份 2020 年 10 月 13 日普兰店区应急管理局出具的《关于〈大连市普兰店区"3.9"事故原因分析会议纪要〉的说明》，该说明认为：2018 年 5 月 24 日的《会议纪要》是内部讨论记录，不等同火灾认定书。

第二被告高某山辩称，不同意原告的诉讼请求，本案没有火灾认定书，依据《消防法》和《安全事故处理条例》的规定，相关事故应当严格按照法律法规规定的程序出具火灾事故认定书或调查报告。本案不存在侵权，原告已经因工伤保险所得到的所有赔偿不应该在本次诉讼当中重复请求。对于原告所提出的赔偿明细被告高某山都不予认可。

第三被告铁岭信达运输有限公司未到庭答辩。

第四被告莲城公司辩称，不同意原告的诉讼请求，理由为：莲城公司是在2020年1月因以物抵债得到的设备，并用于之后成立的公司，与兴发公司没有任何关系，更与本次事故没有任何关系，不同意原告的诉讼请求。

我方则认为：

第一，《会议纪要》已经明确了爆炸事故的责任认定与划分，即此次事故为粉尘爆炸事故，木粉收集车辆方（车主：高某山；挂靠：铁岭信达运输有限公司）对事故负有主要责任，厂方（兴发公司）负有次要责任，宋某勇无责任。

第二，该《会议纪要》虽然名为会议纪要，但其主要内容是对爆炸事故责任的认定，实际等同于《安全事故责任认定书》。该《会议纪要》是行政主体明确的意思表示，对相对人发生直接的法律效果，是具体行政行为。原告依据《会议纪要》的责任认定要求高某山、铁岭信达运输有限公司承担主要责任（70%），兴发公司、莲城公司承担次要责任（30%），是正确的。

第三，根据《最高人民法院关于审理人身损害赔偿案件适用法律若干问题的解释》（法释〔2003〕20号）第12条第2款，因用人单位以外的第三人侵权造成劳动者人身损害，赔偿权利人请求第三人承担民事赔偿责任的，人民法院应予支持。宋某勇因用人单位以外的第三人受到人身损害，请求四被告承担侵权赔偿责任于法有据。

第四，根据《公司法》第20条第3款的规定，兴发公司与莲城公司构成法人人格混同，应当对原告承担连带赔偿责任。

第五，根据《最高人民法院关于适用〈中华人民共和国民事诉讼法〉的解释》（法释〔2005〕5号）第54条，以挂靠形式从事民事活动，当事人请求由挂靠人和被挂靠人依法承担民事责任的，该挂靠人和被挂靠人为共同诉讼人。高某山与铁岭信达运输有限公司之间签订了《车辆挂靠合同》，应当对原告承担共同赔偿责任。

一审判决兴发公司承担侵权赔偿责任

2020年12月1日法院作出一审判决，被告兴发公司赔付原告宋某勇各项经济损失618706.10元。判决主要内容为：

本院归纳本案的争议焦点为：1.原告要求四被告承担身体权侵权赔偿责任有无事实及法律依据；2.原告主张的各项经济损失的合理额度。

关于焦点1，本院认为，原告在已经被认定为工伤，并已提起工伤赔偿诉讼的情况下，以《最高人民法院关于审理工伤保险行政案件若干问题的规定》第8条第3款"职工因第三人的原因导致工伤，社会保险经办机构以职工或者其近亲属已经对第三人提起民事诉讼为由，拒绝支付工伤保险待遇的，人民法院不予支持，但第三人已经支付的医疗费用除外"为依据，要求四被告承担侵权赔偿责任，而原告提供的证人及被告高某山均认可，案涉事故发生时，原告系受雇于被告高某山，为被告高某山做司机兼收集木粉，由被告高某山给原告发放劳动报酬，案涉事故发生时系原告驾驶被告高某山所有的车辆到被告兴发公司处收集木粉。故被告高某山非上述规定中法律意义上的第三人。

对于被告兴发公司是否存在侵权行为一节，原告提供了大连市普兰店区安全生产监督管理局、大连市普兰店区公安消防大队于2018年5月24日共同作出的《大连市普兰店区"3.9"事故原因分析会议纪要》为依据，本院认为，该会议纪要系内部会议讨论记录，非行政机关作出的具体行政行为，未作出正式责任认定书向当事人送达，对当事人未产生约束力，故不能以该会议纪要中的责任划分作为判决依据。但该会议纪要中明确了案涉粉尘爆炸产生的三种可能性。此三种可能性系大连市普兰店区安全生产监督管理局、大连市普兰店区公安消防大队作出的专业分析意见，应予采纳。被告兴发公司存在对原告造成侵权的可能性，原告受伤的结果与被告兴发公司有一定的因果关系。原告要求被告兴发公司承担30%的赔偿责任合情合理，且符合公平原则，应予支持。

对于原告以被告莲城公司与被告兴发公司存在财产混同、人格混同为由要求被告莲城公司承担赔偿责任一节，本院认为，原告未提供直接证据证明被告莲城公司占有使用的房屋、机器、设备等财产原所有权人为被告兴发公司，原告主张被告莲城公司与被告兴发公司存在财产混同、人格混同的证据不足，对于原告要求被告莲城公司承担赔偿责任无事实及法律依据，本院不予支持。

关于焦点2，本院认为，结合大连衡泰法医司法鉴定所司法鉴定意见书，本院认定原告请求赔偿的合理金额应为2095687元。此经济损失由被告兴发公司承担30%的赔偿责任，即628706.1元。扣除被告兴发公司已经给付原告的100000元，被告兴发公司尚应给付原告经济损失528706.1元。

关于被告高某山辩称原告已经因工伤保险所得到的所有赔偿不应该在本次诉讼当中重复请求一节，因根据《最高人民法院关于审理工伤保险行政案件若干问题的规定》第8条第3款规定，工伤赔偿与民事赔偿除了医疗费之外，其他赔偿可以兼得，故被告高某山该抗辩意见不成立。

第二场官司：劳动争议

在侵权官司进行的同时，另一边的劳动争议官司也开始了。2020年6月5日，宋某勇起诉嘉德公司、鑫源分公司劳动争议纠纷在法院立案。

我们的诉讼请求是，因鑫源分公司仅向宋某勇支付医疗费778896.23元，把其他包含伤残津贴、生活护理费、一次性伤残补助金、住院伙食补助费等在内的工伤赔偿款项全部截留，没有支付给原告，故要求二被告赔偿原告各项经济损失1048352.76元。

就在法院确定的开庭时间前夕，我们突然发现本案出现了一个重要情况，遂申请法院延期开庭。

应该列谁为被告？

我们发现，鑫源分公司已于 2020 年 4 月 17 日因"经营期限届满决定解散"而注销了工商登记。诉讼主体之一已经不存在了，谁该替代他成为被告呢？

我们查询到《劳动人事争议仲裁办案规则》（人力资源和社会保障部令第 33 号）第 6 条的规定：发生争议的用人单位未办理营业执照、被吊销营业执照、营业执照到期继续经营、被责令关闭、被撤销以及用人单位解散、歇业，不能承担相关责任的，应当将用人单位和其出资人、开办单位或者主管部门作为共同当事人。也就是说，按照这个规定，应当将鑫源分公司以及其总公司列为共同被告。但我们的疑问有二：一是鑫源分公司注销后，已经丧失了权利能力和行为能力，不具备主体资格，怎么还能作为诉讼主体呢？二是这条规定仅为人力资源社会保障部制定的一个规章或规范性文件，对人民法院是否具有法律效力？

再接着查询鑫源分公司的开办单位——鑫源公司的工商档案时，更加让我们吃了一惊。鑫源公司作为"总公司"，竟然早在 2019 年 9 月 17 日就因"决议解散"而注销了工商登记。这就让人越来越迷惑，鑫源公司和其分公司的这种行为，难道就是为了逃避对受害人宋某勇的赔偿吗？

总公司、分公司在宋某勇发生事故后纷纷注销，显然具有恶意逃避债务的嫌疑。那么在起诉过程中，究竟应该以谁为被告呢？

《最高人民法院关于适用〈中华人民共和国民事诉讼法〉的解释》（2015年）第 64 条规定，企业法人解散的，依法清算并注销前，以该企业法人为当事人；未依法清算即被注销的，以该企业法人的股东、发起人或者出资人为当事人。《最高人民法院关于适用〈中华人民共和国公司法〉若干问题的规定（二）》第 20 条第 2 款规定，公司未经依法清算即办理注销登记，股东或者第三人在公司登记机关办理注销登记时承诺对公司债务承担责任，债权人主张其对公司债务承担相应民事责任的，人民法院应依法予以支持。

再详细查看工商登记档案卷宗，发现在鑫源公司档案中，在2019年7月23日鑫源公司的股东成立了清算组，清算人为路某，并且特别注明公司注销前后若出现债权债务由股东路某承担。就在同一天，该公司出具了一份清算报告，报告中称公司无债权债务，若出现债权债务由股东路某承担。

回头再看分公司档案，写明：鑫源分公司在2020年4月17日注销，其所有债权债务由总公司负责，股东处签字为路某。

据此，我认为，应当依据上述两个司法解释的规定，以鑫源公司的唯一股东路某为被告，要求其和嘉德公司承担对原告的赔偿责任。

受害人究竟是谁的员工？

2020年10月19日这起劳动争议案件第一次开庭审理，让人诧异的是，两个被告都认为自己与原告之间不存在劳动关系。

我们认为，鑫源分公司是原告的用人单位，第一被告路某应当承担责任。为证明此主张，我们提交了以下5份证据。

第一份证据：2018年4月17日康平县人社局《工伤认定决定书》[康人社工认字（2018）第146号]载明"申请人鑫源分公司简述：本公司派遣到嘉德公司的员工宋某勇，于2018年3月9日中午12时44分左右，在工厂粉尘房旁工作时……经审查申请人提供的证据，认定其所述情况属实"。

第二份证据：2019年3月5日康平县人社局《康人社工认字（2018）第146号补充工伤认定》载明"鑫源分公司的员工宋某勇同志……"。

第三份证据：2019年4月25日沈阳市劳动能力鉴定委员会《职工工伤、职业病致残程度鉴定结论通知单》载明"鑫源分公司：你单位宋某勇同志……"。

第四份证据：2020年5月沈阳市社会保险事业服务中心《截止到2020年5月宋某勇工伤医疗待遇发放明细》载明"单位名称：鑫源分公司，单位编码

13700××；职工姓名：宋某勇，职工编号62738711"。该证据还能证明，工伤保险赔偿款项都打入了鑫源分公司的账户。

第五份证据：2020年4月17日大连市普兰店区劳动人事争议仲裁委员会《仲裁裁决书》[大普劳人仲裁（2020）39号]载明"经审理查明，被申请人鑫源分公司将申请人宋某勇派遣到被申请人嘉德公司处从事司机工作，工资标准为7000元／月……"

从这5份证据上看，原告的用人单位都指向了鑫源分公司。

但就在2020年11月17日第二次开庭时，第一被告路某的代理人出示了一份《代交保险协议书》，使得本案更加扑朔迷离起来。

一份浮出水面的《代交保险协议书》

被告路某的代理人辩称，路某担任法定代表人的鑫源公司绝不是原告的用人单位。理由是，被告嘉德公司欲对员工缴纳工伤保险，便委托鑫源分公司办理此项工作，双方签订了工伤保险代交协议，嘉德公司向鑫源分公司提供包括原告在内的员工名单，委托其代为向社保机构缴纳工伤险。原告宋某勇受伤后，依照嘉德公司的申请，鑫源分公司及时转交了工伤材料用于工伤理赔，原告宋某勇的相关工伤保险待遇，已由沈阳的医疗保险经办部门支付。因此，被告路某不是本案中承担责任的适格主体。路某的代理人宣读了其出示给法庭的《代交保险协议书》，其内容如下：第一条，甲乙双方经过协商一致，甲方委托乙方为代理人员在沈阳人力资源和社会保障局代为缴纳工伤保险相关事宜，达成此协议；第二条，本协议自2018年2月19日起至2020年2月18日止；第三条，甲方委托乙方代为缴纳一项工伤保险，按照沈阳市工伤保险管理条例履行代交保险职责……

对此，我认为：路某担任法定代表人的鑫源公司与被告嘉德公司之间是借名和挂靠关系而非委托代理关系，应承担共同赔偿责任。我的理由是：

1. 本案中鑫源分公司虽然在《代交保险协议书》中写的是接受嘉德公司

的委托，但并不是以委托人嘉德公司的名义为宋某勇缴纳社保，而是以自己的名义进行缴纳，因此不符合委托代理行为的相关法律规定。

2. 鑫源分公司与嘉德公司签订的《代交保险协议书》中约定"乙方只负责工伤赔偿条款范围内的赔付，社保报销范围外的一切纠纷及索赔等均与乙方无关，乙方与代交保险人员不存在任何劳动、劳务关系"。该协议仅为鑫源分公司与嘉德公司的内部约定，对原告不产生法律效力。

3. 从康平县人力资源和社会保障局出具的康人工认字（2018）第146号《工伤认定决定书》《康人社工认字（2018）第146号补充工伤认定》等证据来看，被告路某所在的鑫源分公司就是原告的用人单位。

法庭上，第二被告嘉德公司称，其与原告之间没有任何的用工以及劳动等关系，也不存在劳务派遣的关系，在原劳动仲裁庭审当中，鑫源分公司的代理人曾讲述只是为救治原告受伤而为原告代交了工伤保险，其也陈述已将所有的工伤保险以及其他的医疗补偿及赔偿都给付了原告的姐姐宋某，因此被告嘉德公司不应该承担任何赔偿责任。

法庭又惊现 62.8 万元乌龙证据

庭审中，又出现了更加诡异的一幕。被告路某的代理人随后出示了一张原告姐姐宋某签署的《收条》，内容为：

今收到鑫源分公司支付的一次性伤残补助金和伤残津贴共计：628000元（陆拾贰万捌仟元整），此为一次性给付十年的费用，即2019年9月—2029年10月，到期继续给付余下费用，下一次结算自2029年10月再议。由于领取人宋某勇签不了字，故由宋某勇按手印，由姐姐代签字按手印。

被告路某称，已将社保机构针对原告宋某勇理赔的医疗费等945091.53元转交给被告嘉德公司，将原告的伤残补助金、2019年9月至2020年10月的伤残津贴合计 628000 元通过现金方式垫付给原告,并未截留任何款项。紧接着,路某的代理人又提交了从辽宁鞍山等地银行取款的记录。

对此,我们提交了一份太平洋人寿股份有限公司商业保险理赔款证据:2019 年 9 月 27 日,原告尾号 5673 的银行账户收到团体意外伤害险、意外伤害住院补贴团体医疗保险等保险理赔款共计 62.8 万元。

我们认为:

1. 鑫源分公司出示的宋某勇的姐姐宋某签字的《收条》显示,宋某勇收到鑫源分公司支付的一次性伤残补助金和伤残津贴共计 62.8 万元,但是该《收条》并没有实际履行,该款项未实际给付。宋某勇所收到的 62.8 万元款项实际是中国太平洋人寿股份有限公司支付给宋某勇的商业保险理赔款,并不是由路某支付的社保款项。

2. 路某在 2019 年 9 月 27 日现金取款的记录,并不能证明路某在 2019 年 10 月 11 日将 62.8 万元以现金方式交付给原告姐姐这一事实。该取款地点是鞍山,而其陈述交款 62.8 万元给原告姐姐的地点在大连市普兰店区,其携带如此之巨的现金从鞍山到普兰店,显然不合情理。而且路某陈述的取款时间,距离交给原告姐姐款项的时间相差半个月之久,也是不现实的。

3. 路某将保险理赔款 62.8 万元谎称是其给付的社保款项,骗取了宋某勇姐姐宋某签字的《收条》。62.8 万元的大额款项采取现金交付的方式,显然也不符合常理,且原告姐姐已经证明,虽然其在《收条》上签了字,但并未收到过该款项。在原告姐姐否认的情形下,路某仍需要提供实际交付款项的证据,否则应承担不利后果。即使路某提取现金支付给宋某勇,也应该从鑫源分公司的账号中提取,因为社保款项都是打入了该公司账户,路某提供的个人账户银行流水,显然无法证明其已经给付了 62.8 万元社保款。

4. 鑫源分公司称分别在 2018 年 6 月 7 日、9 月 11 日、11 月 14 日,2019 年 3 月 6 日向嘉德公司转交了宋某勇的工伤理赔款(医疗费、伙食补助费)342774.06 元、11619.53 元、189900.28 元、296221.89 元,上述款项都是由鑫源分公司转账给嘉德公司。而鑫源分公司又称直接把 62.8 万元社保款通过现金方式交付给宋某勇的姐姐宋某，显然也不符合情理，且原告并没有追认收到了这笔款项。

5. 参照《最高人民法院关于审理民间借贷案件适用法律若干问题的规定》（2020年）第15条，原告仅依据借据、收据、欠条等债权凭证提起民间借贷诉讼，被告抗辩已经偿还借款的，被告应当对其主张提供证据证明。被告提供相应证据证明其主张后，原告仍应就借贷关系的存续承担举证责任。被告抗辩借贷行为尚未实际发生并能作出合理说明的，人民法院应当结合借贷金额、款项交付、当事人的经济能力、当地或者当事人之间的交易方式、交易习惯、当事人财产变动情况以及证人证言等事实和因素，综合判断查证借贷事实是否发生。本案可以参照该条的规定，在原告方提供62.8万元理赔款保单证明后，被告路某依旧要承担款项已支付的举证责任，法院应当结合款项金额、交易方式、交易习惯等综合认定，被告路某是否已将62.8万元支付给原告。

一审判决嘉德公司赔偿76万元

2020年12月3日法院对劳动争议作出一审判决，由被告嘉德公司支付原告医疗费等合计765675.04元，被告路某不承担责任。

法院认为，被告嘉德公司提供了高某山、宋某、嘉德公司签署的三方协议，用以证明其与原告之间不存在劳动关系，但因该协议非原告本人所签，且协议签订时间系事故发生之后，故该协议不能佐证被告嘉德公司的主张，对其证明效力本院不予采信。依据《代交保险协议书》，被告嘉德公司委托鑫源分公司为其在职员工在沈阳人力资源和社会保险局代为缴纳工伤保险，且已实际为原告缴纳工伤保险，故原告应视为被告嘉德公司的在职员工。涉案事故发生后，原告入住医院治疗，被告嘉德公司为其垫付医疗费100000元，也辅助证明嘉德公司系原告的实际用人单位，故因事故给原告造成的工伤保险外的经济损失，应由被告嘉德公司承担。

关于被告路某一方是否给付了原告62.8万元，法院认为，2019年10月11日，原告宋某勇的姐姐向鑫源分公司出具收条，依据收条载明的内容，原告收到由鑫源分公司支付的一次性伤残补助金和伤残津贴共计628000元，此为一次性给付十年的费用，即2019年9月至2029年10月。对该收条的真实性，原告没有异议，只是称该收条没有实际履行。对此本院认为，首先，收条是由宋某向被告出具的，在其没有收到款项的情况下，即向鑫源分公司出具收条，不符合生活常理。其次，有关该款项的支付，被告路某向本院提交了相应取款证据，也辅助证明原告已收到款项并出具收条的事实。原告所主张的已由社保发放的住院伙食补助费5440元、停工留薪期外生活护理费34502元、一次性伤残补助金99576元、一级伤残职工按月领取的伤残津贴43160元，均包含在收条所载明的一次性伤残补助金和伤残津贴范围之内，故原告要求被告继续支付上述费用，没有事实及法律依据，本院不予支持。原告提供的中国太平洋人寿保险有限公司的领款通知书，领款金额虽然亦为628000元，但该款系原告因团体意外伤害保险所取得，与社保发放的款项没有关联性，且直接由保险公司支付至原告账户，故原告称被告路某将保险理赔款628000元偷换成其给付的社保款项没有法律依据，本院不予采信。

第三场官司：借贷纠纷

就在前面两场官司开庭审理、未下判决之际，又一场官司落到了宋某勇的头上。

原来，在2018年3月13日，因为受害人宋某勇住院第二天要做一个大手术，车主高某山为支付宋某勇的医疗费，向嘉德公司法定代表人何某借款25万元，该款项全部打入高某山账户。他于同日赶到大连大化医院为原告缴纳了住院押金25万元。高某山与何某之间签署了借条，借款人一栏为高某山，后面还有宋某勇的姐姐宋某、时某波、陶某华、李某4人签字。

何某在 2020 年 9 月 11 日向普兰店区人民法院提起诉讼，要求以上 5 人共同偿还 25 万元借款以及利息，理由为：五被告为案外人宋某勇的家属、朋友，因宋某勇意外受伤且伤情严重，需要救治费用，2018 年 3 月 13 日，五被告共同向原告借款 250000 元，并向原告出具借条一份，但至今未偿还。

该案件进行了 2 次开庭，庭审中第一被告高某山称对何某的诉讼请求没有意见，欠债还钱，天经地义。我代理另外四名被告向法庭出示了：1.《会议纪要》，证明高某山是侵权人，应对宋某勇负责任。2.《大化医院预交金收据》，证明高某山为宋某勇交纳 25 万元的医院预交金。3. 2020 年 11 月 17 日普兰店区法院《庭审笔录》，证明嘉德公司支付给宋某勇 10 万元，嘉德公司是宋某勇的用人单位，其有义务支付医疗费。

我认为：

1. 该款项实际为高某山一人借款，另外 4 人虽然签字，但并非真正的借款人。一是看借款目的，本案高某山借款是为了救治宋某勇，借条上显示该款项全部打入高某山的邮政储蓄卡中，由高某山将 25 万元存入大化医院账户用于支付案外人宋某勇在大化医院的治疗费用，四被告不具有借款目的；二是看出借人与借款人之间的熟悉程度，高某山与原告存在劳动关系，但是四被告并不认识原告；三是看是否已取得该款项，何某出借的款项并未交付给四被告，四被告虽然在借条签了字，但是没有实际履行，借款合同并未成立。根据《最高人民法院关于审理民间借贷案件适用法律若干问题的规定》第 9 条的规定，自然人之间的借款合同，以银行转账、网上电子汇款等形式支付的，自资金到达借款人账户时可以视为合同成立。本案中，虽然四被告在借条上签字，但是四被告与原告的借款合同并没有成立，因为原告何某的款项并没有到达四被告的账户中。

2. 案外人宋某勇并非意外受伤，宋某勇系本案原告之前担任法定代表人的嘉德公司的员工，正是该公司安排本案被告高某山及宋某勇到兴发公司工作时发生爆炸事故受伤。高某山是对宋某勇的受伤负有赔偿义务的人员。原告何某和被告高某山均对宋某勇受伤存在法律上的因果关系，250000 元是他们向宋某勇支付的医疗费用，其他四被告确实是宋某勇的家属和朋友，但是为了督促高某山交纳宋某勇的治疗费用、督促高某山筹款才在借条上签字的。四被告自身均有一定资产，没必要向不认识的何某借款。

法院仍判决 5 人共同还款

2020 年 12 月 4 日，法院作出一审判决，被告高某山、宋某、李某、陶某华、时某波 5 人共同向原告何某偿还借款 250000 元及相应的利息。

法院认为：本案是民间借贷纠纷。本案的争议焦点为：五被告是否为共同借款人以及承担何种责任。因案外人宋某勇医疗费需要，被告高某山、宋某、时某波、李某、陶某华向原告何某出具借条，借款 250000 元，原告何某按照借条的约定将借款支付至被告高某山的账户，原被告间成立合法有效的民间借贷法律关系并实际履行，五被告为共同借款人，应共同承担向原告偿还借款的义务。具体分析如下：

第一，从五被告向原告出具借条的过程可见，五被告具有共同向原告借款的意思表示。出具借条时，被告时某波书写了"借条"，五被告在看清楚上述借条内容后，依次在"借款人"处签名并按手印。被告宋某、时某波、李某、陶某华辩称其签名系为督促被告高某山筹款，仅仅是见证借款过程，该辩解意见与其在借条"借款人"处依次签名并按手印的行为明显相悖，有违常理。

第二，从五被告与原告关系可见，原告具有向五被告共同出借款项的意思表示。被告宋某、时某波、李某、陶某华在签名时既未标注"见证人"，也提供不出其他证据证明自己"见证人"的身份，他们与原告之前也不认识，不具有作为见证人的合理性。相反，原告虽然不单独借款给被告高某山，但增加被告宋某、时某波、李某、陶某华为共同借款人时，因借款人增多、还款能力增强而同意向五被告共同借款，则具有合理性。

第三，从借款用途可见，原被告之间具有借款合意且已经实际履行。原被告均认可该笔借款系为支付案外人宋某勇医疗费所用，五被告分别自认与案外人宋某勇系雇佣、家属、朋友的关系。借条中原被告双方明确约定了借款人的收款方式，且原告实际以转账方式交付了借款，该借款也到达借款人账户并实际用于支付案外人宋某勇的医疗费，亦实现了借款人的借款目的。被告宋某、时某波、李某、陶某华辩称无借款目的、未收到借款与事实相悖。

至于原告要求五被告自起诉之日起至借款还清之日止按照贷款市场报价利率四倍计算利息的诉讼请求，原被告既未约定借期内的利率，也未约定逾期利率，原告主张五被告自起诉之日起至借款还清之日止支付资金占用期间利息，本院应予支持。但原告要求按照贷款市场报价利率四倍计算利息于法无据，本院予以调整，应按照中国人民银行授权的全国银行间同业拆借中心发布的一年期贷款市场报价利率计算。

 **评析与思考**

这起复杂的连环案件，虽然暂时告一段落，但带给我们的思考太多了。

本案是否构成工伤和侵权竞合

法律上的竞合，也称法律责任的竞合，是指由于某种法律事实的出现，导致两种或两种以上的法律责任产生，而这些责任之间相互冲突的现象。

宋某勇是嘉德公司的员工，被安排到兴发公司进行抽取木粉作业。宋某勇是在工作时间内因工作原因受到事故伤害，显然构成工伤。但本案存在的问题是，高某山是否构成侵权第三人？一审法院认为高某山并不属于法律意义上的侵权第三人，我的观点与此相反。根据《会议纪要》的认定，高某山作为木粉收集作业方，未履行安全作业规定，导致爆炸的产生。宋某勇是在高某山的作业车上作业时遭遇的爆炸事故。庭审过程中兴发公司提供的证据可以证明，发生事故的车辆为改装车，车辆改装前并不具备木粉收集的功能，只是普通的货车。高某山擅自改变机动车已登记的特征，将普通车改装为作业车的行为，严重违反了《道路交通安全法》《机动车登记规定》等规定，其不履行安全作业规定、违法改装车辆，亦具有主观上的过错，因改装导致的爆炸与宋某勇的伤残结果具有因果关系，高某山符合侵权行为的构成要件，应当承担侵权责任，赔偿宋某勇因爆炸事故遭受的损害。

本案中的《会议纪要》是否属于事故调查报告？

本案中的《会议纪要》虽然名为会议纪要，实际对爆炸事故责任进行了认定：此次事故为粉尘爆炸事故，木粉收集车辆方（车主：高某山；挂靠：铁岭信达运输有限公司）对事故负有主要责任，厂方（兴发公司）负有次要责任，宋某勇无责任。

判断某一行为是不是行政行为，不能只看行文的名称，还要看其具体的内容。具体行政行为[①]有四个构成要件：1.行政主体作出；2.单方行为；3.对行政相对人作出；4.确定行政相对人权利义务的行为。本案中《会议纪要》加盖了大连市普兰店区安全生产监督管理局和大连市普兰店区公安消防大队的公章，证明该《会议纪要》是由上述两行政机关作出的，且该《会议纪要》是上述两行政机关对本案爆炸事故作出的事故原因、责任调查报告，是单方法律行为。该《会议纪要》是对行政相对人高某山（挂靠铁岭信达运输有限公司）、兴发公司、宋某勇作出的，并对上述行政相对人产生权利义务，即木粉收集车辆方（车主：高某山；挂靠：铁岭信达运输有限公司）对事故负有主要责任，厂方（兴发公司）负有次要责任。

---

① 2014年11月1日修改通过的《行政诉讼法》，已将此前具体行政行为的表述统一为行政行为。为便于理解，本文仍采用"具体行政行为"这一词汇。

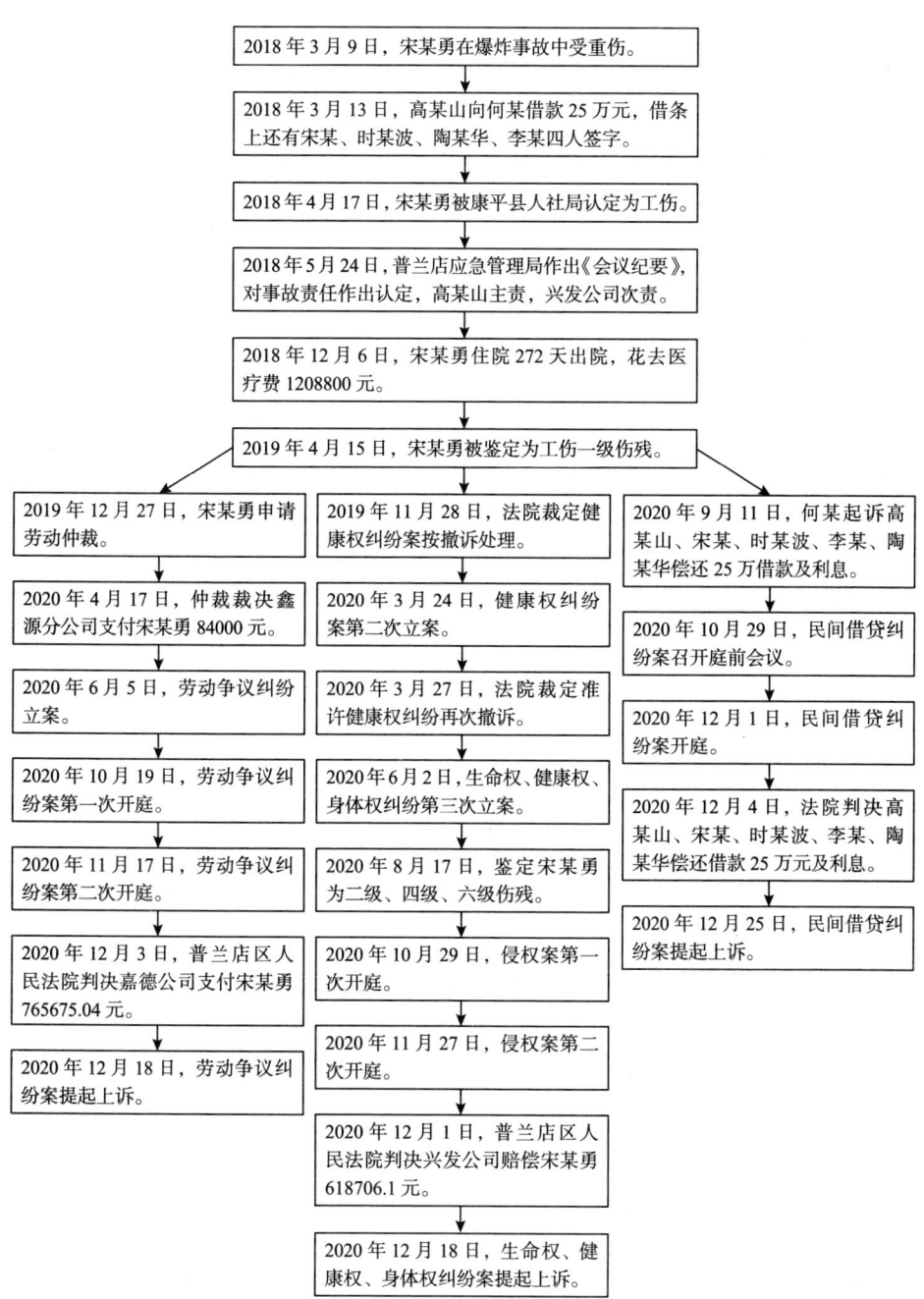

图 3-1 宋某勇粉尘爆炸讼案简图

手记 4

转包谜局与表见代理之争

——女工建筑工地高坠案索赔代理纪实

2014年7月14日,《大连晚报》的一位记者朋友给我打了一个电话,说他们此前报道了一起建筑工地女工受伤事件,后来那名受伤女工找到了他们,请求进行后续报道,打算继续维权。他把这起案件介绍给了我。我接受代理后,不负众望,将五被告起诉到法庭。因本案疑难、复杂,法庭先后进行了4次开庭审理。

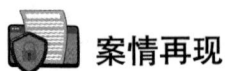 **案情再现**

建筑女工从7米高空坠落受伤

董某光系黑龙江省绥化市北林区宝山镇长胜村人,2012年5月6日她和工友项某等人一起受雇于周某谭,在大连市甘井子区大连湾街道棉花岛的一处教学办公楼建筑工地上,干捆绑钢筋的活儿,劳务费为每天170元。

2012年5月6日早晨,原告上班第一天,在工地施工过程中,由于工程脚手架没有拉横网和立网,脚手架上的跳板也没有用铁线固定,雇主也未向原告等工人发放安全带等防护用具,在董某光施工时,跳板突然滑落,导致正在高层干活的她猝不及防,从7米多高的跳板上摔下,当时就昏死过去,后被送到大连市第三医院紧急救治，诊断为双侧多发肋骨骨折、左肺挫裂伤、腹部闭合伤、头外伤等，入院当天进行了长达2个小时的肝修补手术，前后共住院82天，花去医疗费13余万元。

原告出院后，找到"二包"周某谭、"大包"赵某，二人均表示让原告通过法律途径解决。

 代理过程

《大连晚报》报道女工受伤过程

受害人董某光找到我后，把一份《大连晚报》交给我——那上边刊登了她受伤的经过。我看过后，觉得可以作为证据使用，就保留了下来。这篇报道内容是：

第一天上班她就从7米高处摔下成重伤，事发后"二包"失踪"大包"挺身而出垫付10余万元

文 / 本报记者 李某峰

刚上班第一天，就从7米高的地方摔落，经两次手术才暂时脱离生命危险……这是46岁的外来务工人员董某光经历的一件事，目前董某光还躺在医院中继续接受治疗。因没签劳动合同，事发后，"二包"已失踪，而此前与伤者并不认识的"大包"，至今已垫付了10余万元的费用。

上班第一天女工受重伤

家住我市的董某光今年46岁，最近几年，一直和他人在劳务市场找钢筋工的活。今年5月初有人雇他们到棉花岛附近一处建筑工地干活，5月6日，是上班的第一天。"他们钢筋工平时的工作是在高空绑钢筋等，按照规定，施工者

自己要准备安全帽等，而其他安全措施如安全防护网、安全带等，均由工地方提供，但上班第一天，工地方没有提供这些东西。雇他们的是'二包'。"董某光的哥哥董先生介绍，"当时，妹夫也和妹妹一起工作。"

据事发时在场的其他工人介绍，5月6日早晨，董某光就出事了。当时，工地方架设的铁架突然出现问题，董某光一下子从7米高的地方摔下来，腰部摔在了铁架子上。"我们连忙将她送到医院。"董某光的工友告诉记者。几位工人向记者证实，事发时，他们身边并没有安全带等设备，而铁架子下面也没有安全防护网等。

两次手术暂时脱离生命危险

记者在采访中了解到，被送到大连市第三人民医院的董某光，从5月6日至14日，一共进行了两次手术才暂时脱离生命危险，"第一次手术时，妹妹的肝、肾、脾等器官都摔裂了，十二指肠也撕裂了；第二次手术是进行胸部手术，妹妹摔落时，身上多根肋骨粉碎性骨折，碎了的骨头穿透胸腔，也扎穿了肺部……"董先生拿着病志向记者介绍。记者在采访中了解到，虽然经过两次手术，但董某光的身体还有多处需要进行检查，由于其严重受伤区域太多，目前，除了已确定的病情外，其腰部、左胳膊都无法动弹，是否骨折还需要进一检查。"这个必须一步步来，按照伤者目前的伤势，全方面整体检查不太现实，只能边住院边观察治疗……"医生说。

"二包"失踪，"大包"垫付医疗费

事发后，雇董某光等人的"二包"突然失踪了，"刚开始还接电话，现在也不接电话了，我们到工地也找不到人了。"董某光的丈夫说，"干我们零工的，很少有签劳动合同的，一般情况下，都是口头协议。当初，对方是直接找人，从后盐劳务市场雇的我们。"

昨日下午，记者多次拨打"二包"电话，但一直未能打通。董某光的几位亲属告诉记者，他们此前已通过其他方式与"二包"联系过，但对方明确表示

"不管了"。随后记者联系了该工地的"大包"赵先生，他告诉记者，事发后，他一直在处理此事，"现在医疗费花了10余万元，基本都是我垫付的，18日我还让伤者家属去办了张银行卡，准备给他们再汇4万元，否则总是到医院送现金太麻烦了"。赵先生说。当记者询问事发时工地的脚手架是否存在问题时，赵先生没有否认。"正常情况下，'二包'应提供安全带等，但事发当日，这些东西没有提供给工人。"他说，"我也与'二包'沟通过，现在最主要的工作就是治病，至于医疗费方面家属应该不用担心。"采访中，赵先生坦言，事发前，他并不认识董某光等人，"活承包给'二包'了，人也是'二包'雇的。但无论什么原因，现在治病救人最重要"。他说。

看完报纸，我又来到事发工地进行了现场调查和取证，将工地旁边矗立的工程概况牌、消防保卫牌、安全技术措施牌、施工标识标牌以及施工现场平面图等进行了拍照留存。我一连数日在工地附近逡巡，基本摸清了该工程项目的开发单位、建设单位和施工单位，剩下的就是在法庭上得到印证了。

首次开庭：四被告均称无责任

2014年8月，我代理董某光将该工程的开发单位方大集团有限公司（以下简称方大集团）、总承包单位大连渤海建设集团有限公司（以下简称渤海集团）、"大包"赵某、"二包"周某谭告上法庭，要求四被告对原告的损害承担连带赔偿责任。

开庭过程中，第一被告"二包"周某谭称，不同意原告的诉讼请求。原告受伤后，应按照劳动关系进行工伤认定，通过仲裁程序维权。第一被告不存在侵权行为，不应承担侵权责任。一般侵权行为是侵害公民的生命权和健康权等，包括四个要件，分别是违法行为、损害事实、因果关系、主观过错。周某谭认为，在本案中他没有任何违法行为，同时还认为原告的起诉超过了一年的诉讼时效。

第二被告"大包"赵某认为，原告系直接受雇于"二包"周某谭，应由周某谭承担赔偿责任。案涉工程系由大连天大房地产开发有限公司（以下简称天大房地产）进行开发，由被告渤海集团总承包施工，第二被告赵某仅是代表被告渤海集团在工程现场进行部分施工的实际施工人，并不是案涉工程的发包人或分包人，因此对原告的人身损害不应承担连带赔偿责任。原告受伤后，第二被告从救人的角度出发，以个人资金支付原告29.58万元的抢救及治疗费，但这并不代表第二被告就是工程的转包人或者分包人，更不能因为第二被告的出资救人行为，就推定其应承担赔偿责任。

第三被告渤海集团称，从来就不认识原告，也不知道工地上有原告这么个人，原告与渤海集团之间既不存在直接的劳务雇佣关系，也不存在劳动关系，故渤海集团不应在本案中承担任何责任。同时，第三被告并非案涉工程的施工主体，第二被告赵某也不是挂靠在渤海集团名下施工，被告周某谭、赵某均不能代表渤海集团，也没有渤海集团的授权，渤海集团对其个人行为均不认可。

第四被告方大集团称，自己与原告没有任何雇佣关系。方大集团并不是建设单位，从未与第三被告渤海集团签订过任何施工合同，所以本案诉讼主体错误。

对于四名被告的辩解，我指出，本案原告与第一被告周某谭之间构成劳务雇佣关系，不存在所谓的劳动关系。根据法律规定，雇员在从事雇佣活动中遭受人身损害，雇主应当承担赔偿责任。同时因该工程存在非法转包和违法分包行为，且施工现场存在重大的安全隐患，故第二被告和第三被告应当对原告的损害承担连带赔偿责任。

"大包"突然提出反诉

开庭审理过程中，正当原被告之间争辩得不可开交时，又出现了意料不到的一幕——第二被告"大包"赵某突然对原告董某光发动了反诉。

赵某认为，在原告受伤后，其从救人角度出发，个人出资，先后给予原告及其家人共计29.58万元款项，其中事发当日垫付医疗费3000元，钢筋班领工于某代领取2万元，还通过直接支付、银行转账方式由自称系董某光对象的项某代领取24.2万元，向董某光银行账户直接汇款3.08万元。这些款项大部分用于原告的医疗和救治，一部分用于其后期身体恢复，受益人和使用人均是董某光，现董某光否认曾收到上述款项。而上述款项应由董某光的直接雇主或者具有相应用工主体资格的单位承担，因原告董某光在本诉中要求被告赵某承担连带赔偿责任，故赵某提出反诉，要求董某光向其返还29.58万元。

针对赵某的反诉，我认为：1. 原告受伤住院治疗期间共花去医疗费133215.98元，该款项中包括"大包"赵某直接汇入原告银行账户的3.08万元和事发当日垫付的3000元，住院治疗费中扣除这3.38万元后的其余款项，确实是由原告的工友项某给交的，项某也告诉过她，这些钱都是从"大包"赵某处领取的，原告予以认可。但是对于医疗费133215.98元以外的162584.02元，原告表示不知情，也没有人将该款项给付过原告，故不予认可。此外，从"大包"赵某处领走24.2万元的项某与原告之间根本就不是夫妻关系，原告的丈夫姓宋，双方已离婚，原告至今仍是单身。2. 被告赵某的反诉请求与原告无关，其申请调取的证据均指向案外人项某，其应当另案起诉项某或到公安机关报案。3. 本案系生命权和健康权纠纷，被告赵某的反诉请求是返还款项，与本案非同一法律关系，故其反诉不符合《最高人民法院关于适用〈中华人民共和国民事诉讼法〉的解释》（法释〔2015〕5号）第233条的规定。4. 原告在起诉过程中，并未就医疗费提出诉讼请求，而被告赵某提出的反诉，不存在吞并原告请求的情形，故被告的反诉不符合法律规定。

此次庭审中，我申请对原告的伤残等级进行司法鉴定。2015年2月3日，大连中山区司法鉴定中心出具《司法鉴定意见书》：原告从高处坠落致全身多处损伤，依据《劳动能力鉴定职工工伤与职业病致残等级》（2006年）（GB/T16180-2006）标准，评定为七级伤残。

第二次开庭：报纸当证据引争议

第二次开庭时，我出示了 2012 年 5 月 19 日的《大连晚报》，根据该报道，证明原告的直接雇主是第一被告，而第一被告是从第二被告手中包的活儿，第二被告接受了记者的采访，并且称其给原告垫付了医疗费 10 多万元。

对此，第一被告认为，对报纸真实性没有异议，但报纸报道首先是新闻采访的需要，它不符合证据的构成要件。记者和他人（指"大包"，即本案第二被告）不能作为证人，他人的言词也不能直接证明第一被告与其之间存在承包关系。

第二被告认为，对报纸真实性没有异议，但该份报道是在事故发生 13 天后才发表的，记者并未出现在第一现场，而是事后听他人转述所做报道，且报道中并没有提及具体的施工地点，以及被采访人的具体姓名。

第三被告认为，报纸不具有证明效力，因为作为一篇新闻出现在报纸上，首先是记者形成的。该报道展示的是几位工人向记者证实当时的事故情况，这几位工人的言词应当属于证人证言，但他们并没有出庭作证，记者又不在目击现场，所以从新闻形成的特点上也可以看出报纸不具有证明效力。

第四被告认为，对报纸真实性没有异议，但对关联性有异议，虽然原告的受伤地点在方大新城，但方大新城案涉工程并非我司发包，与我司无关。

我则认为：1. 这篇报道属于新闻采访，新闻的首要特点就是真实性，所以该篇报道所反映的原告受伤经过都是真实的；2. 这篇报道有原告的照片和真实姓名，报道中原告受伤的地点是大连湾棉花岛附近一处建筑工地；3. 该工地没有安全措施，如安全网、安全带等；4. 报社记者对"大包"赵先生进行了采访，赵先生指的就是本案第二被告赵某，而赵先生在记者采访时发表了意见，一是"医疗费花了 10 余万元，基本都是我垫付的"，二是"工地的脚手架存在问题"，特别重要的一点是赵先生在这篇报道中认可他是"大包"，将部分施工转包给了本案的"二包"，而原告是"二包"雇的。结合上次庭审，本案第二被告曾答辩称，本案原告系由第一被告周某谭直接雇佣，所以该篇报道具有真实性，能够相互印证。

第三次开庭：借力打力，成功获得"挂靠"证据

第三次开庭时，第二被告赵某提供了14份票据，同时还带来了一位证人——他聘用的女会计到庭作证，拟证明第二被告赵某先后给予原告及其家人共计29.58万元款项，其中事发当日垫付医疗费3000元，钢筋班领工于某代领取2万元，还通过直接支付、银行转账方式由自称系董某光配偶的项某代领取24.2万元，向董某光银行账户直接汇款3.08万元。

很快，法庭传"大包"赵某的证人——他聘用的女会计到庭，证明14份票据29.58万元中的24.2万元，都是被自称原告董某光配偶的项某领走，涉及这24.2万元《收款收据》上的签字都是项某本人所签。

我向该证人进行了发问，但是，我问的是其他问题：

原告代理人：证人，你说2012年时你跟着赵某在工地做会计？

被告方证人：对。

原告代理人：证人，赵某从哪个公司包的活？

被告方证人：渤海集团。

原告代理人：证人，赵某包的什么活？

被告方证人：方大新城A-55号办公楼项目，也就是董某光出事的那个项目。

原告代理人：证人，你是怎么知道赵某从渤海集团包的A-55号办公楼项目？

被告方证人：我从赵总2010年进方大工地时就一直在一块，所以知道。

原告代理人：证人，在刚才赵某代理人出示的票据上，其中有3张票据付款单位写的是渤海集团4个字，这4个字是不是你写的？

被告方证人：是我写的。

原告代理人：证人，你为什么这么写？

被告方证人：因为我们属于挂靠在渤海集团，从事 A-55 号楼施工。

原告代理人：证人，你所说的赵总，他本人有没有承揽建设工程项目的施工资质？

被告方证人：就是用的渤海的资质。

随后我提高嗓音发表了对于该证人证言的质证意见，认为本案第二被告赵某挂靠在第三被告渤海集团名下施工，该女会计已经当庭予以证实。

但我的发言立即遭到了第三被告渤海集团的强烈反对。第三被告称，对证人所说的第二被告挂靠在其公司名下施工有异议。证人只是听说赵某挂靠在渤海集团名下，并没有见过合同等其他相关证据，而听来的话在无其他证据佐证的情况下，不能直接作为定案的依据，也不能仅凭证人与赵某在一起工作的时间长短来判断其证言的真实性，实际上赵某也并未挂靠在渤海集团名下施工，其在 3 张票据上写渤海集团也仅是书写习惯而已。

就在这时，让所有人都没有想到的是，当听完第三被告渤海集团代理人的发言后，第二被告赵某的代理人显得非常气愤，他抑制不住激动的情绪，高高举起一只手来，称还要补充提交一份证据，法庭表示同意其提交。

第二被告赵某补充的这份证据是一份复印件，名称是：方大新城 A-55# 办公楼项目土建总承包工程施工合同，证明原告出事的 A-55 号办公楼的施工总承包单位就是渤海集团：

方大新城 A-55# 办公楼项目土建总承包工程施工合同

发包方：大连天大房地产开发有限公司（以下简称甲方）
合同编号：ZJF-SG-2011008
承包方：大连渤海建设集团有限公司（以下简称乙方）
签订地点：大连市沙河口区兴工街

这份施工合同中还约定了承包范围、工期、工程款、付款节点、请款手续等主要内容。

到此为止，一切都明白了，尽管第三被告仍在极力否认，但第二被告赵某挂靠在第三被告名下施工，已是不争的事实。这时，我非常振奋，本案的发承包关系终于搞清楚了。天大房地产发包给渤海集团，渤海集团又将55号楼包给了赵某，赵某又将55号楼的部分工程包给了周某谭。然后，周某谭又找来原告干活。庭审中初战告捷，我感到了一种胜利的喜悦。

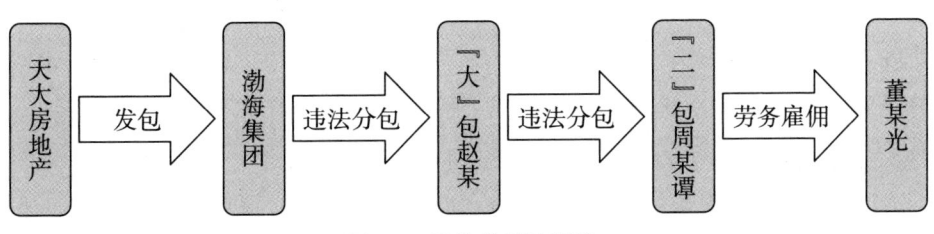

图 4-1　法律关系示意图

紧接着，我按照"大包"赵某提供的这份《工程施工合同》的签订主体情况，立即申请追加天大房地产为本案第五被告。我向法庭陈述了理由，因为第二被告提供的是复印件，该复印件上显示的总承包人是渤海集团，而渤海集团又否认这张复印件的真实性。这种情况下，非常有必要追加复印件上的发包单位天大房地产到庭，以进一步查明案件事实。主审法官很有耐心，同意了我的追加申请，同时宣布休庭。

第四次开庭：追加被告吐实情

第五被告天大房地产在第四次开庭时提供了一份其与渤海集团的施工合同原件，即《方大新城A-55#办公楼项目土建总承包工程施工合同》，证明其与渤海集团的施工合同，合同对双方的权利义务也做了明确约定，该合同也可以证明渤海集团作为有资质的施工单位承建此施工项目。经法庭审查，此原件恰好与上次开庭时第二被告赵某提供的复印件相一致。

同时，第五被告辩称，不同意原告的诉讼请求，理由如下：1.天大房地产作为建设单位和案涉工程的发包方，已经将项目发包给渤海集团，天大房地产并不知道第一被告周某谭与第二被告赵某的存在；2.被告渤海集团与天大房地产签订的合同中明确约定，被告渤海集团将工程转包和分包均需要向天大房地产提交申请，经过天大房地产同意才可以，但被告渤海集团并没有提交过申请；3.被告渤海集团是有资质的施工单位，天大房地产尽到了审查的义务。

对此，我认为，A-55号办公楼是由渤海集团总承包，无论是土建还是电气、水暖等都是发包给了渤海集团，渤海集团应承担连带赔偿责任。我方注意到该工程已经按照合同的约定，在2012年6月30日竣工，但是并不知道第五被告是否向渤海集团支付了全部工程价款以及预留的质保金到底是多少，所以请第五被告一并向法庭陈述清楚，便于本案的调查。

天大房地产表示，是否拖欠渤海集团工程款一节，需要回去核实后告知法庭。

唇枪舌剑：补充发表辩论意见

随后，进入法庭辩论环节。我重点补充发表了以下3点辩论意见。

1.针对司法鉴定的适用标准问题。原告受伤是在2012年5月6日，而《最高人民法院关于雇员在雇佣活动中造成人身损害用什么标准评定伤残的答复》（〔2013〕他8复函）的发布时间是2013年5月。在2013年5月之前受伤，仍然是按照《辽宁省高级人民法院民事审判工作座谈会会议纪要》[辽高法（2009）120号]的规定，雇员在从事雇佣活动中造成的伤残，比照适用《职工工伤与职业病致残程度》标准进行鉴定。此外，《司法鉴定意见书》第1页明确，本案是由大连市中级人民法院委托鉴定机构进行的，大连中院在委托时，即要求鉴定机构按照工伤标准进行鉴定，也是贯彻了2013年5月之前适用《辽宁省高级人民法院民事审判工作座谈会会议纪要》[辽高法（2009）120号]的精神，因此被告认为适用标准有误的观点，不能成立。

2.针对原告是否应承担过错的问题。在2013年辽宁省高级人民法院发布的《民事审判服务基层、服务群众热点、难点100题》中，区分了个人劳务是经营性质的劳务还是其他性质的劳务。如果是经营性质的劳务，导致雇员受伤的，仍然按照《最高人民法院关于审理人身损害赔偿案件适用法律若干问题的解释》（2003年）第11条的规定，由雇主承担全部无过错的赔偿责任；如果是其他性质的个人劳务，如家政之类，要划分过错责任。我当庭提交了辽宁省高级人民法院的这个规定：

问题30：《侵权责任法》第三十五条规定，个人之间形成劳务关系，提供劳务一方因劳务受到人身损害的，根据双方各自的过错承担相应的责任。最高院《关于审理人身损害赔偿案件适用法律若干问题的解释》第十一条规定，雇员在从事雇佣活动中遭受人身损害，雇主应当承担赔偿责任。上述两项规定，应当如何衔接？

参考意见：个人之间形成劳务关系，例如家政服务、住宅装修等，提供劳务一方因劳务受到人身损害的，应当适用《侵权责任法》的相关规定，根据双方各自的过错承担相应的责任。

实践中，雇主个人出于经营行为需要而与雇员个人形成的雇佣合同，一般情况下仍然建议按照相关司法解释规定的雇主责任来处理。

3. 针对诉讼时效的问题。第一被告提出根据《民法通则》的规定，身体受到伤害只有一年的诉讼时效，是错误的。因为原告现在体内还有7块钢板没有取出，仍处在治疗期内，所以不存在诉讼时效过期的问题。

此次庭审结束时，我撤回了对第四被告——该工程的开发单位方大集团的起诉。

一审判决：被告赔偿近30万元，"大包"反诉亦获支持

法庭采纳了我要求数名被告承担连带责任的观点，2015年6月23日大连

市甘井子区人民法院作出（2014）甘民初字第4978号民事判决，被告周某谭赔偿原告各项经济损失共计295758.43元（不包括医疗费13余万元），被告赵某和渤海集团对该赔偿款项承担连带给付责任。

但是，一审法院也支持了"大包"赵某的反诉。法院认为，对于自称系原告丈夫的项某从"大包"赵某处代为领取的24.2万元，原告虽否认与项某系夫妻关系，但结合庭审查明的原告伤后治疗及医疗费支出数额等事实，可以合理认定，项某在原告受伤后以夫妻名义积极为原告办理手术事宜，代原告收取包括医疗费在内的款项的行为构成表见代理，相应法律后果应由原告承担。法院遂判决原告返还被告赵某人民币142584.02元。

提起上诉：再次质疑表见代理

一审判决后，原告在上诉期满前的最后一天，决定继续委托我提起上诉。我认为一审判决主要存在两个问题：

第一，原审法院合并审理被上诉人赵某提出的反诉，进而判决上诉人返还其人民币142584.02元，是错误的。虽然在上诉人住院期间，案外人项某以夫妻名义为上诉人办理了住院手续，交纳了相关费用。但无任何证据证明，案外人项某将从被上诉人赵某处领走的242000元款项交付给了上诉人。一审法院凭推测判案，而不是依靠证据判案，导致了错案的产生。

第二，一审法院不支持上诉人的精神损害抚慰金5万元，也是错误的。上诉人在提供劳务过程中，受伤特别严重，经诊断为双侧多发肋骨骨折，左血气胸，左肺挫裂伤，双侧胸腔积液，腹部闭合伤，肝破裂修补术后，右肾挫裂伤出血，右侧肾上腺挫伤，腹膜后血肿，盆腔积液，失血性贫血，低钾血症，腰2、3锥体右侧横突骨折，头外伤等多达14处损害，不但身体遭受创伤，对其精神上更是造成了巨大的损害！

上诉人在中国裁判文书网上查阅了大连市中级人民法院近期的、案由为"提供劳务者受害赔偿纠纷"的数份终审判决书，都对受害人提出的精神损害抚慰金给予了支持。例如，李某九与山东某建筑安装劳务有限公司、中建某局大连分公司生命权、健康权、身体权纠纷案，案号为（2014）大民一终字第1695号；迟某兵与张某和、大连某筑路有限公司提供劳务者受害责任纠纷案，案号为（2014）大民一终字第1536号；韩某忠与蔡某述、袁某举提供劳务者受害责任纠纷案，案号为（2015）大民一终字第159号；王某波与大连某人防设备有限公司提供劳务者受害责任纠纷案，案号为（2015）大民一终字第00702号等等。

上诉人之所以列举这些判决书，是认为法院的裁判尺度应当是统一的，应当用同一个标准来裁断和衡量。同时，最重要的一个原因是，上诉人确实遭受了巨大的精神损害。

二审改判：不构成表见代理，驳回对方反诉

二审开庭过程中，我坚持认为，《合同法》（1999年）第49条规定的"表见代理"是有着严格限制条件的。我同时指出，在本案的多次审理中，案外人项某从未露面，也无法核实"大包"即被上诉人赵某出示的"领款人为项某"的《收款收据》上的签字是不是项某本人的签字。这一点非常重要。假如被上诉人赵某再拿出一份50万元的、以所谓项某名字签字的《收据》，像一审法院那样都认定为"表见代理"，计算在原告董某光（本案上诉人）身上的话，则原告不但得不到赔偿款，反而要向被告赵某返还巨款。

也许我的这句话起到了一些作用，最终，二审法院采纳了我的本案不构成表见代理的观点。2015年12月7日，大连市中级人民法院作出（2015）大民一终字第1911号民事判决：

本院认为，本案上诉人董某光受伤后，被上诉人赵某称将242000元给了案外人项某，上诉人董某光认可项某为其支付医疗费，但否认收到项某给付其他款项。据此项某的行为是否构成表见代理是本案的关键。表见代理是指行为

▲ 图4-2　2016年1月17日《半岛晨报》对本案的报道，题目是《女工摔下脚手架，赔款究竟谁领了》

人虽无权代理，但由于本人的行为足以使善意第三人相信其具有代理权的表现，而与善意第三人进行的、由本人承担法律后果的代理行为。表见代理实质是无权代理。表见代理构成的要件是：一、行为人无权代理；二、须有使相对人相信行为人具有代理权的事实和理由；三、须相对人为善意却无过失；四、须行为人与相对人之间的民事行为具备民事行为的有效要件。其中第二条是构成表见代理的客观要件。这一要件是以行为人与被代理人之间存在某种事实上或者法律上的联系为基础的，这种联系是否存在或者是不是足以使相对人相信行为人有代理权应以一般交易情况而定。本案上诉人董某光与项某非夫妻关系，而被上诉人赵某没有提供证据证明项某与上诉人董某光之间存在某种事实上或者法律上的联系，项某的行为不符合表见代理构成要件，一审法院将项某的行为认定为表见代理不符合法律规定。被上诉人赵某将应当向上诉人董某光支付的赔偿款交给项某除上诉人董某光认可的缴纳医疗费外，其他款项未得到上诉人董某光的追认，应视为其没有向上诉人董某光支付 142584.02 元。一审法院判决由上诉人董某光返还被上诉人赵某是错误的，应当予以纠正。至于上诉人董某光请求的精神抚慰金问题，本案已确认上诉人董某光系雇员在雇佣活动中遭受人身损害，在雇员受害案件中，雇主承担的是无过错责任。上诉人董某光请求给付精神损害抚慰金依据不足，本院不予支持。

二审法院驳回了"大包"赵某要求受害人董某光返还 29.58 万元的反诉请求，即董某光无须返还被告赵某任何款项。但非常遗憾的是，精神损害抚慰金未得到支持。

至此，这起从原告受伤开始到终审判决为止，历时 3 年半的人身损害赔偿官司终于落下帷幕！

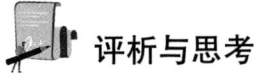 **评析与思考**

应从严把握表见代理处置规则

表见代理是指行为人虽无代理权，但由于其行为，造成了足以使善意第三人相信其有代理权的表象，而与善意第三人进行的、由本人承担法律后果的代理行为。在构成表见代理的情形下，规定由被代理人承担表见代理行为的法律后果，更有利于保护善意第三人的利益，维护交易安全，并以此加强代理制度的可信度。

《民法典》第 172 条规定，行为人没有代理权、超越代理权或者代理权终止后，仍然实施代理行为，相对人有理由相信行为人有代理权的，代理行为有效。该规定延续了《合同法》(1999 年) 第 49 条关于表见代理的一般性规定。

我认为，本案一审法院认定项某的领款行为构成表见代理，判决董某光返还赵某 142584.02 元，是错误的。因为构成表见代理，必须满足表见代理的构成要件。

首先，要看本案是否属于没有代理权、超越代理权或者代理权终止这三种情形。本案中项某以夫妻名义为董某光办理住院手续并交纳了相关费用，但实际上项某并不是董某光的丈夫，他与董某光并没有任何的事实与法律关系，这就说明项某的行为是没有代理权的行为，并不是超越代理权或者代理权终止的行为。

其次，要看代理人是否有使相对人相信其具有代理权的事实和理由。本案中，如果相对人赵某认为项某为董某光的丈夫，需要提供相关证据证明其有理由相信项某和董某光为夫妻关系，而不能仅凭项某口述自己为董某光的丈夫，就认定项某与董某光的夫妻关系。如果仅凭行为人口述，而没有任何事实和法律依据就相信行为人具有代理权，那么任何行为都可能构成表见代理行为，表见代理就没有任何意义可言。

最后，要看相对人赵某主观上是否善意和无过失。相对人的善意首先指的是相对人对代理权表象产生信赖，以为代理人享有代理权。赵某将赔偿款交给所谓的"丈夫"项某，仅凭项某口述其与董某光为夫妻关系，其行为可能是善意的，但不能认定其是无过失的，其没有确切的能够认定项某为董某光代理人的事实和法律依据，就把钱交付给项某，赵某的行为是有过失的。综合来说，行为人的行为是否构成表见代理，对各方当事人利益影响巨大，所以在司法实践中和理论界，存在着多种学说和不同认识，在目前来讲，总体的原则是应当慎重认定。

手记 5

一起发人深省的骨折案

——陈某君受伤涉多个法律关系案件代理纪实

 **案情再现**

受伤：受雇建设养猪场被砸伤

陈某君是大连市普兰店区大谭镇徐庄村的一位农民，会干瓦匠活，2013年5月，普兰店区夹河庙镇大张村村民丛某在自己的承包地上建造大型养猪场。丛某将该工程发包给李某虎施工，李某虎随后雇佣了包括陈某君在内的6人进行施工。

2013年6月30日上午，陈某君在给猪舍盖浇灌水泥时，由于丛某另外雇请的木匠唐某田未将猪舍盖的支撑架（柱子）架稳，导致猪舍盖突然倒塌，因该工程无任何防护措施，遂将在猪舍盖下干活的陈某君砸倒在地，受伤严重。当日，李某虎与唐某田立即将陈某君送至医院治疗，经普兰店区中心医院确诊为左髌骨粉碎性骨折，木匠唐某田支付医疗费10000元，并将医疗费收据收走。陈某君在普兰店区中心医院住院治疗33天，2013年8月3日出院。

 ## 代理过程

取证：写下书面"事发经过"

该事故发生后，陈某君的弟弟来到辽宁圣邦律师事务所，向我咨询该案的赔偿事宜。我听完陈述，对他说，打官司最主要的是打证据，本案涉及当事人众多，一旦协商不成，可能会引发诉讼，取证是第一要务。

于是，陈某君的弟弟先后找到雇主李某虎和木匠唐某田，再次交涉案件的赔偿事宜，二人也都表示，让陈某君去法院起诉，法院判多少，就一定赔偿多少，分文不差。在这种情况下，陈某君的弟弟要求二人写下了书面的"事发经过"。

其中李某虎向陈某君出具的书面材料证实了工程来源、组织施工方式以及陈某君受伤过程，具体内容为："经王德义介绍，丛某家打猪圈盖的活包给了我，按每平方米9元，以实际面积为准。我组织刘某、李某、靳某、王某、陈某君、吴某按33平方米为1间（15元）承包给他们。2013年6月30日上午，打盖当中，因为木匠唐某田房盖没有支好造成倒塌，将陈某君压倒在地，腿部砸成骨折，我和唐某田一起将陈某君送到医院，唐某田交了1万元医疗费，我当时给了500元，丛某没拿一分钱。"

木匠唐某田书写的材料内容为："2013年6月25日，丛某叫唐某田去支猪圈大棚，每支一平方米给15元（丛某没给我一分钱）。柁支完以后，2013年6月30日上午打盖，李某虎雇陈某君去打盖。打盖过程中柁墙倒了，把陈某君砸倒，腿砸坏了。唐某田和李某虎二人把陈某君送到医院。唐某田拿了1万元交到医院，李某虎没拿一分钱，丛某也没拿一分钱。"

正是这两份书证，对日后的索赔起到了关键作用。

开庭：三被告当庭"翻供"

2014年3月13日，陈某君全权委托我，将雇主李某虎、养猪场所有人丛某、木匠唐某田共同告上法庭。

本来，陈某君以为，雇主李某虎和木匠唐某田都写下了字据，诉讼会很顺利。但令他没想到的是，庭审中，第一被告雇主李某虎首先推翻了他自己事先写的"事发经过"，认为他与原告陈某君并不是雇佣关系，而是与陈某君一起受雇于养猪场所有人丛某，其还称，虽然有其写下的书面材料，但应以当庭陈述为准。同时，雇主李某虎还认为，木匠唐某田才是导致原告受伤的直接责任人，应由唐某田和养猪场主人丛某对原告的损失承担赔偿责任。

第二被告丛某则称，不同意原告的诉讼请求，应当由陈某君的直接雇主李某虎和木匠唐某田承担赔偿责任，理由是，其猪场工程是分别发包的，水泥浇灌部分工程以每平方米9元的价格发包给被告李某虎，猪舍盖的支桁工程以每平方米15元的价格发包给被告唐某田。

第三被告唐某田也称，不同意原告的诉讼请求，理由是：1.原告受雇于被告李某虎而不是被告唐某田；2.被告唐某田也是受被告丛某雇佣的木匠工，并不是被告丛某所述的承包关系；3.本案的受益者是被告丛某；4.被告唐某田在为被告丛某做建猪舍的支架工作是在被告丛某的监督下完成的；5原告在诉请中也明确陈述被告丛某建猪舍的工程发包给被告李某虎，原告及被告唐某田都是受雇于被告李某虎及被告丛某，原告要求被告唐某田承担连带赔偿责任，没有法律依据。另外，被告唐某田在原告住院期间垫付住院押金10000元，已经很够意思了。

针对三被告的答辩，我坚持认为，根据法律规定，雇员受伤，雇主应该承担赔偿责任。本案中，应当按照各被告的过错程度和造成原告伤残的原因力比例，向原告支付赔偿金。

法庭审理过程中，经过司法鉴定，原告陈某君构成九级伤残。

为了进一步佐证我的观点，我还向法庭提交了最高人民法院民事审判第一庭编的《民事审判指导与参考》中的一个论述[①]。

工人在农村建房过程中受伤，由谁承担赔偿责任

问：甲要建造农村自居房屋，交由乙施工，并和乙谈妥了施工费用。后乙找来水泥工丙等5人具体负责施工，约定按日计工钱。后丙在施工过程中因缺乏安全措施，不慎从房顶摔下致死。对于丙，由谁承担赔偿责任？

答：首先，作为水泥工，丙是乙找来的，工钱是和乙协商，也约定由乙支付，因此双方之间成立雇佣关系和劳务关系。乙为雇主，接受劳务，丙为佣工，提供劳务。依据《侵权责任法》第35条规定，"个人之间形成劳务关系，提供劳务一方因劳务造成他人损害的，由接受劳务一方承担侵权责任。提供劳务一方因劳务自己受到损害的，根据双方各自的过错承担相应的责任"。丙是因劳务受到损害，故乙应对丙所受损害承担赔偿责任；若丙自身在此过程中存有过错，适用过失相抵原则。

其次，甲是房主，将建房工程交由乙施工，成立发包和承包的关系。丙是因缺乏安全措施从高处摔下致死，为安全生产事故。依据《人身损害赔偿解释》第11条第2款规定，"雇员在从事雇佣活动中因安全生产事故遭受人身损害，发包人、分包人知道或者应当知道接受发包或者分包业务的雇主没有相应资质或者安全生产条件的，应当与雇主承担连带赔偿责任"。乙作为个人，不可能拥有建筑施工企业资质；对于农村建筑，即使不需要施工人具备相应资质，也应有相应的安全生产条件。甲作为房主，应该对承包人的资质或安全生产条件予以审查。若甲明知或应知乙无相应资质或安全生产条件而仍然交由其承包，则应与乙承担连带赔偿责任。

[①] 《工人在农村建房过程中受伤，由谁承担赔偿责任》，载最高人民法院民事审判第一庭编：《民事审判指导与参考》2013年第1辑（总第53辑），人民法院出版社2013年版，第245页。

一审：法院判木匠、房东、原告按 6：2：2 承担责任

2014 年 9 月 30 日，法院作出一审判决，木匠唐某田赔偿原告 66586.07 元，养猪场主丛某赔偿原告 25528.69 元，共计 92114.76 元。

法院认为，对于猪舍建设工程，根据结算方式等可认定被告丛某与被告李某虎、被告唐某田分别形成工程发包与承包关系。而被告李某虎与原告之间形成共同承包关系，原告作为工程的承包人之一在施工过程中受伤，对此，被告丛某作为工程发包人负有一定的责任。

因被告丛某作为工程发包人，同时又将工程的其他部分发包给第三人（即本案被告唐某田），应视为工程的总组织者，其有义务保障在其工程现场进行施工的承包人的人身安全，而其未尽到安全保障义务，应对原告的损害承担相应的责任。

被告唐某田在施工过程中未尽到将承揽工程完成好的基本义务，造成枱倒塌致使原告受伤，对此被告唐某田存有过错，因此被告唐某田应当对原告的损害承担主要责任。

另外，原告对枱倒塌给自己造成的损害也有一定的责任，原告作为养猪场施工人，应有采取安全保障措施等的基本常识，但原告在施工中未采取任何安全措施，最终导致自己在枱倒塌时严重受伤。

法院根据各方的过错程度，酌定被告唐某田、被告丛某分别对原告的损失承担 60%、20% 的赔偿责任，原告自己承担 20% 的责任。

但是，在一审法院的判决中，令人费解的是，法院认为原告与李某虎之间不成立雇佣关系，而是共同承包关系。法院的认定理由是，被告李某虎与被告丛某就猪舍建设工程达成一致：由被告李某虎组织人力以"包工不包料"的方式完成被告丛某的猪舍建造工程的水泥浇筑部分，价格为 9 元 / 平方米，据实结算。后被告李某虎与原告等共 7 人一同到被告丛某处施工，原告负责找平，被告李某虎负责混凝土浇灌部分，并约定结算时按照参与施工的人数

（包括被告李某虎）以9元/平方米的价格均分工程款，二人不存在管理与被管理的关系，二者共同为发包人丛某提供工作成果。同时二人之间也不存在经济剥削关系，双方均执行9元/平方米的工程价格。故被告李某虎与原告之间形成的是共同承包关系，不是雇佣关系，其对原告造成的伤害不存在过错，故对于原告要求被告李某虎承担连带责任的请求不予支持。

上诉：二审开庭交锋激烈

原告陈某君不服一审判决，继续委托我向大连市中级人民法院提起上诉，要求改判三被上诉人连带赔偿上诉人各项损失共计145263.89元。

2015年2月2日，大连市中级人民法院公开开庭审理了这一案件。本次开庭，我指出：

第一，本案一审法院以雇主李某虎与受害人之间不存在管理关系和经济剥削关系为由，认定双方为共同承包关系，不存在雇佣关系，属认定事实错误，适用法律关系错误。

本案中，上诉人直接受雇于第一被上诉人李某虎，受第一被上诉人管理支配，是第一被上诉人找上诉人为其工作，到案涉工程地进行水泥灌注，第一被上诉人向上诉人支付工资报酬，因此双方是雇主与雇员的关系，而非合伙关系，更非共同承包关系。

一审法院认定"第一被告与原告之间不存在经济剥削关系，双方均执行9元/平方米的工程价格"与事实严重不符。第一被上诉人李某虎从第二被上诉人丛某处承包的工程为9元/平方米，后雇佣包括受害人在内的6个工人干活，按照33平方米为一间，每间15元的工资标准向受害人等人发放工资报酬，即每间房李某虎需向工人支付工资合计90元（15元/人×6人），但从发包方丛某处可以得到297元（9元/平方米×33平方米）报酬，李某虎从中赚取利润107元。因此，一审法院认为李某虎与受害人之间不存在经济剥削关系，并以此为由认定双方为共同承包关系，明显错误。

第二，受害人对本次受伤不存在任何过错，一审法院认定受害人承担20%责任显属错误。

受害人是严格按照雇主李某虎的指示工作，作为该工程的承包人和上诉人的雇主，李某虎并未按照要求采取相应的防护措施，也未提供安全防护工具，致使受害人受伤。受害人是由于外物突然倾倒被砸伤，不可能预先判断会有物体倒塌砸伤自己。

同时，二审中，我申请了证人李某和王某到庭作证，二人均证实陈某君系受李某虎雇佣，施工机械均系李某虎提供。

终局：改判木匠、房东、雇主按6∶2∶2承担责任

二审法院采纳了我全部的辩论意见。

二审法院认为，被上诉人丛某因生产需要建设猪舍，其以浇筑水泥每平方米9元的施工价格交由被上诉人李某虎组织施工，故被上诉人丛某同被上诉人李某虎之间建立建设工程施工合同关系；在被上诉人丛某的猪舍施工中，猪舍盖的施工需要支枱，被上诉人丛某将支枱工程以每平方米15元的价格交由上诉人唐某田施工，唐某田按照丛某猪舍工程的要求，具体实施木工工作，交付定做标的物，故被上诉人丛某同上诉人唐某田之间建立加工承揽合同关系，因此，原审法院认定被上诉人丛某同上诉人唐某田之间建立加工承揽合同关系正确，本院对上诉人唐某田主张其同被上诉人丛某之间系雇佣关系的上诉主张不予采信。

被上诉人李某虎承包猪舍工程后组织人员施工，确定施工人员的劳动报酬标准，在施工过程中，工程施工的机械及劳动工具由被上诉人李某虎提供，陈某君等6人提供的仅系劳动力本身，且李某虎以9元每平方米的价格承包水泥浇筑工程，以每33平方米支付15元的报酬给付上诉人陈某君等6人，被上诉人李某虎在单位面积上获得远超陈某君等6人的收益，虽然被上诉人李某虎在二审诉讼中辩称，多出收益为机械和工具的费用，但因其并未事先同

陈某君等6人协商约定，且李某虎不能提供证据证明多出的收益和机械及工具产生的使用费用相当，因此，被上诉人李某虎同上诉人陈某君之间在本案涉及施工工程中系个人间劳务关系，本院对上诉人陈某君主张的其与被上诉人李某虎之间系劳务关系的主张予以支持。

上诉人唐某田在施工过程中未尽到将承揽工程完成好的基本义务，造成柁倒塌致使上诉人陈某君受伤，对此上诉人唐某田存有过错，上诉人唐某田应当对上诉人陈某君的损害承担主要责任。按照相关法律规定，被侵权人对损害的发生也有过错的，可适当减轻侵权人的赔偿责任。

上诉人陈某君对柁倒塌给自己造成的损害也有一定的责任。上诉人陈某君作为施工人，应有采取安全保障措施等基本常识，即在登攀猪舍盖进行混凝土浇筑施工前应当检查支柁的承重情况，在登攀作业时要采取安全措施，但上诉人陈某君疏于预防，最终导致自己在柁倒塌时严重受伤，其也存在过错，但陈某君遭受伤害系在提供劳务期间，按照相关法律规定，接受劳务一方的被上诉人李某虎应当对提供劳务一方的人身及财产损失承担赔偿责任，被上诉人李某虎应对上诉人陈某君在人身伤害中的过错承担替代责任，即对本次伤害承担20%的过错责任，故，上诉人陈某君上诉主张其系被上诉人李某虎雇员，其不应承担20%过错责任的理由于法有据，本院予以支持。

被上诉人丛某在施工过程中，未经协商，在已经支好的支架上私自增加一道梁，系对加工承揽的指示存在过错，其对上诉人陈某君受到的伤害承担相应的责任，原审判令其承担20%的责任并无不当。

综上，根据各方的过错程度，本院酌定上诉人唐某田、被上诉人丛某、被上诉人李某虎分别对上诉人陈某君的人身损失承担60%、20%、20%的赔偿责任。

二审改判李某虎赔偿原告陈某君医疗费、伤残赔偿金等合计25028.69元，维持一审法院的其他认定和判决。原告在本案中，由木匠唐某田赔偿其66586.07元，养猪场主丛某赔偿其25528.69元，加上雇主李某虎赔偿其25028.69元，共计获赔117143.45元。

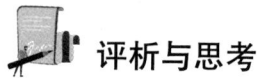 **评析与思考**

本案中涉及三方面的法律关系

一是养猪场主丛某与组织施工的李某虎之间系建设工程施工合同关系;二是丛某所有的猪舍盖的施工需要支枱,丛某将支枱工程以每平方米 15 元的价格交由木匠唐某田施工,唐某田按照丛某猪舍工程的要求,具体实施木工工作,交付定做标的物,丛某与唐某田之间系加工承揽合同关系;三是李某虎承包猪舍工程后组织人员施工,确定施工人员的劳动报酬标准,在施工工程中,工程施工的机械及劳动工具由其提供,原告陈某君等 6 人提供劳动力本身,因此,陈某君与雇主李某虎之间属于个人间的劳务雇佣合同关系。只有分清这些复杂的法律关系,才更加有利于本案的索赔工作。

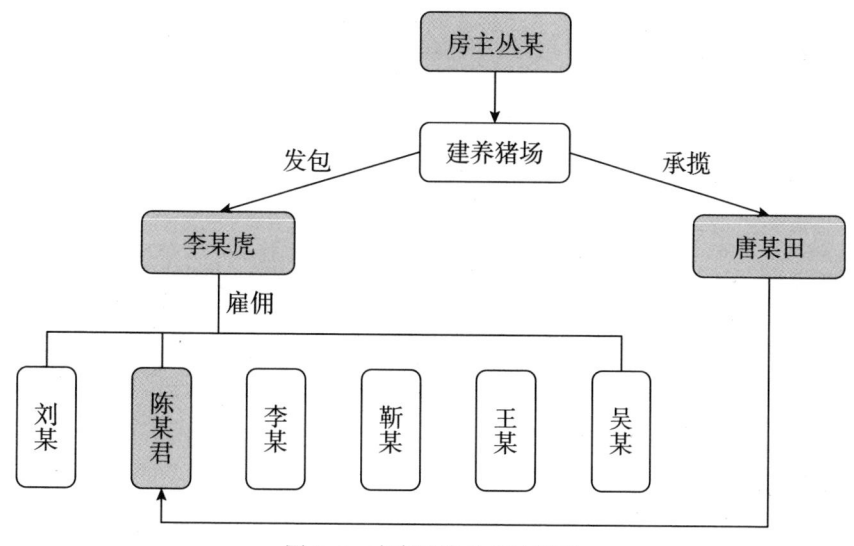

图 5-1 本案法律关系示意图

高空作业安全之规定

根据住建部发布的行业标准《建筑施工高处作业安全技术规范（JGJ80-91）》（2016年）中的相关规定，从事高空作业时，施工建筑高度超过4米时，必须随施工层在工作面外侧搭设3米宽安全网，首层必须支一道固定的安全网，直到确无高空作业时，方可拆除。在无法采用架设安全网等防护措施时，在3米以上高空作业，必须系安全带；在陡坡施工时，更要拉好安全绳。

承包地上能否随意建造养猪场？

需要区分以下两种情况。

第一，如果拟占用的耕地属于基本农田，则一概不得占用建养殖场。按照《基本农田保护条例》（2011年）第17条关于"禁止任何单位和个人在基本农田保护区内建窑、建房、建坟、挖砂、采石、采矿、取土、堆放固体废弃物或者进行其他破坏基本农田的活动。禁止任何单位和个人占用基本农田发展林果业和挖塘养鱼"的规定，基本农田只能用于粮、棉、油、蔬菜等种植业生产，而不能用于养殖业。

第二，如果拟占用的耕地属于非基本农田，则在符合《畜牧法》（2015年）规定条件的情况下可以用于建养殖场。据此，如果村民所在乡的土地利用总体规划将拟占用的耕地列为畜禽养殖场用地的范围，有关养殖户就可以直接在其上建设养殖场，无须获得建设用地的审批（但兴建永久性建筑物、构筑物除外）。

手记 6

撤诉再起诉，对症下药巧施策

——驾校男教练倒车撞伤女教练案代理纪实

 **案情再现**

驾校内，男教练倒车撞伤女教练

1956年出生的翟某（女），在大连市某公共汽车公司退休后，由于驾驶技术过硬，2002年3月8日又应聘到一家大型驾驶员培训学校从事教练工作。

2009年8月7日下午1点30分许，翟某在位于大连市甘井子区南关岭附近的驾校场地内，教一名男学员学习倒桩。

这时，翟某要上厕所，就让男学员把车停下来。翟某下了自己的教练车，刚好旁边一名男教练肖某在另一辆教练车里，摇开窗玻璃跟翟某说了几句话，说完了，翟某就往远处的教学楼方向走去厕所。

不料，跟她说话的那名男教练肖某驾驶的教练车突然倒车，车尾撞在翟某的左小腿上，致使翟某摔倒在地，当即感到左小腿疼痛、肿胀，活动受限。当天翟某被送到大连造船医院治疗，被诊断为左胫腓骨骨折，并于当天住院治疗。同年8月10日，医院对翟某实施切开复位内固定手术，驾校支付了1.8万元的医疗费。

翟某共住院 18 天，于 2009 年 8 月 25 日出院。

事故发生后，驾校报了警。交警在 2009 年 12 月 2 日作出《道路交通事故认定书》认定倒车的肖某负事故全部责任，翟某无责任。

翟某出院后，驾校把《道路交通事故认定书》交给她，并告诉她，撞她的事故车辆在保险公司投保了交强险，让她等着领取赔偿金。但这笔赔偿金却迟迟没有结果。

索赔：女教练把驾校和肇事人都告了

一怒之下，翟某把驾校和肖某起诉到法院，要求按照交通事故进行赔偿。法院受理后，委托一家司法鉴定机构对她进行伤残等级鉴定。但是，就在她到鉴定机构接受检查的过程中，鉴定人员无意中透露的一个消息，让她吃了一惊。

那名鉴定人员自言自语地说，按照"道交"鉴定标准，她受的伤根本就评不上残。实际上，在有经验的律师看来，一个左胫腓骨骨折按"道交"标准鉴定的话，属实不构成伤残。按照当时的标准，因交通事故受伤，四根肋骨全部骨折，才能评定为十级伤残。"道交"标准对受害人的残疾程度要求非常高。

公交车司机出身、性格刚烈的翟某一听就急了，她自己感觉受伤很严重，竟然评不上伤残，索赔岂不成了泡影？一怒之下，她要回了自己预付给鉴定机构的 2000 多元鉴定费，憋着一肚子窝囊气回了家。

 代理过程

从诉讼目的角度看诉讼策略之选择

2011 年 3 月 8 日，翟某通过别人介绍找到我咨询。她是高中文化，以前是开公交车的司机，总是风风火火的样子。她直接告诉我，她已经问了很多律师，都没有满意的答案。

我看完她手中的证据材料，给她做了扼要的分析。

首先，要确认她跟单位之间存在何种法律关系。她自己认为，单位与她签订的是《劳动合同》，应属于劳动关系。我告诉她，这种观点是完全错误的，因她已经于 2006 年 12 月 20 日在原单位某公共汽车公司办理了退休手续，那么根据 2010 年的《最高人民法院关于审理劳动争议案件适用法律若干问题的解释（三）》第 7 条 "用人单位与其招用的已经依法享受养老保险待遇或领取退休金的人员发生用工争议，向人民法院提起诉讼的，人民法院应当按劳务关系处理"[①] 之规定，其与单位应当属于劳务关系。

其次，要分析单位为什么让她去打交通事故的官司。这是因为交通事故案件中的大部分或者全部的赔偿金额，都是由保险公司来承担的，单位几乎不用承担费用。单位从趋利避害的角度考虑，当然希望她到法院去进行交通事故的诉讼了。

最后，也是最关键的一点，从她本人获取利益的角度出发，选择什么样的策略，打什么样的官司才能获得最大的赔偿。从本案的表象上看，打交通事故官司是最直接的，证据也基本齐全，到法院提起诉讼就行了。但问题就在于，交通事故评残标准非常高，她这么一个左胫腓骨骨折的小伤很难评定为伤残，这不符合她的诉讼利益的要求。像她这种骨折伤，如果与驾校存在劳动关系是最好的，只要是骨折，最低都能评定为十级伤残，从而获得一定金额的赔偿。但是她已经在原单位办理了正式退休手续，根据《劳动合同法》的规定，不可能再与驾校之间存在劳动合同法律关系了。但如果要按照劳务关系进行诉讼的话，可以考虑评定伤残，也是对她最有利的一个诉讼方案。

翟某听完我的分析，眼前一亮，旋即又变得将信将疑起来。我向她推荐

[①] 2021 年 1 月 1 日《民法典》施行后，最高人民法院重新修订了相关司法解释，《最高人民法院关于审理劳动争议案件适用法律若干问题的解释（三）》中的第 7 条变成了《最高人民法院关于审理劳动争议案件适用法律问题的解释（一）》（法释〔2020〕26 号）第 32 条第 1 款的内容。

并解释了一种风险代理的方式，即如果官司不赢或者得不到赔偿，分文不取；但如果得到了赔偿，则比正常收费标准要高出数倍。她同意了这个方案，与我们签订了风险代理协议，委托我们全权处理她与驾校之间的人身损害赔偿纠纷。

一边撤诉，一边另案起诉

2011年3月21日，我让翟某把交通事故索赔案撤诉，然后由我代理翟某再次把驾校起诉到人民法院，要求其赔偿翟某的残疾赔偿金、误工费等损失。那么她撤诉的交通事故案件与我们代理的劳务受害索赔案件有什么不同呢？

第一，两者案由不同。根据最高人民法院《民事案件案由规定》（法发〔2008〕11号）①规定，翟某自己起诉的案件是道路交通事故人身损害赔偿纠纷，而我代理她起诉的案件是雇员受害赔偿纠纷。第二，两者诉讼主体略有不同。道路交通案件的被告是驾校和保险公司，而我代理她起诉的被告只有驾校一个主体。第三，两者适用的法律略有不同。道路交通案件主要适用《道路交通安全法》和《最高人民法院关于审理人身损害赔偿案件适用法律若干问题的解释》，而雇员受害赔偿纠纷则主要适用《民法通则》和《最高人民法院关于审理人身损害赔偿案件适用法律若干问题的解释》。第四，两者评残标准不同。道路交通案件当然适用"道交"标准评定伤残，而雇员受害赔偿纠纷案件，根据辽宁省高级人民法院当时的规定，是参照适用"工伤"标准来鉴定和评残的。而第四点是最重要的一点。

我在法院立案之后，随即提交了《司法鉴定申请书》，申请法院委托鉴定机构按照工伤标准评定翟某的伤残等级，得到法院准许。

2011年6月9日，司法鉴定所的一位资深法医审查了翟某的医疗资料，并对翟某进行了身体检查。走出鉴定所的大门，翟某给我打来了电话，说鉴

---

① 编者注：《民事案件案由规定》已于2020年修订。

定时，那个戴眼镜的老法医对她说，你的律师太厉害了，要搁别人，这就是一个交通事故案件，根本评不上残啊。

2011年6月13日，司法鉴定所参照《职工工伤与职业病致残程度鉴定标准》，出具了《司法鉴定意见书》，内容如下：

分析说明

本所司法鉴定人根据送鉴医疗资料记载和本次对被鉴定人进行体格检查，以及所阅2009年8月7日至2011年1月27日被鉴定人外伤后所进行的X线检查片共计叁张，结果为2009年8月7日被鉴定人因工作中被轿车撞伤致左胫腓骨骨折，行左胫骨骨折切开复位内固定术。现被鉴定人左胫腓骨骨折已愈合，病情平稳，可以做伤残评定。目前被鉴定人左膝关节活动度无明显受限，左胫骨骨折内固定物尚未取出。

1. 被鉴定人因工作中被轿车撞伤致左胫腓骨骨折，行左胫骨骨折切开复位内固定术，参照《劳动能力鉴定职工工伤与职业病致残等级》（GB/T 16180-2006），被鉴定人符合九级伤残标准中第23条，即骨折内固定术后，无功能障碍者的规定，故被鉴定人翟某构成伤残，伤残等级为九级；

2. 被鉴定人因工作中被轿车撞伤致左胫腓骨骨折，行左胫骨骨折切开复位内固定术，外伤后住院治疗期间和出院后共计壹个月需要加强营养治疗；

3. 被鉴定人因工作中被轿车撞伤致左胫腓骨骨折，行左胫骨骨折切开复位内固定术，外伤后住院治疗期间和出院后需要卧床休息，左下肢不能持重，日常生活不能完全自理，需要他人照顾，需要陪护，陪护人数为壹人，陪护时间共计为贰个月；

4. 阅大连市沙河口区人民法院2011年度沙民初字第1353号卷宗中的医疗资料中的长期医嘱、临时医嘱，以及门诊医疗费收据，被鉴定人外伤后的用药、检查费、手术费等医疗费用按照医嘱应属合理；

5. 被鉴定人因工作中被轿车撞伤致左胫腓骨骨折，行左胫骨骨折切开复位内固定术，参照《人身损害受伤人员误工损失日评定准则（GA/T521-2004）》中

第10.2.16条的规定,被鉴定人外伤后合理休治时间建议为壹佰贰拾日;

6.被鉴定人因工作中被轿车撞伤致左胫腓骨骨折,行左胫骨骨折切开复位内固定术,目前被鉴定人左胫骨骨折内固定物尚未取出,需要后续治疗,即行左胫骨骨折内固定物取出术,后续治疗费用约需人民币柒仟元或以届时实际发生的合理医疗费用额为准;后续治疗期间手术后需要卧床休息,日常生活受限,需要陪护,陪护人数为壹人,陪护时间共计为壹周;目前被鉴定人左膝关节活动度无明显受限,无需康复治疗及费用。

翟某被鉴定为九级伤残,比我预想的要好,高出了一个等级。

在第二次庭审过程中,被告驾校的代理人对评残的适用标准问题提出了强烈质疑,认为原告翟某与驾校之间并非劳动关系,不应当适用工伤的标准来进行评定。同时被告代理人认为原告被车撞伤,是自己没有尽到注意义务所导致的,也应当承担一定的责任。对此,我认为,公安机关出具的《道路交通事故认定书》写得很明确,是肇事人肖某负全责,原告翟某无任何责任。但被告代理人马上回击,提出本案并不是交通事故案件,不能适用认定书中的责任划分。

案件结果: 判决驾校赔偿12余万元

2011年6月24日,法院作出一审判决,采纳了我的全部代理意见。法院认为,雇员在从事雇佣活动中遭受人身损害的,雇主应当承担赔偿责任。本案中,翟某受雇于驾校从事驾驶员教练工作,并在工作中受伤,驾校作为雇主应当赔偿翟某因伤害造成的全部经济损失,遂判决驾校支付翟某残疾赔偿金、误工费、营养费等共计124169元。一审判决作出后,被告驾校没有在法定期限内上诉,判决生效。

我又代理翟某申请法院强制执行,法院在2011年8月30日查封了驾校的一辆别克轿车。又过了一段时间,该案顺利执行结束,全部赔偿款项交付到翟某手中。

办理完这个案件，我想到了在《人民法院报》上看到的一篇文章，题目是《遭受人身损害，择法维权技巧多》。确实如此。当事人遭受伤害以后，不能盲目听信工作单位、雇主和其他人的意见，而要及早保留证据，咨询专业律师，正确分析事故所构成的法律关系，寻求最有利的法律解决渠道，进而充分保护自己的合法权益。本案中，如果翟某选择交通事故途径索赔，虽然其无责任，但因交通事故评残标准较高，她可能评不上伤残等级，金额也会寥寥无几。但是通过专业律师采取不同的诉讼策略，转换思路，按照雇佣关系直接找驾校索赔，最终得到了超过12万元的赔偿。还要说明的是，如果翟某未达退休年龄、未在其他单位办理正式退休手续的话，那么她也可以通过工伤途径索取赔偿。

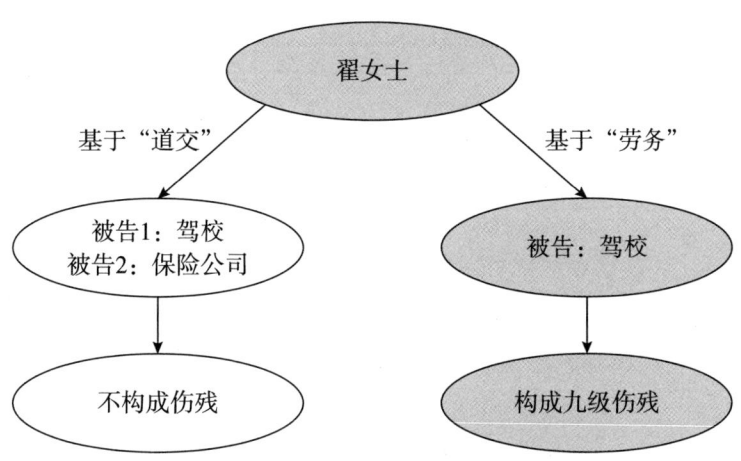

图6-1 基于不同的请求权基础取得不同的结果

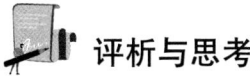

对司法鉴定适用标准的解读

这个案子发生在2009年到2011年，当时，对这类案件的处理，特别是关于司法鉴定的依据和标准问题，辽宁省高级人民法院曾下发过一个通知：

关于人身损害赔偿案件的伤残等级鉴定标准

因道路交通事故造成的伤残，应当适用《道路交通事故受伤人员伤残评定》标准。

因工伤事故造成的伤残，应当适用《职工工伤与职业病致残等级》标准。雇员在从事雇佣活动中造成的伤残，比照适用该标准。

因医疗事故造成的伤残，应当适用《医疗事故分级标准（试行）》。因医疗过错造成的伤残，比照适用该标准。

因其他原因造成的伤残，比照适用《道路交通事故受伤人员伤残评定》标准。

这个规定中，明确写明"因工伤事故造成的伤残，应当适用《职工工伤与职业病致残等级》标准。雇员在从事雇佣活动中造成的伤残，比照适用该标准"。我也认为，劳动关系是发生在退休前，劳务关系是发生在退休后，就像本案中的翟某，不管是退休前还是退休后，干的或许是同样的一份工作，付出的是同样的劳动（都是开车），受伤时应当适用同样的鉴定标准才对。

但是到了2013年，这类案件的鉴定标准又发生了非常大的变化，主要源于最高人民法院的一个答复：

最高人民法院关于雇员在雇佣活动中
造成人身损害用什么标准评定伤残的答复

〔2013〕他8复函

山东省高级人民法院：

你院《关于雇员在雇佣活动中造成人身损害用什么标准评定伤残的请示》收悉。经研究，答复如下：

原则同意你院审判委员会倾向性意见。评定伤残的标准和计算损失赔偿的标准应相互对应。雇员在从事雇佣活动中遭受人身损害，若不属于《工伤保险条例》调整的劳动关系和工伤保险范围，在进行伤残程度评定时，不宜适用《职工工伤与职业病致残程度鉴定标准》。在统一的人身损害伤残评定国家标准出台之前，可参照适用《道路交通事故受伤人员伤残评定》等国家标准。

如此，在2013年以后，全国法院审理雇员受害赔偿案件的司法鉴定，一律参照适用《道路交通事故受伤人员伤残评定》（2002年）等国家标准。而到了2017年最高人民法院、最高人民检察院、公安部、国家安全部、司法部五部委联合发布《人体损伤致残程度分级》（2016年）公告，从2017年1月1日起，司法鉴定机构和司法鉴定人进行人体损伤致残程度鉴定统一适用《人体损伤致残程度分级》标准。

《人体损伤致残程度分级》有以下两个重要改变：

第一，取消了《道路交通事故受伤人员伤残评定》标准，自2017年1月1日后所有的交通事故案件等人身损害致伤的鉴定，都统一适用《人体损伤致残程度分级》，但工伤除外。

第二，相比较而言，《人体损伤致残程度分级》比过去的《道路交通事故受伤人员伤残评定》提高了伤残等级鉴定的标准，如原来适用《道路交通事故受伤人员伤残评定》可以构成十级伤残的案件，在《人体损伤致残程度分级》实施后可能就不构成伤残等级了。

手记 7

中专生之死

——关于大中专院校学生自杀问题的思考

 **案情再现**

男生校园自杀

2012年9月17日晚上10点多,在大连一家船舶技术学校的校园里发生了一起学生自杀身亡事件。

这名上吊自杀的学生曲某,男性,家住瓦房店市某村,出生于1995年9月30日,自2011年9月到事发时即2012年9月17日在这家船舶技术学校2011级焊接班电焊专业读书,是学校的全日制住校学生。在校期间曲某学习努力,勤俭自律,待人和善,事发时尚不满17周岁。

据知情人说,他是用一条尼龙腰带在教学楼一楼后窗的铁栏杆上上吊自杀身亡的。

自杀当晚7点38分,曲某曾经向他不用的手机卡上发了一条短信,内容只有短短的几个字:"潘某欺负我,受不了了。"据悉,潘某是他上铺的同学,两人之间究竟发生了什么呢?

警方展开调查

接到报案后派出所立即展开了调查。

据 9 月 17 日晚上寻找过曲某的一位徐姓学生说:"当天晚上 10 点多发现曲某不在寝室后,班主任老师叫我出去找一找。我就和另外几个同学从宿舍出来分头在校区里找,我自己一个人到教学楼那边去找,发现靠近教学楼南头靠墙根站着一个人,我就过去了。当时认出他就是曲某,我就和他说话,问他怎么不回寝室,结果没动静。等到跟前,我用手机电筒的光亮,朝那个人照了一下,当时吓得大叫起来,头皮一阵阵发麻,发现他正是我们班的曲某。他脖子上有一根绳子挂到窗户的护栏上,他的舌头露出很长,嘴唇发紫。我转身就跑出胡同,喊其他同学。之后我们又一起到胡同里确认了一下,那个上吊的人就是曲某,并且人已经死了。"

曲某的班主任谈起曲某在校时的表现,说:"曲某是个好孩子,平时话不多,从不惹祸,性格很内向,有什么事很少跟老师、同学交流沟通,跟老师一说话脸通红,像个女孩子,平时很少上网。我们了解他家在农村,家庭情况不是很好。他花钱从不大手大脚,比较懂事。"

警方在向曲某父亲了解情况时,他父亲说,曲某在大连上学一年多,自己只和老师通过两次电话,老师说曲某在学校表现很好。因为家里经济

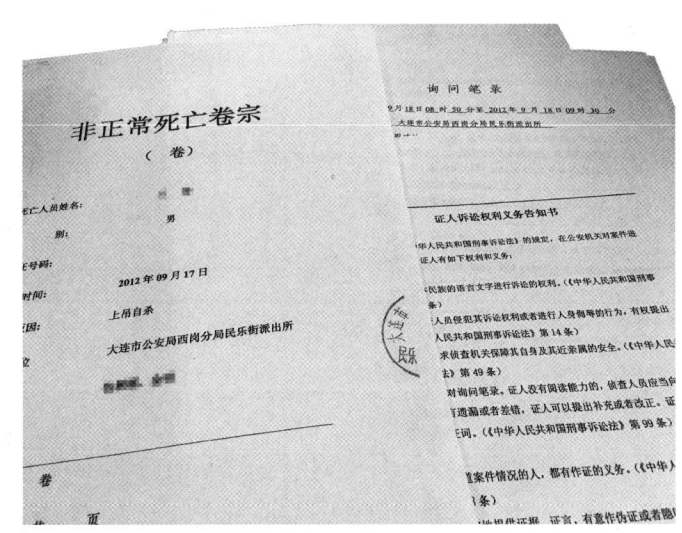

▲ 图 7-1 公安机关的《非正常死亡卷宗》封面

条件不好，曲某在学校利用周六日到大连火车站附近的一个小饭店打工以补贴生活费用。他父亲还说，对曲某自杀一事疑问相当大，这中间肯定有什么事情，希望公安机关能够调查清楚。

同时，他父亲向警方补充道："曲某有三张银行卡：一张是邮政储蓄卡，开学离开家时里面有5000多元钱。还有一张学校的工商银行卡，每年政府往里面打1500元，是政府给农村学生的补贴。最后一张也是学校的卡，是学校收费用的卡。我想了解他的三张卡里现在是否有钱？是否因为卡出的事？"

警方最终认定，曲某系自杀身亡，排除了他杀的嫌疑。

 代理过程

曲某父母接到曲某的死讯后，痛不欲生。事发后曲某父母与学校多次交涉，双方始终未达成一致。2012年10月9日，曲某的父亲找到我，委托我代理这起案件的民事索赔工作。

接受委托后，我立即到辖区派出所依法调取了警方关于曲某的《非正常死亡卷宗》，了解了详细情况。

一封律师函定乾坤

经过研究，我很快出具了一份《关于曲某在校期间自缢身亡事件 学校应承担赔偿责任的法律意见书》，主要内容如下：

第一，技术学校对学生管理不善，晚间没有查寝制度，学生离开寝室，寝室监管人员居然没有发现，该环节管理漏洞是导致学生曲某死亡的主要原因。

该校招收的学员系初中毕业后拟接受专业教育的学生，学生入学时均不足16周岁，事发时曲某本人尚不足17周岁。根据《学生伤害事故处理办法》（中华人民共和国教育部令第12号）第5条规定，学校应当对在校学生进行必要的安全教育和自护自救教育；应当按照规定，建立健全安全制度，采取相应的管理措施……学校对学生进行安全教育、管理和保护，应当针对学生年龄、认知能力和法律行为能力的不同，采用相应的内容和预防措施。依据该条规定，该校针对住宿的未成年学生，应该制定并妥善执行完善的日常作息管理制度，就寝前清点每间宿舍内学生是否全部归寝，就寝时间内严格监控并询问学生出入宿舍原因，如发现没有合理原因擅自离开宿舍的学生，应该制止。而本次事件中，学校没有履行查寝义务，也没尽到监控、管理就寝后学生随意出入寝室的行为，从而导致了本次事件的发生。针对心智、思想、心理调控能力均不成熟的未成年学生，该技术学校的管理不善直接促成了该恶性事件的发生。

第二，技术学校在日常教学中忽视对学生生活上的关心和心理上的疏导。

依据《未成年人保护法》(2012年)[①] 第19条规定，学校应当根据未成年学生身心发展的特点，对他们进行社会生活指导、心理健康辅导和青春期教育。即针对招收未成年人的学校，学校的法定义务不仅是传授文化或专业知识，还需要依法尽到心理健康辅导和青春期教育的义务。

而本案中，曲某暑期在家期间并无任何异常，结合其开学返校后，带有学费及相应的银行卡，但是从开学至死亡始终未缴纳学费，且死亡时身无分文，亦未发现其有大额消费。经公安机关调查，学校老师及学生公认曲某本人生活节俭，不乱花钱，另联系曲某死后其同寝室3同学承认很长时期内向曲某借钱并不同程度拖欠不还的事实，本案中学费的不知去向是导致曲某死亡的主要诱因，但学校老师及主管人员并未针对该生未及时缴纳学费的情况进行了解，这一节事实在公安机关调查笔录中已得到曲某班主任的承认。

一个不满17周岁的孩子，花一样的年纪，有着积极的生活态度，可以在那么小的年龄即利用课余时间打工分担家庭负担，如果校方及老师留意学生

---

① 编者注：《未成年人保护法》已于2020年修订。

在校期间的生活情况及心理状况，及时发现其生活中遇到的问题和情绪上发生的变化，及时对其提供开导和帮助，其怎会绝望致死？家长将未成年的孩子交到学校，将后半生的希望交到学校，并非仅仅是希望孩子学会焊接技术，还希望孩子健康成长，安全快乐地生活！

第三，发现曲某失踪后，学校处置措施不当，延误了搜救时间，造成曲某死亡。

首先学校没有第一时间发现曲某离寝已属管理严重疏漏，其次学生向学校汇报曲某离寝后，班主任远在校外，警方到达后其方赶到现场。除了该班班主任，学校没有安排舍监老师或其他工作人员对突发事件予以重视，从而进行紧急、有效处理。学校仅仅让学生自行寻找，延误了对曲某的寻找和救助。

第四，校方应该合理解释为什么在得知事故发生后长达两个小时内没有依法第一时间通知学生家长，也没有第一时间让家长见到遗体。

依据《学生伤害事故处理办法》第15条规定，发生学生伤害事故，学校应当及时救助受伤害学生，并应当及时告知未成年学生的监护人；有条件的，应当采取紧急救援等方式救助。另依据第16条规定，发生学生伤害事故，情形严重的，学校应当及时向主管教育行政部门及有关部门报告……而该事件中，在事故发生后，学校既未第一时间通知家长，也未向主管部门报告，学校应该对此作出合理解释，否则应承担破坏事故现场，无法查明除校方原因外其他导致曲某自缢原因的赔偿责任。

综合以上事实，同时根据法律的相关规定，技术学校应当对该校学生曲某的死亡承担相应赔偿责任。

随后，我又跟学校有关领导面对面沟通和谈判，同时将此事件向教育行政部门进行了反映。

2012年10月19日，经过几轮协商和谈判，技术学校与曲某的家长达成协议，学校一次性给付曲某父母精神抚慰金等各项经济损失30万元。

手记 7：中专生之死 | 099

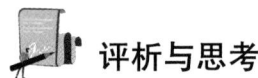

▲ 图 7-2　2012 年 10 月 25 日媒体对本案的报道，题目是《留下短信，中专生教学楼下轻生》[①]

评析与思考

引人关注的大中专院校学生自杀现象

办案之余，我感到深深的惋惜：一个不满 17 周岁的男孩，如果校方及老师能够留意学生在校期间的生活情况及心理状况，能够及时发现学生思想上出现的波动、情绪上发生的变化，能够及时予以开导和帮助的话，曲某又怎会绝望致死？

近年来，大中专院校学生自杀事件屡次出现在大众的视野当中，引起了社会的广泛关注。如，"3·26 武汉理工大学研究生坠亡"事件。2018 年 3 月 29 日，某网友发长微博称，其弟弟陶某园就读武汉理工大学自动化学院研究

---

① 编者注：本案实际赔偿金额是 30 万元，报纸的报道中写的是 20 万元，系笔误所致。

生期间，因"长期遭受导师压迫，被迫叫导师爸爸、给导师买饭打扫卫生、被导师阻止深造"等原因，最终"实在受不了了"，于3月26日清晨在学校跳楼自杀。该起案件发生后，陶某园家属与其导师王某签订和解协议，王某道歉并赔偿65万元。

再如，"大连理工大学学生自杀"事件。2020年10月13日凌晨，某网友在微博发布遗书，称自己为大连理工大学化学工程专业硕士三年级学生，因课题实验长期受挫可能面临延期毕业的压力，选择在实验室结束生命，希望下辈子做一只猫。对此，大连理工大学在10月14日上午发布公告确认了事情的发生并作出简要回应。经公安部门初步调查，排除他杀。

学生自杀后，权利人如何向学校主张赔偿？

学习压力、经济压力、就业压力、情感挫折、心理疾病、网络媒体的影响等，都是导致学生自杀的原因。高校学生自杀，学校是否要承担相应的法律责任呢？这在我国法律上并没有明确的规定，实践中各地法院的做法也不一致。高校学生自杀后，其近亲属如果向学校主张赔偿，首先要明确学校的法律责任。

根据《民法典》"侵权责任编"和《学生伤害事故处理办法》的规定，院校或其职工的不当行为，导致学生自杀的，要根据学校的过错程度承担相应的责任。学校常见的违法违规行为有以下几类：

一是未尽安全保障义务。如《学生伤害事故处理办法》第4条规定，学校应当提供符合安全标准的教育教学设施和生活设施；第5条规定，学校应当对学生进行安全教育，建立健全安全制度。这些规定都表明高校要尽到安全保障义务。例如，河南大学化学化工学院于某岑投湖自杀案中，死者家属认为河南大学校内人工湖没有任何防护栏及防护措施，存在安全隐患是导致于某岑投湖死亡的主要原因。

二是未尽合理注意义务。基于高校与学生之间的关系，高校除了提供安全保障义务外，还存在合理注意义务。合理注意义务不仅仅存在于平时的管理教育中，还包括对有自杀倾向、身患抑郁症等精神疾病或其他重点学生提供专业的心理疏导、给予重点关注等。但是在实践中，法院一般不会判决高校承担主要责任，因为安全保障义务和合理注意义务不能超出高校及其管理人员合理预见的范围，否则就有加重高校责任的嫌疑。

三是因第三人的不当行为或侵权行为导致学生自杀，学校方面未能尽到注意义务，对不当行为未能加以防范、制止，导致学生自杀结果的最终发生，学校应承担一定的补充责任。

手记 8

一张纸赢官司

——雇佣关系抑或承揽关系之辨析

 **案情再现**

安装牌匾摔伤

2012年2月26日,来自山东省沂水县夏蔚镇曹家林村、36岁的纪某接受雇佣,为大连市某生鲜超市连锁有限公司"锦绣连锁店"(以下简称超市)门头安装牌匾,双方言明:纪某干1天,超市按260元支付劳务费。3月5日上午10时许,纪某在安装中不慎从4米多高的脚手架坠落地面,胸背部着地,造成身体多处受伤、双下肢麻木,活动受限。超市经理夏某马上派人把纪某送到附近的大连市中心医院救治,纪某被诊断为:胸12爆裂性骨折,脊髓损伤,硬膜外血肿等症,当天即住院治疗。3月8日医生在纪某胸12椎体进行了内固定植骨术,3月21日纪某出院,共计住院16天,花去医疗费46608.55元。纪某住院期间,超市支付医疗费22000元。

出院后,纪某找到超市索赔,想跟超市协商要些误工费就算了。不料超市称,自己把安装牌匾的活"包"给纪某干,是纪某自己不注意坠落地面受伤,纪某的受伤与超市不存在任何关系,应当由纪某自己承担一切后果。

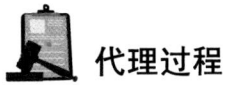 **代理过程**

法庭诉讼：雇佣还是承揽，双方各执一词

纪某无奈之下，委托我将超市告上法庭。

2012年12月1日，此案在沙河口区人民法院开庭审理。

法庭上，超市认可纪某是在为其安装牌匾时从高空摔下受伤。但超市认为，双方并非劳务雇佣关系，而是加工承揽法律关系。超市指出，纪某作为法律上的承揽人，系独立安排自己的工作，且系自身原因从高处坠落摔伤，与被告无关。

同时，超市一方还拿出厚厚一摞报纸作为证据，称纪某在2011年9月14日至10月3日的《半岛晨报》上一共发布了19次广告，证明原告纪某从事承揽、制修卷闸、拉闸、白钢门及扶手、护栏业务，被告根据广告上的电话与原告取得了联系，将自己牌匾的加工、制作和安装包给纪某来做，被告是按照纪某交付的工作成果支付承揽费用。故根据承揽合同法律关系中承揽人"风险自担"的原则，应由原告自己承担摔伤的各项经济损失。

对此，我认为：双方形成的是劳务雇佣法律关系，而非加工承揽法律关系。《合同法》（1999年）①中专门设立了"承揽合同"一章，其中第251条第2款规定，"承揽包括加工、定作、修理、复制、测试、检验等工作"，并未把原告从事的"安装"纳入该条文的列举中来，说明安装工作并非承揽合同的常态表现或者说安装本身就不属于承揽的范畴。被告辩称双方系承揽关系，就应当出示双方签订的承揽合同或者把这项工作包工包料给原告等证据来予以证明。反之，原告是在被告一方提供了安装材料和安装工具（脚手架等）的

---

① 编者注：《合同法》已于2021年1月1日废止。

前提下，按照被告的指示来操作的，其赚取的仅仅是安装这项劳务的人工费而已；至于《半岛晨报》刊登的 19 次广告，与原告接受被告雇佣、给被告安装牌匾的时间不符，两者明显不具有关联性。

一张《打工证明》，引起法庭注意

就在双方围绕究竟是雇佣关系还是承揽关系僵持不下的时候，我向法庭提交了一份盖有被告超市公章的《沂水县参合农民外出打工（居住）证明》，其内容为：

兹有纪某，在我处工作，其受伤后入院时间为 2012 年 3 月 5 日，出院时间为 2012 年 3 月 21 日。特此证明。

该《打工证明》上还有超市法定代表人夏某的亲笔签字。

我说，该份证据系直接证据，足以证明纪某是在超市"工作"，与超市不是承揽关系。

在我出示这一证明后，超市代理人吃了一惊，在法官的允许之下，他现场与超市经理夏某取得了联系。

超市经理夏某在电话里回答说，此《打工证明》确实是超市开具的，但那是在纪某受伤以后，应纪某的请求，为了使纪某能在山东老家享受农村合作医疗待遇所用的，实际上不是超市的真实意思表示。

经过我的申请，2013 年 1 月 7 日，大连科华司法鉴定中心出具司法鉴定意见：原告本次外伤所致其胸 12 椎体压缩性骨折，椎体前缘压缩高度大于椎体高度 1/2，依据（GB/T16180-2006）《劳动能力鉴定职工工伤与职业病致残等级》之规定，已构成八级伤残。

一审判决：被告负 70% 责任，赔偿 16 余万元

法庭采纳了我的代理意见。2013 年 1 月 31 日，大连市沙河口区人民法院作出（2012）沙民初字第 3074 号民事判决：

本院认为，公民享有生命健康权。雇员在从事雇佣活动中遭受人身损害，雇主应当承担赔偿责任。原告纪某受被告超市雇佣在从事安装牌匾劳务活动中从高处坠落致伤身体，被告作为雇主应当承担赔偿责任。原告主张残疾赔偿金、医疗费、营养费、护理费、住院伙食补助费、被扶养人生活费、误工费、法医司法鉴定费、复印费等均符合法律规定，予以支持。原告在工作中未注意采取安全保护措施导致本次事故的发生，应承担一定责任。根据本案具体情况，被告承担 70% 责任，原告承担 30% 责任为宜。

法院一审判决被告向原告支付残疾赔偿金、医疗费、误工费、被扶养人生活费等共计 160087 元。

超市上诉：又称双方存在劳动关系

2013 年 3 月 7 日，被告超市不服一审判决，提出上诉，要求撤销一审判决，改判驳回被上诉人的诉讼请求，上诉理由如下：

第一，上诉人与被上诉人之间形成的是加工承揽合同关系，被上诉人承揽了上诉人安装卷闸门等业务，按照上诉人的要求，以被上诉人自己的技能、设备和劳动，独立完成卷闸门的安装等工作，上诉人接受该工作成果并支付报酬，故一审事实认定错误。

第二，关于《沂水县参合农民外出打工（居住）证明》的问题。该证明系被上诉人为配合上诉人回乡办理农民合作医疗保险而开具，其中填写的被

上诉人"在我公司工作"并不是事实。如果法院采信此证据,则双方应为劳动关系,被上诉人应按劳动仲裁程序主张权利,二审法院亦应驳回被上诉人的诉请。

第三,一审法院判决适用法律不当。一审法院确定的案由为"提供劳务者受害责任纠纷",此案由的双方主体应为自然人,而上诉人是公司法人,其主体与法院认定的案由所适用的主体不符。如果是提供劳务者受害责任纠纷,就应适用《侵权责任法》第35条和第16条之规定,不应适用《最高人民法院关于审理人身损害赔偿案件适用法律若干问题的解释》(2003年)(以下简称《人损解释》)第11条第1款、第17条之规定。理由为:《侵权责任法》第35条适用过错责任原则,《人损解释》第11条第1款适用无过错责任原则。侵权责任法是上位法,且颁布实施时间在《人损解释》之后。

二审开庭过程中,我发表了以下意见。

第一,驳"承揽"。承揽合同是以自己的设备来完成工作,本案中被上诉人为上诉人安装牌匾时所用的脚手架等工具都是上诉人提供的,上诉人在上诉状中亦确认被上诉人为其安装牌匾,被上诉人只是提供安装的劳务而已,且上诉人是按天支付被上诉人的劳务费用,每天260元。

第二,驳"劳动"。针对上诉人所称的,根据《沂水县参合农民外出打工(居住)证明》应该确认双方是劳动法律关系的说法,我认为,劳动关系是指用人单位招用劳动者为其成员,劳动者在用人单位的管理下提供有报酬的劳动而产生的权利义务关系。劳动关系最明显的特征是,双方签订劳动合同,用人单位按月给劳动者发放工资,且须按月缴纳社保等费用。本案双方并不符合劳动关系的法律特征。还要说明的是,上诉人在一审和二审上诉时均辩称双方是承揽关系,现在又说双方是劳动关系,本身就自相矛盾,其目的就是逃避法律责任。

第三,驳"法律适用"。关于上诉人所称的,一审适用法律错误,提供劳务受害应该在个人之间形成,这是完全错误的。提供劳务既可以双方都是自然人,也可以一方是自然人,另一方是单位,而且自然人与单位之间形成劳务关系的情形非常普遍，一审适用法律正确。上诉人认为本案是提供劳务受害纠纷，应当适用《侵权责任法》第 35 条、第 16 条，不适用《人损解释》，实际上一审判决已经适用了《侵权责任法》第 16 条，因属于单位与个人之间形成劳务关系，故不适用第 35 条是正确的。一审法院已判决被上诉人承担 30% 的过错责任，对双方的责任划分是合理的。在被上诉人受伤以后，上诉人主动支付了医疗费 22000 元，如果双方是承揽关系的话，按照风险自担原则，上诉人没有必要为被上诉人支付医疗费。

2013 年 5 月 28 日，大连市中级人民法院作出（2013）大民一终字第 523 号民事判决：

本院认为，本案争议的主要焦点问题是上诉人与被上诉人是加工承揽法律关系还是劳务雇佣法律关系。根据《最高人民法院关于民事诉讼证据的若干规定》第 2 条之规定，双方应当对自己的主张承担举证责任。《中华人民共和国合同法》第 251 条规定，承揽合同是承揽人按照定作人的要求完成工作，交付工作成果，定作人给付报酬的合同。第 253 条规定，承揽人应当以自己的设备、技术和劳力，完成主要工作，但当事人另有约定的除外。上诉人主张与被上诉人是加工承揽法律关系，应由上诉人举证证明符合加工承揽合同有效要件的证据，上诉人举证在 2011 年 9 月 14 日至 10 月 3 日期间被上诉人在《半岛晨报》共刊登 19 次制修卷闸拉闸白钢门扶手护栏的业务广告，证明被上诉人承揽该业务。但被上诉人受伤发生在 2012 年 3 月 5 日，距刊登广告已半年之久，上诉人提供的该证据不能证实在事故发生时被上诉人仍从事加工承揽业务，也不能直接证明与被上诉人是加工承揽法律关系，故上诉人没有提供有效证据证明与被上诉人是加工承揽法律关系，对其此上诉意见不予支持。而被上诉人提供的《沂水县参合农民外出打工（居住）证明》上显示工作单位为上诉人处，并加盖上诉人单位公章，虽然上诉人辩称是为被上诉人办理保险而开具，但上诉人加盖公章的行为是对被上诉人为其提供劳务这一事实的认可，其作为法人单位，应当对自己的行为负责，故对被上诉人主张与上诉人是劳务雇佣法律关系的主张予以支持。上诉人作为接受劳务一方，应当对雇员受害承担责任。被上诉人作为完全民事行为能力人，在工作中摔伤，自己亦未尽到谨慎注意义务，应承担相应责任，故原审认定由上诉人承担70%责任，被上诉人承担30%责任，比例划分适当。故原审认定事实清楚，适用法律正确，应予维持。综上所述，依据《中华人民共和国民事诉讼法》第170条第1款第1项之规定，判决如下：

驳回上诉，维持原判。

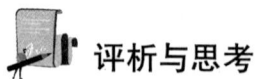 **评析与思考**

关于雇佣与承揽的法律区分

雇佣关系和承揽关系都涉及提供劳务，有时也都会涉及工作成果交付，但二者的法律特征并不相同。根据民法理论和审判实践，雇佣关系是雇主与雇员之间基于雇佣合同而建立起来的一种法律关系，其权利义务内容是雇员在雇主授权或指示的范围内为雇主提供劳务，雇主向雇员给付报酬；而承揽关系是承揽人和定作人基于承揽合同而建立的，其权利义务内容是承揽人按照定作人的要求完成工作，交付工作成果，定作人给付其报酬。

雇佣关系和承揽关系的主要区别在于雇佣是以直接提供劳务为目的，雇员在完成工作中须听从雇主的安排与指挥；而承揽则是以交付工作成果为标的，提供劳务仅为完成工作成果的手段，当事人之间不存在控制、支配与从属的关系。

从主观上讲，则要看"雇工"在工作的过程中是否具有意志的独立性。在雇佣关系中，雇主已经对雇员每天的工作内容有了事先的安排，每天的具体工作及最终的工作成果都体现着雇主的意志。而在承揽关系中，虽然承揽人也是根据定作人的指示进行工作的，并且监督承揽人是否按其指示工作也是定作人的一项权利，但是定作人只会提供一个总体的意志，也就是说在合同中就已经明确对定作物作出了约定，而具体的工作过程定作人是不会过多干涉的。

　　本案中原告从事的是安装牌匾工作，从主观上讲，原告安装牌匾的工作过程不具有意志的独立性，雇主已经对如何安装、安装到哪个位置等做出了具体安排，纪某的安装工作完全体现的是超市的意志。从客观上讲，纪某为超市提供的是劳务而不是工作成果，即安装牌匾的劳务。纪某又向法庭提交了一份《沂水县参合农民外出打工（居住）证明》，上有超市加盖的公章及法定代表人的签字，更加印证了原告纪某应当是为超市提供劳务，双方并非加工承揽关系。

手记 9

三次"退鉴"引发诉讼大战

——一起争议巨大的车祸后保险公司拒赔案件代理纪实

一起并不复杂的交通事故,却被不同的司法鉴定机构先后三次"退鉴",受害人面临着败诉的巨大风险。正在此时,受害人找到了我,经过一番艰苦的工作,我最终说服法官启动了最后一次司法鉴定。没想到,鉴定结论让保险公司的理赔人员大为恼火,法庭上一次次激烈交锋开始了。

 **案情再现**

一起并不复杂的追尾事故

曲某某系沈阳铁路局沈阳车辆段大连运用车间的一名老职工。2015 年 6 月 19 日晚上 6 时 20 分许,他驾驶一辆两轮摩托车在大连开发区沿新月路由北向南行驶至黄海西路与梧桐街路口时,与郑某女驾驶的一辆小型轿车在同方向行驶过程中,发生追撞,造成双方车辆损坏,曲某某受伤。曲某某被送到开发区医院住院治疗,被诊断为脑震荡、头皮损伤、颈部软组织损伤、颈外伤、颈髓损伤、颈间盘突出并椎管狭窄。入院治疗一个多月后,医院对曲某某实施了手术治疗,行颈前路 C4-5、C5-6 间盘摘除,取髂植骨,椎间融合钢板内固定术。曲某某住院 70 天后出院。

2015年6月24日，大连市公安局经济技术开发区分局交通警察大队认定，肇事人郑某女违反了《道路交通安全法》第34条的规定，负此次事故的全部责任，受害人曲某某无责任。郑某女驾驶的车辆系某船舶工程公司所有，该车辆在中国人寿财产保险股份有限公司大连市分公司投保了交强险和第三者商业责任险。

三次鉴定，均被退回

2015年9月，受害人曲某某聘请了大连经济技术开发区的一名律师，将肇事人郑某女所在的单位某船舶工程公司和保险公司一起告上法庭，要求二被告承担连带赔偿责任。

不料，法庭上二被告都提出在信号灯由红变绿、双方车辆刚启动时，因原告车辆启动后突然刹车才造成后车追尾的事故。医院的MRI检查报告显示原告颈椎增生、椎管狭窄，并无急性损伤的软组织水肿影像，诊断为颈椎病。而颈椎病是既往疾病，非本次事故造成。因此，原告受伤与本次交通事故不具有因果关系。

为了查明案件事实，法庭委托司法鉴定机构对受害人曲某某的受伤与本次事故是否具有因果关系进行鉴定。但是，2015年9月22日第一家鉴定机构作出的《终止司法鉴定情况说明书》让曲某某傻了眼。

关于终止大医司鉴（2015）第503号司法鉴定的情况说明

大连经济技术开发区人民法院：

2015年9月16日我所接到贵院司法鉴定委托书，委托事项：1.原告本次伤情与本次交通事故是否有关；2.用药及费用是否合理。

我所司法鉴定人阅大连经济技术开发区人民法院民调字第3026号卷宗中的医疗资料，2015年6月20日被鉴定人曲某某以头部、颈部、腰部车祸致外伤19小时余为主诉进入大连经济技术开发区医院住院治疗，诊断：脑震荡、头皮损伤、颈部软组织损伤、颈外伤、颈髓损伤、颈间盘突出并椎管狭窄。入院后于2015年8月12日行颈前路C4-5、C5-6间盘摘除,取髂植骨,椎间融合钢板内固定术,术后已经予以抗炎、接骨等治疗,2015年8月20日出院。

由于技术条件有限,无法对贵院司法鉴定委托事项做出明确的司法鉴定意见,根据《司法鉴定程序通则》的规定,经研究决定终止被鉴定人曲某某的法医司法鉴定。

大连医科大学附属第一医院法医司法鉴定所
2015年9月22日

法院随后又委托了第二家鉴定机构,2016年4月25日第二家鉴定机构也以"技术能力有限"为由,出具了《退鉴函》:

2016年4月8日贵院委托我中心对被鉴定人曲某某进行法医司法鉴定,我中心已详阅其委托材料,由于我中心技术能力有限,无法对鉴定项目得出确切结论,予以退鉴。

接着,法院又进行第三次委托鉴定,第三家鉴定机构又以"受害人无挫裂伤、自身椎管狭窄、手术必要性存疑"为由,退回了鉴定。

至此,原告曲某某陷入迷茫之中,他不知道自己还能否索赔成功。

 ## 代理过程

转机:拿到北京的《鉴定文书》

受害人曲某某惶恐之下,经过再三考虑决定更换律师。2017年6月27日曲某某来到大连,委托我全权处理他的索赔事宜。

曲某某初次见到我时，非常激动，一遍又一遍地陈述他的案情。

我接受委托后，安排助理连夜仔细地查看了曲某某的住院病案材料，并寻找相关医学专家进行了深入解读。在 2017 年 2 月 10 日法院再一次开庭时，在我的积极努力和争取下，原被告双方通过现场抓阄的方式，共同选定了北京天平司法鉴定中心，原告申请对本案涉及的因果关系、手术必要性、伤残等级、合理休治期、残疾辅助器具等 9 个方面进行最后一次司法鉴定。

法官非常严肃地说，这次鉴定是最后一次机会，如果再被退鉴，他也爱莫能助，只能驳回我们的诉讼请求了。

其实，我们心里也非常清楚，对于曲某某来讲，由于前 3 次均被退鉴，这次鉴定就显得至关重要。如果这一次再被退回，法院不可能毫无限制地再进行第五次委托鉴定了（被告也不会同意），原告无疑面临着巨大的败诉风险，我也感到了沉甸甸的压力。

为了做好这次鉴定，我彻夜难眠，与受害人曲某某一起在法律范围内做了精心准备，对相关医学知识进行反复学习和研读，又再次联系了认识的几位医学专家帮助论证。

与此同时，对于受理这起案件的北京天平司法鉴定中心人员来说，也是慎之又慎。他们知道，这起司法鉴定的结论，直接关涉受害人合法权益能否得到保护。由于案件复杂疑难，他们邀请了北京三甲医院的专家共同会诊，严格按照《司法鉴定程序通则》《司法鉴定技术规范》等规定，对受害人曲某某进行了两次法医临床检验。

2017 年 4 月 25 日，在受理鉴定 2 个多月后，北京天平司法鉴定中心终于作出北天司鉴（2017）临鉴字第 0166 号《鉴定文书》。鉴于本案中双方对这份司法鉴定文书争议较大，故择要摘录如下：

四、分析说明

根据委托人提供的鉴定材料，结合法医临床检验分析如下：被鉴定人曲某某于 2015 年 6 月 19 日被车致伤，伤后有头晕、颈部、腰部疼痛的临床表现，入院后完善相关检查，颈椎 DR 示颈椎骨质增生，颈椎 MRI 示颈椎反弓，颈椎退行性改变，椎间盘变性，颈 4-5、5-6、6-7 椎间盘突出，继发椎管狭窄。于 8 月 12 日行颈前路 C4-5、C5-6 间盘摘除，取髂植骨，椎间融合钢板内固定术，临床诊断：C4-6 颈间盘突出并椎管狭窄，脑震荡，头皮损伤，颈部软组织损伤，颈髓损伤，头颈外伤。

1. 被鉴定人本次伤情与本次交通事故之间是否具有因果关系

被鉴定人于 2015 年 6 月 19 日被致伤，伤后有头晕、颈部腰部疼痛的临床表现，被鉴定人入院后其病情逐渐加重，完善相关辅助检查，临床诊断：头皮损伤，颈部软组织损伤颈髓损伤头颈外伤其外伤史明确，伤情与本次交通事故存在因果关系。

2. 对被鉴定人 2015 年 8 月 12 日行颈前路 C4-5、C5-6 间盘摘除，取髂植骨，椎间融合钢板内固定手术是否具有必要性

被鉴定人于 2015 年 6 月 19 日被致伤，伤后当时有头晕、颈部腰部疼痛，入院查体见四肌力、肌张力正常，入院后完善相关检查，给予对症治疗，MRI 提示其 C4-7 间盘突出，椎管狭窄，其神经受压症状逐渐加重，经保守治疗无效，具有手术指征，故其行颈前路 C4-5、C5-6 间盘摘除，取髂植骨，椎间融合钢板内固定手术是必要的。

3. 伤残等级

被鉴定人颈椎行内固定术后，现遗有颈部活动度部分丧失。根据（GB 18667-2002）《道路交通事故受伤人员伤残评定》第 4.10.3a 条及附则第 5.1 款之规定，其构成十级残。

4. 营养期、护理期、护理人数、合理休治时间

根据（GA/T 1193-2014）《人身损害误工期、护理期、营养期评定规范》第 9.4.2 款、第 A.2 款、第 A.6 款之规定，其护理期 70 天为宜，护理人数 1 人为宜，营养期及合理休治时间至伤残评定前一日为宜。

5. 后续治疗费、伤残辅助器具及合理的医药费用

被鉴定人于 2015 年 6 月 19 日被致伤，伤后有头晕、颈部腰部疼痛的临床

表现，被鉴定人入院后，完善相关辅助检查及对症治疗，其神经受压症状逐渐加重，于 8 月 12 日行颈前路 C4-5、C5-6 间盘摘除，取髂植骨，椎间融合钢板内固定术，术后给予抗炎、神经营养等对症治疗，其治疗合理，故其医药费用合理。

被鉴定人现伤情稳定，其无须继续后续治疗，残疾辅助器具目前可以佩戴颈托。

五、鉴定意见

1. 被鉴定人曲某某本次伤情与本次交通事故存在因果关系。

2. 被鉴定人曲某某行颈前路 C4-5、C5-6 间盘摘除，取髂植骨，椎间融合钢板内固定手术是必要的。

3. 被鉴定人曲某某目前构成十级残，其护理期 70 天为宜，护理人数 1 人为宜，营养期及合理休治时间至伤残评定前一日为宜。

4. 被鉴定人曲某某无须后续治疗，残疾辅助器具目前可以佩戴颈托。

5. 被鉴定人曲某某医药费用合理。

看到这份鉴定报告，曲某某久悬不决的一颗心落了地，连续多日的奔波和辛苦总算没有白费，他一时激动得热泪盈眶。

轩然大波下的庭审之战

从 2017 年 8 月到 12 月，大连开发区人民法院先后五次开庭，审理了这起复杂疑难案件，在第二次开庭时北京的两名鉴定人出庭接受了质询。

第一个问题：原告是否在本次事故中受伤？

法庭上，二被告均认为，原告曲某某于 2015 年 6 月 24 日在交警队所做笔录称，后车将其连人带车撞出 20 多米。如果真是将他撞出 20 多米，有点儿生活常识的人都可以想象到撞击的力度及速度，但当时为红绿灯路口的起步阶段，速度可想而知。再看现场照片，双方的车辆损坏情况并不严重。另外事故的发生时间是晚上 6 点 20 分，正值交通高峰，该路段称得上是车水马龙，被撞出 20 多米竟然毫无障碍物，实在不符合常理，明显为编造事实。

同时，二被告提出，曲某某在受伤后 19 个小时的就诊记录上，明明称其并未摔倒，但奇怪的是，医疗记录上却出现了头部的挫伤，着力点为左顶部。这个问题很值得研究。既然未摔倒，着力点和伤不可能凭空出现，如果原告不能合理解释其头部如何受伤，那只能说明一点，就是其在这 19 个小时内，可能又受到过其他伤害。而司法鉴定机构人员也称，受害人说发生了交通事故，鉴定人员就按交通事故来做的鉴定，至于是不是交通事故致害，那是需要法院查明的事情，与鉴定人无关，鉴定人并没有确定一定是交通事故所致。

二被告又提出，退一万步讲，就算原告真的摔倒了，摔出 20 多米，那头部挫伤一定相当严重，但是照片上原告左侧头部并无任何伤痕。另外，根据照片显示，车辆被撞飞 20 多米也没有留下划痕，这显然不合常理。根据《最高人民法院关于适用〈中华人民共和国民事诉讼法〉的解释》（法释〔2015〕5 号）① 第 105 条，人民法院应当按照法定程序，全面、客观地审核证据，依照法律规定，运用逻辑推理和日常经验法则，对证据有无证明力和证明力大小进行判断，并公开判断的理由和结果。

对此，我认为，后车追尾后，导致原告出现脑震荡等病症，其记忆在短时间内会出现模糊不清。本案中原告受伤的直接证据，就是交警队的《事故认定书》，其中写明"两车发生追撞，造成双方车辆损坏，当事人曲某某受伤"。而且，肇事人郑某女亦在《事故认定书》上签字确认了这一肇事过程和曲某某受伤的事实。再结合原告住院治疗的病历资料，完全能够证明原告受伤是属实的。

在这一环节，第二被告保险公司出示了事故现场照片，来源于交警队卷

---

① 编者注：该司法解释已于 2020 年修订。

宗，系交警查勘现场时所拍摄。保险公司称，从事故现场照片可以清晰地看到，原告当时衣着清洁无污，头面部及双上肢均无任何皮肤损伤，双方车辆损失轻微。这可以证明事故当时原告没有摔倒，没有受伤，这一点也可以印证其伤后首次就诊的急诊病历主诉中其自诉"未摔倒"；以及原告入院查体：未见皮肤损伤，神经系统感觉运动系统均正常，四肢活动自如，肌力肌张力正常。这些均可以证实原告在事故当中没有受伤。

我认为，尽管照片上原告在打电话，但并不代表原告没有受伤，应当以医学检查和事故认定书为准，保险公司实际上是在用照片代替医院的医疗诊断结论，这是错误的。

第二个问题：受伤19小时后才就医，伤病关系被质疑

二被告提出，大连经济技术开发区医院2015年6月20日《神经外科病历（颅脑外伤）》首页显示：

入院时情况：一般

患者主诉：头部、颈部、腰部因车祸致外伤19小时余。

致伤时间、经过及伤后处理情况记载：患者于19小时前骑摩托车被轿车撞伤，伤及头部、颈部、腰部，自诉伤后有短暂意识不清，于家中休息。今日感觉疼痛加剧，故来我院急诊行CT检查后收入我科住院。

据此，二被告坚持认为，不能排除原告曾经受到过其他情形的二次伤害。

对此，我认为，原告在诊疗过程中，医院病志上已经体现出受伤为交通事故所致，可以证明原告的受伤和车祸之间是存在因果关系的，而且原告就医和发生车祸的间隔时间并未明显过长，在医学上有些病症因为个体的差异，经过一段时间后才会出现不良反应，故原告的就医时间并无不妥之处。

但是，二被告绝不同意我的说法。他们坚持认为，原告在医院的描述和

记载于病志资料上的文字均为自述，系其自称因交通事故所致，医院没有确定伤情是否确由交通事故导致，大连经济技术开发区医院出具的神经外科病理病历对于陈述人受伤原因的评定是"可能"，也就是说并没有对原告陈述的原因进行确定，而是根据原告的主诉进行了记录，不能证明事故的发生与相关伤情存在因果关系。

我继续进行了反驳：对于被告所纠缠的这个问题，我方已经申请了司法鉴定，其中第一项就是对原告伤情与交通事故之间是否具有因果关系予以鉴定。北京天平司法鉴定中心已经出具了明确的鉴定意见，为"被鉴定人曲某某本次伤情与本次交通事故存在因果关系"。同时我指出，如果二被告认为原告在车祸之后和就诊之间还有其他伤害原告的事故发生，应当由二被告承担举证责任，没有证据或者证据不足以证明自己主张的，将承担不利的法律后果。

第三个问题：《鉴定文书》能否作为定案依据？

二被告认为，本案鉴定意见疑点重重，程序违法，其主要理由如下。

首先，本案司法鉴定收费违法。本案中鉴定人明确表示其鉴定费用是与原告协商确定的，说明其并未执行国家有关规定或与委托人在签订委托书中确定，其行为违反了《司法鉴定程序通则》的规定。

其次，超期限作出鉴定。《司法鉴定程序通则》第28条第1款规定，司法鉴定机构应当自司法鉴定委托书生效之日起30个工作日内完成鉴定。本案委托书于2017年2月10日生效，而被告在7月才收到鉴定意见书。

再次，鉴定人员出庭时，被告提出的很多专业性问题，鉴定人员都无法回答，例如，本案中委托鉴定事项第一项就要求鉴定本次伤情与交通事故之间是否具有因果关系，而鉴定人对于伤情是什么都不知道，答道"你问的问题超过我的鉴定范围"，实际上就是不予回答。

最后，本案提供的所有鉴定材料中，无一份有原告畸形愈合的表述，原告也没有骨折。鉴定机构在没有拍过任何光片的情况下，用肉眼就能判断包在皮肉之内骨质的畸形愈合，并以此根据为原告评定了十级伤残，是否按规范进行姑且不论，再不懂医学的人也能看出这个结论的荒唐离谱。

对二被告的种种质疑，我的回答则比较简单，该《鉴定文书》符合法律程序，鉴定人均具有鉴定资质，二被告所提异议无法否定司法鉴定意见书的证明效力。

第四个问题：受害人自身疾病，是否影响索赔？

二被告提出，原告自身存在颈椎和颈髓损伤等疾病，这部分的经济损失不应当由二被告买单。保险公司还当庭出示了《法医临床司法鉴定实务》《脊柱创伤影像学诊断与处理》《骨科临床检查法》3部专业书籍中的相关章节，认为鉴定人员没有按照《道路交通事故受伤人员伤残评定》的标准进行规范操作，没有对原告自身疾病在事故中的占比作出鉴定。

对此，我认为此节事实并不在鉴定范围之内，如果二被告有异议，可以另行提出做病伤关系鉴定（自身疾病在本次事故中的参与度）。

随后，主审法官就此问题当庭进行了发问：

主审法官：原告，你在发生交通事故之前，有没有颈椎病？

原告：没有。

主审法官：二被告对原告以上所述有无异议？

第二被告：有异议，原告此次住院医学检查显示，其颈椎病病理特征较为明显。颈椎病是慢性退行性的疾病，主要表现为颈椎增生，颈椎间盘的变形脱水，间盘突出，继发椎管狭窄，这些都不是急性损伤所造成的，而且从原告核磁检查结果中可以看出其颈椎的正常生理弯曲已经发生反向改变，诊断为颈椎反弓，这是构成颈椎病最常见的病理基础，而其主要原因就是不适当地用枕，虽然原告自称不知其患有颈椎病，但事实是颈椎病病理特征客观存在。

第一被告：在上次庭审中第二被告问鉴定人颈间盘突出并椎管狭窄，有退行性改变，是交通事故造成的吗？鉴定人员回答说不是交通事故造成的，说明是其自身所患疾病。

第二被告： 在鉴定人出庭质证过程中，鉴定人对脊髓损伤核磁共振成像会有影像学信号改变是认可的，但原告伤后核磁检查并没有发现颈髓急性损伤的改变，反而出现椎间盘脱水变形的退行性改变，若原告在治疗过程中表现出来的症状逐渐加重是因本次事故造成的，必定会在核磁检查中体现出加重的影像学表现，但原告在7月14日再行核磁复查时其结果与第一次检查没有变化，可以证明原告产生的临床症状不是因为急性损伤所导致的，而是因其原有的疾病。

主审法官： 原告，二被告提出你原来就有颈椎疾病，你如何解释？

原告： 在事故前，我没有治疗过颈椎疾病的过程。

主审法官： 根据你提供的病志中的影像检查报告单，从2015年6月20日起至7月20日止多次记载有颈椎5、6椎体前后缘及钩椎联合可见唇状骨质增生改变，其余椎体及附件结果无改变，你如何解释？

原告： 我没有感觉自己有颈椎病。

主审法官： 原告，你发生事故当时，身体有什么损伤？

原告： 我骑车正常往前走，突然感觉后面有股力量上来，我当时死死把住车把，肇事人的车前杠撞上了我摩托车的后尾灯，车没有碰到我的身体，我在摩托车上属于惯例振动，有冲击力。当时我还感到左边不得劲，但没有摔倒，我的摩托车没有脱手。

主审法官： 二被告对原告以上所陈述的受伤及治疗过程有无异议？

第二被告： 有异议，伤者住院时是因头部外伤，住在神经外科，刚才原告陈述是受伤当天因身体麻木疼痛无法忍受才去就诊，但入院时却以脑震荡、头颈外伤住院，在入院查体时其四肢活动自如，肌力、肌张力均正常，感觉运动系统查体均未见异常，所以住院病志记载与原告庭上所述有矛盾。

第一被告： 就诊记录中记载头部挫伤着力点为头顶，既然未摔倒，那个着力点是什么意思，头部的伤不可能凭空出现，如果原告不能合理解释其头部如何受伤，那只能说明一点，就是原告在这19个小时内又受到其他伤害。司法鉴定人员说委托人自诉发生交通事故,他们就按照交通事故鉴定,至于是否因为交通事故受伤,是需要法院查明的事实,与鉴定人员无关,所以非要采用鉴定意见的话,按鉴定人的意见也只是与伤害有关,不一定是交通事故所致。

我指出,即便原告病伤之间存在一定的关联性,根据《侵权责任法》的规定和最高人民法院第24号指导案例的裁判要旨:虽然交通事故受害人自身存在疾病的因素,但在肇事方负全责、受害人无责的情形下,其自身体质状况及自身的疾病等因素对损害后果造成的影响不减轻二被告应承担的侵权赔偿责任。

我随后提交最高人民法院发布的指导案例第24号全文,该案例中的鉴定意见载明损伤参与度评定为75%,个人体质因素占25%,但最终法院仍判决肇事一方承担100%的赔偿责任。根据《最高人民法院关于案例指导工作的规定》(法发〔2010〕51号)第2条规定,本规定所称指导性案例,是指裁判已经发生法律效力,并符合以下条件的案例:(一)社会广泛关注的;(二)法律规定比较原则的;(三)具有典型性的;(四)疑难复杂或者新类型的;(五)其他具有指导作用的案例。第7条规定,最高人民法院发布的指导性案例,各级人民法院审判类似案例时应当参照。

第五个问题:将"医书"搬到法庭,是否具有说服力?

在第四次开庭时,保险公司将3大本法医学方面的专业书籍拿到了法庭上,作为证据予以补充提交。

证据1,《脊柱创伤影像学诊断与处理》第11页:从急性脊髓损伤的组织学与病理生理学方面阐述了脊髓损伤的发展阶段分为急性期、亚急性期、慢性期。脊髓遭受直接机械性损伤后,很快出现局部的缺血和出血,引起水肿。这些结果引起邻近神经细胞死亡,局部突触联系丧失,通过损伤部位的信号源传导中断……

该著作"急性脊髓损伤的核磁共振成像"一章的结论部分(第241页):

核磁共振是目前评价脊髓损伤的内部结构的唯一的成像方法。

证据2,《骨科临床检查法》第76页: MRI是CT评价脊柱骨折类型的补充手段,主要用来评价急性脊髓损伤和预后情况。脊髓水肿在核磁检查当中表现为T1加权像为低信号,T2加权像为高信号。急性脊髓出血T2加权像信号全部下降,T1加权像信号为低强度改变。这一证据用以证明脊髓发生急性损伤时在核磁影像中一定会出现信号的改变。庭审中北京天平司法鉴定中心鉴定人也认可脊髓损伤核磁共振成像会有影像学信号改变。

证据3,《法医临床司法鉴定实务》第193—195页:《道路交通事故受伤人员伤残评定》第3.1条规定:"伤残评定应以人体伤后治疗效果为依据,认真分析残疾与事故、损伤之间的关系,实事求是地评定。"伤残评定的原则是以交通事故伤残者的治疗效果为依据,即经治疗后遗留下的后遗障碍程度。同时,评定中对受伤当时的损伤部位、程度等也当给予甄别,这是判明事故与损伤及后遗障碍之间因果关系的重要依据,也是排除伤残者原有伤病的重要依据。

对此,我认为,第二被告要证明的事项主要是原告所受损伤以及后续病变不是由车祸导致的,而是由于自身疾病引发,但是因为第二被告提供的3本法医学类书籍不属于证据,不能推翻北京天平司法鉴定中心出具的司法鉴定意见,同时第二被告也不属于司法鉴定机构,第二被告举出的3本书作为证据没有任何证明力。即使第二被告要通过列举3本书中的内容来推翻和阻却鉴定结论,则第二被告所列举的这些文章、标准都应当是在司法鉴定人员出庭时与鉴定人员质询的内容。如果3本书可以证明原告受伤是由自身疾病所导致的话,那就用不着司法鉴定机构再给原告做司法鉴定了。

第六个问题:一份医院《答复》,能否推翻鉴定意见?

第二被告还提交了一份来自中国医科大学附属盛京医院大连医院医务部的材料:

涉诉案件问题答复

各相关部门：

针对患者曲某某涉诉案件，我院给出答复如下：

1. 颈髓损伤有时只产生症状无影像学改变；

2. 病人颈椎原存在退变导致椎管容积变小，病人头部受伤，颈髓的缓冲空间变小，突出的间盘造成颈髓进一步受压，从而出现颈髓损伤的一系列临床表现（症状、体征）。

中国医科大学附属盛京医院大连医院医务部（公章）
二〇一七年八月

被告保险公司认为：

（一）从医院回复意见可以证明如下事实：

1. 曲某某伤后的核磁共振检查报告中确实没有影像学表现；

2. 曲某某事故前有颈椎退行性颈椎病；

3. 医院是在伤者有颈椎退行性改变前提下因头部受伤导致颈髓进一步受压产生临床症状而做出的诊断。

也就是说医院是依据伤者自述的症状作为诊断依据，而非以实际检查作为诊断依据，这一点可以从原告医疗诊治过程的医疗记载中得到证实。

（二）结合案件庭审中已审理查明的事实可以证明如下事实：

1. 曲某某事故中是骑在摩托车上，没有摔倒，意识清晰，头部没有与任何物体接触，因此不可能发生其就诊时所述的出现短暂意识丧失且着力点为左顶部的伤情（住院病志第 2 页中有明确伤情记载）。可以证明医院作为诊断依据的头部受伤的伤情不是本次事故造成的。

2. 北京天平鉴定中心鉴定人庭审中明确表示鉴定意见是依据医院的记载得出的，因医院依据的头部伤情非本次事故所致，且鉴定所依据的条款也是错的，其得出的结论必然是错误的。

基于上述事实及意见，第二被告恳请合议庭同意被告的诉求：到中央级司法鉴定机构司法部司法鉴定科学技术研究所进行重新鉴定或委托辽宁华顿司法鉴定专家辅助人咨询服务中心对北京天平鉴定中心出具的北天司鉴（2017）临鉴字第0166号《鉴定文书》出具专家意见。

对此，我表示，对证据的真实性与合法性均不予认可。该证据是被告保险公司单方取得的，如果真出现需要答复的问题，正当的途径应当是被告申请法院调取该证据。该材料上加盖的印章是医务部印章，无法确认该印章的真实性，也无法确定医务部是否有权对医学问题作出答复。且该答复并不是针对法院的质询，联系人的签字无法确认其真实性，更无法确认其身份，该答复亦与本案没有关联性。

关于第二被告称原告头部伤情并非本次交通事故所致，仅是其主观判断和错误说法，交通警察支队作出的事故认定书属于行政机关的证据，证明力大于其他证据。

第二被告所称要求法院寻找专家辅助人来对本案进行进一步确认，这个说法也是错误的。根据《民事诉讼法》及相关司法解释的规定，专家辅助人应当是被告自己去寻找，征得法庭同意后到庭发表专家意见。

关于第二被告所称的原告退行性疾病是由于其自身原因所导致，这点原告方已经在上次庭审中陈述，根据最高人民法院的相关指导性案例，如果侵权人被判定承担全部的肇事责任，那么受害人的旧疾不影响侵权人承担全部赔偿责任。

关于第二被告在本次开庭时要求对本案进行重新鉴定的请求，没有任何法律依据，其可以根据法律相关规定申请补充鉴定，但是到现在为止其没有提出过补充鉴定申请，已经失去了补充鉴定的权利。

第七个问题：保险公司是否履行了免责条款告知义务？

法庭上，第二被告（即保险公司）出示了投保单及保险条款，证明其已经履行了条款告知义务，被保险人已在投保单的"投保人声明"栏中盖章确认，也证明保险公司按合同约定核定损失是有依据的。

我对该组证据的真实性没有异议，但我认为，保险公司核定原告非医保用药是不符合第一被告投保目的的，因为本案肇事人之所以在第二被告处投保就是要转嫁车祸的风险，如果第二被告再把原告医疗费的一部分转由本案第一被告承担的话，违背了第一被告投保的初衷，也不符合保险的要义。

实际上，我对保险公司这组证据的质证意见，有些是替第一被告说的。因为，如果保险公司有不赔偿的部分，如非医保用药，那么就要由第一被告来承担。

果然，第一被告也称，不能证明第二被告已经履行了免责条款的告知义务，该投保单并没有第一被告的签字，该免除条款当页没有第一被告的签字，并且该份合同属于保险公司提供的格式合同，对于免除第一被告主要权利的内容并没有尽到特殊提醒义务，故第二被告应当承担相关的医疗费用，同时同意原告对该份证据的质证意见。

法庭上，二被告多次提出重新鉴定，法官未予准许，但告知二被告可以向案涉鉴定部门北京天平司法鉴定中心就原告颈髓病与案涉事故的伤病关系及参与度申请补充鉴定，二被告均称不申请。

判决：二被告支付原告各项经济损失 22 万余元

2018 年 3 月 30 日，在我接手代理本案一年多之后，大连经济技术开发区人民法院终于作出判决：被告保险公司支付原告残疾赔偿金、精神抚慰金等各项损失合计 205480.14 元，被告船舶工程公司赔偿原告各项损失合计人民币 23591.91 元。

法院认为，关于原告旧疾（颈椎退行性改变）是否影响被告损害责任承担一节，二被告在庭审中放弃申请对原告颈髓病与案涉事故的伤病关系和参与度的补充鉴定，故二被告无证据证明原告旧疾与本次鉴定的伤残等级存在何种关联性。二被告主张应该考虑原告自身存在颈椎退行性改变的情况而减少损害赔偿的数额,现阶段不能成立。对被告保险公司提出另行选择鉴定机构重新鉴定的申请,经审查,依据《最高人民法院关于民事诉讼证据的若干规定》(2008年)① 相关规定,出现争议可采取申请鉴定人员出庭接受质询、补充鉴定等合法形式,其主张另行选择鉴定机构重新进行案涉鉴定与事实及法律规定不相符,故本院不予采信。根据《侵权责任法》(2009年)② 的有关规定,用人单位的工作人员因执行工作任务造成他人损害的,由用人单位承担侵权责任。本案中,肇事人郑某女系船舶工程公司员工,事故发生时其在履行职务,故肇事人郑某女应承担的民事赔偿责任应当由被告船舶工程公司承担。

至此,这起从2015年9月开始,历经三次退鉴、先后六次开庭、长达两年半诉讼历程的疑难案件终于落下帷幕!

 评析与思考

关于本案中"三次退鉴"的问题

本案中受害人曲某某为何被三次"退鉴"?主要原因在于原告缺少其受伤与车祸之间具有因果关系的证据,也就是说,受害人要证明你受到的伤害是本次交通事故所导致的,这一点太重要了。构成侵权的4个要件中,因果关系是重中之重。

因此,我们极力主张,一旦发生交通事故,应当第一时间固定现场证据,录下视频或者多角度、多点位拍好照片,或者写下简单经过并让肇事方及时签字。如果双方责任不清,受害人应当第一时间报警处理,交警会到场勘验

---

① 编者注:本司法解释已于2019年修正。
② 编者注:《侵权责任法》现已废止。

并根据现场监控录像,结合其他相应证据,综合做出分析和判断。

之后就是及时就医,这一点也非常重要。刚发生事故时,有些伤痛未必会及时发现,等过了一两天才可能发现,但此时双方都已经离开了现场,再去联系肇事人就很费力了。正如本案中原告曲某某当时并未就医,而是间隔19个小时后才去医院,因此被告在法庭上抗辩称,不能排除这19个小时中原告曲某某又受到过其他的二次伤害。因受害人未及时就医,肇事人否认伤情与事故的关联性,进而输掉官司的例子比比皆是。

从保险公司的角度而言,如果受害人无法证明其受伤与车祸之间具有因果关系,则不构成保险事故,也就不存在保险标的,更谈不上《保险法》第12条所称的"保险利益"了。

本案中非常幸运的是,北京天平司法鉴定中心出具了明确的鉴定意见,即"被鉴定人曲某某本次伤情与本次交通事故存在因果关系"。否则,要想打赢这场官司,将是很困难的事情。

应重视专家辅助人在诉讼中的作用

本案中被告保险公司仅以医学书籍、医院的《答复》等为证据,意图推翻司法鉴定机构的《鉴定文书》,法院并没有采信被告的抗辩意见,因为相比之下,鉴定结论的证明效力还是比较高的,单纯凭借医书与医院《答复》不可能推翻鉴定机构的鉴定意见。站在保险公司的角度分析,如果能够有效地启用专家辅助人制度,或许会好得多。

专家辅助人在我国立法中被称为"有专门知识的人",是指辅助当事人充分有效地完成诉讼活动,经申请随同当事人、法定代理人或诉讼代理人一起出庭,就专门知识进行口头陈述,并接受法庭或对方当事人询问的专业人员。我国在2012年修正的《民事诉讼法》中正式确立了专家辅助人制度。《最高人民法院关于适用〈中华人民共和国民事诉讼法〉的解释》对专家辅助人制度就其具体功能和目的作出了进一步明确。实践中,该项制度对有些案件的审理，确实起到了很大的作用。

我检索到辽宁省沈阳市中级人民法院作出的（2020）辽01民终14600号民事判决中，针对沈阳医学院法医司法鉴定所作出（2019）沈医临鉴字第381号鉴定意见书，一审被告赵某田认为，沈阳医学院法医司法鉴定所的鉴定意见所依据的鉴定材料并不真实、完整、充分、合法，鉴定机构未尽到对送检材料真实性最基本的审查义务，董某娜所伤已基本恢复，但结论却为七级，令人严重质疑。为证明应予重新鉴定，赵某田申请辽宁志正司法鉴定专家辅助人事务所的专家辅助人刘某杰对该鉴定意见进行了质证。结合专家辅助人的质证意见及沈阳医学院法医司法鉴定所的鉴定卷宗与回复、答复意见，一审法院依据《最高人民法院关于民事诉讼证据的若干规定》（2008年）第40条的规定，对赵某田重新鉴定的申请予以准许，并对沈阳医学院法医司法鉴定所的鉴定意见未予采信。

上述案件与本案相同的是被告方都不认可鉴定意见；与本案不同的是上述案件的一审被告申请了专家辅助人出庭陈述，对法官审理案件起到了至关重要的参考作用，从而进行了重新鉴定。

需要指出的是，司法实践中对专家辅助人制度的利用率仍然较低。为增强其操作性，虽然最高人民法院对该制度采取了进一步的完善措施，但仍然存在很多障碍和现实困境。

手记 10

184 万元的赔偿案

——孙某女因交通事故致高位截瘫案代理纪实

案情再现

车祸突如其来，乘车人受重伤

54岁的孙某女做梦都没有想到，她好端端地坐在客车内，从大连金州去石河的妹妹家串门，突如其来的一场车祸，竟然使她差点儿成了植物人。目前的她，仍处于高位截瘫状态，这辈子可能再也站不起来了。孙某女的丈夫于某告诉笔者，妻子成了这个样子，感觉像天塌了一样，这个家庭再也听不到欢声笑语了……

事情的起因是2014年3月20日下午2时50分，金州一家土石方公司雇佣司机曹某浩驾驶一辆重型自卸大货车沿黑大线由南向北行驶，当行驶到保税区二十里堡高速路口南侧时，大货车由外侧车道向内侧车道变道后越中心双黄实线向左转弯时，与其后方沿内侧车道同向直行的中型普通客车相撞，造成中型普通客车上的11名乘客不同程度受伤，其中，孙某女受伤最为严重，被送到医院紧急救治，被诊断为胸5椎体骨折、胸脊髓损伤、截瘫、多发肋骨骨折。孙某女先后在3家医院住院7次，共计231天，仅医疗费一项就高

达 73 万余元。

该事故经大连市公安局金州分局交警大队确认，大货车司机未按交通信号通行、变更车道影响相关车道内机动车正常行驶，负事故主要责任，中客车司机未按操作规范安全驾驶，负事故次要责任，受害人孙某女无责任。经查，大货车除投保了交强险外，还投保了不计免赔 50 万元的第三者责任险。

巨额费用无力承担，法院先行判决医疗款

由于需要支付巨额的医疗费用，孙某女的丈夫在找到我之前，已经起诉了一次两车的司机、车主和相关保险公司。判决书显示：

被告曹某浩和被告娄某顺分别为被告帝业公司和被告卢某刚雇佣的工作人员，事故发生时正在从事雇佣活动，且被告帝业公司和被告卢某刚也分别是肇事车辆的登记车主，因此被告曹某浩的责任由被告帝业公司承担，被告娄某顺的责任由被告卢某刚承担。被告曹某浩驾驶的肇事车辆在被告保险公司投保了交强险和第三者责任险，事故发生时处于保险期间内，被告保险公司应在保险范围内进行赔偿，而本次事故的其他伤者经本院告知后没有向法院起诉或者明确放弃起诉，故不予预留交强险理赔份额。

原告自事故发生之日至 2014 年 5 月 21 日期间的医疗费为 529928.35 元。被告保险公司应在交强险医疗费项下赔偿原告 10000 元，在商业险范围内按照被告帝业公司承担的 70% 责任比例赔偿原告 326952.01 元。被告卢某刚应赔偿原告 140122.29 元，扣除被告卢某刚已经向原告支付的 15000 元，被告卢某刚应赔偿原告 125122.29 元。关于被告保险公司辩称原告存在超过基本医疗保险用药范围的医疗费 52854.05 元的问题，因该超范围用药明细为被告保险公司单方提供，本院无法确认其合规性，故在原告治疗尚未终结而急需支付治疗费的情况下，本院对已经查清的部分事实先行作出判决，对该部分 52854.05 元医疗费暂不予处理。

2014 年 6 月 20 日法院判决，三被告先行赔偿原告医疗费共计 479075.3 元。

 代理过程

2014年12月,孙某女的丈夫于某全权委托我代理本案,处理与本案有关的后续索赔事宜。

我认为,本案如果第二次起诉,有以下几个问题需要厘清。

第一,因受害人孙某女对于其乘坐的客车而言,不属于第三者,因此不能起诉客车的保险公司,这在先行支付医疗费的判决中也能体现出来。

第二,她没有必要再起诉肇事司机,根据《最高人民法院关于审理人身损害赔偿案件适用法律若干问题的解释》(法释〔2003〕20号)第9条的规定,雇员致人损害,由雇主承担责任。

第三,关于此类案件的处理,大连市中级人民法院印发的《民事审判(一庭)中一些具体问题的理解与认识》(大中法〔2008〕17号)中有个观点:

29. 在客运合同履行中发生交通事故的,如何处理?

答:(1)承运人不承担事故责任的,乘客可以向侵权人主张侵权赔偿责任,也可以向承运人主张违约责任。(2)承运人承担全部事故责任的,乘客既可以向承运人主张违约责任也可以主张侵权赔偿责任。(3)承运人承担部分事故责任的,乘客可依客运合同向承运人主张违约责任,也可以向承运人和其他侵权人主张侵权赔偿责任,乘客提起违约之诉的,不应追加其他侵权人为被告;乘客提起侵权之诉的,应将承运人和其他侵权人列为共同被告。

鉴定项目要全面,及时跟进防疏漏

我们随后准备了起诉状,连同《司法鉴定申请书》一起交到了法院。

但是,在法院组织本案鉴定过程中,由于助理的一个小小疏漏,导致了一个非常严重的问题。在提交给法院的《司法鉴定申请书》"委托鉴定事项"

中，我们是这样写的：1.申请人是否构成伤残及等级；2.合理休治时间；3.所需营养期限；4.护理时间、护理人数；5.后续治疗费用；6.用药合理性。

乍一看，这似乎没什么问题，写得挺全面的。但是，等到2015年5月6日鉴定报告一出来，我仔细研究才感觉到了问题之所在。鉴定结论是这样写的：

五、鉴定意见1.被鉴定人胸5椎体骨折、胸脊髓损伤致胸5以下截瘫，依据（GB18667-2002）《道路交通事故受伤人员伤残评定》第4.2.1e条的规定，损伤已构成2级伤残等级；右侧1、4，左侧1、2肋骨骨折，依据（GB18667-2002）《道路交通事故受伤人员伤残评定》第4.10.5b条的规定，损伤已构成10级伤残等级。2.合理休治时间为伤后至本次鉴定日。3.住院期间需加强营养。4.住院期间需1人陪护。5.因已评残，无后续治疗费。6.查看病志及医嘱，针对本次损伤用药属合理。

从鉴定报告中可以看到，大部分的鉴定事项都是对的，问题就出在《鉴定意见》中的"4.住院期间需1人陪护"上。想想看，被鉴定人已经濒于植物人状态，且构成非常严重的二级伤残，为什么在护理上，仅是"住院期间需1人陪护"呢？难道出院以后就不需要护理了吗？根据以往的经验和常识推断，这种病人是需要终生护理的，仅"终生护理费"一项赔偿就有可能高达50万元以上或者百万元之巨。这个错误与其说是助理的疏漏，不如说是我把关不严造成的。好在发现及时，还有补救的机会。

我马上联系法院，请求补充鉴定：被鉴定人是否需要护理依赖及期限。同时，第一次鉴定还遗漏了是否需要残疾辅助用具，我也一并申请补充鉴定。

在法医学上来讲，护理与护理依赖是两个概念。根据《人身损害护理依赖程度评定》（GB/T 31147-2014）的规定，护理依赖程度是指被护理人对护理人在生活上的帮助的依赖程度。也就是说，躯体伤残或精神障碍者在治疗终结后，仍需他人帮助、护理才能维系正常的日常生活。护理依赖程度由低到高分为三级：部分护理依赖，大部分护理依赖，完全护理依赖。

2015年5月27日，鉴定机构再次出具了《补充鉴定意见书》：

1. 被鉴定人孙某女因高位截瘫，依据（GA/T 1193-2014）《人身损害误工期、护理期、营养期评定规范》及（GB/T 31147-2014）《人身损害护理依赖程度评定》，需1人终身陪护。2. 给予国产普通手摇床人民币1800元（含配件、维修费用）。

至此，我终于松了一口气。

庭审交锋异常激烈，法院再判136万元

根据鉴定结论，我及时变更了诉讼请求，将本案索赔额提高到175万余元，其中包括残疾赔偿金61万余元、精神损害抚慰金9万元及剩余医疗费24.6万元等。

庭审过程中，被告重型货车投保的保险公司提出，原告医疗费中的非医保用药部分不予理赔。被告帝业公司提出终生护理费20年年限过长，只同意给付5年的护理费，而且认为原告索赔精神抚慰金9万元的要求过高。

对此，我认为，鉴定意见中明确记载"查看病志及医嘱，针对本次损伤用药属合理"，非医保用药也属合理用药，保险公司应当赔偿。同时，该超范围用药明细为保险公司单方提供，保险公司未能提供其他证据佐证原告用药超过基本医疗保险用药范围。故，此部分用药的费用仍应由保险公司承担。

本案中，重型货车和客车的车主分别雇佣了司机开车，酿成了此次重大交通事故。针对被告方提出的应当由直接肇事人即司机承担赔偿责任的观点，我给予了有力反驳：根据《最高人民法院关于审理人身损害赔偿案件适用法律若干问题的解释》（2003年）第9条之规定，雇员在从事雇佣活动中致人损害的，应列雇主为被告并承担赔偿责任。本案中二被告（重型货车和客车的所

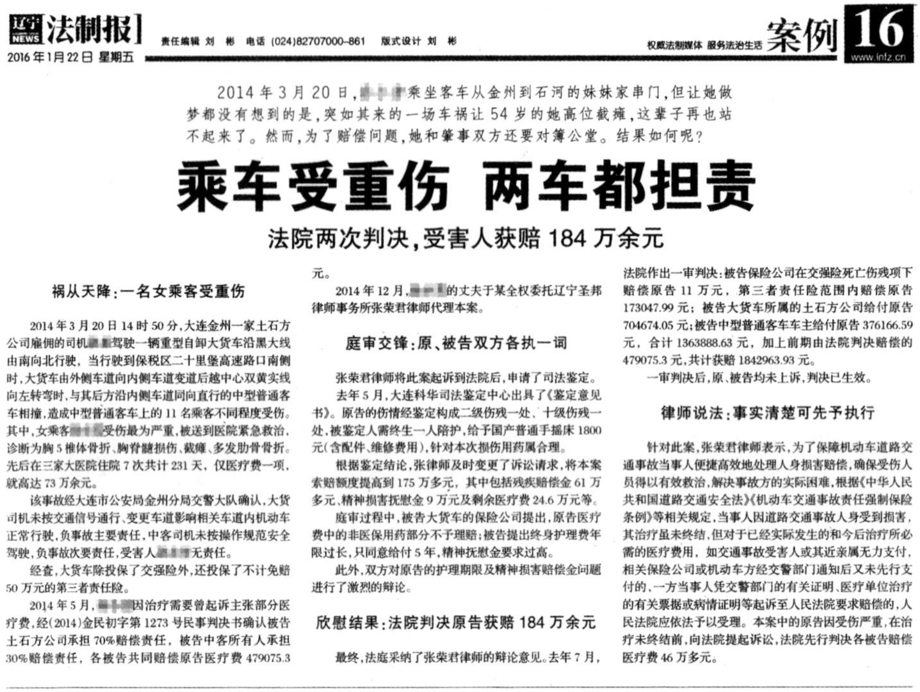

▲ 图10-1 2016年1月22日《辽宁法制报》对本案的报道,题目是《乘车受重伤　两车都担责》

有人)虽未直接致害,但都系其雇员在雇佣过程中致人伤害,因此应当由雇主承担赔偿责任。

庭审中,双方还对原告的护理期限及精神损害赔偿金问题进行了激烈的辩论。关于护理费给付年限的问题,我认为被告所称的5年过低,请法院按照有利于受害人的原则作出裁量。

法庭采纳了我的辩论意见。2015年7月7日,法院作出判决,被告保险公司在交强险死亡伤残项下赔偿原告11万元,第三者责任险范围内赔偿原告173047.99元;被告重型货车所属的公司给付原告704674.05元;被告客车车主给付原告376166.59元,合计1363888.63元。加上前期法院判决款项,原告共计获赔1842963.93元。

一审判决后,原被告均未上诉,判决生效。

承运人公堂再诉讼，受害人顺利得赔款

判决生效后，保险公司和帝业公司都支付了赔偿款项。但客车车主始终没有支付赔偿款，我们申请了强制执行。就在这时，客车车主找到了我，跟我解释了没有及时支付的原因，原来，被告的客运车辆在另外一家保险公司投保了道路客运承运人责任保险（附加司乘人员责任保险），这一保险正是赔给受伤的司乘人员的，但由于客车一方与这家保险公司因为理赔数额等问题发生了很多争议，也正在同一法院进行审理。车主希望我在执行上能够容期缓限，他会督促法院加快诉讼进程。

我看了他手中的保险单。2013年12月4日，卢某刚为其所有的辽BW××××号中型普通客车在某保险公司投保了道路客运承运人责任保险（附加司乘人员责任保险）。该保险单上核定的座位数为19座，旅客座位数为17座，司乘人员人数为2人。其中载明，道路客运承运人责任保险项下每次事故每座人身伤亡最高赔偿限额（含医疗费用）为50万元，司乘人员责任保险项下每次事故每座最高赔偿限额（含医疗费用）为50万元。保险期间自2013年12月5日起至2014年12月4日止。

保险单所附的《道路客运承运人责任保险条款》第3条约定："在保险期间内，旅客在乘坐被保险人提供的客运车辆（不包括出租车、城区公共汽车）途中遭受人身伤害或财产损失，依照中华人民共和国法律应由被保险人承担的经济赔偿责任，保险人按照本保险合同约定负责赔偿。"第20条约定："发生保险责任范围内的损失，保险人就每一旅客人身伤亡的赔偿金额不超过保险单明细表列明的每人责任限额。"此外，该条款对责任免除的情形进行了明确。

我马上联系了本案的执行法官，请他与审理承运人责任保险的法官取得了沟通，并希望审案法官在判决时能把保险公司的该理赔款项直接打到法院账户上，以确保执行的顺利进行。

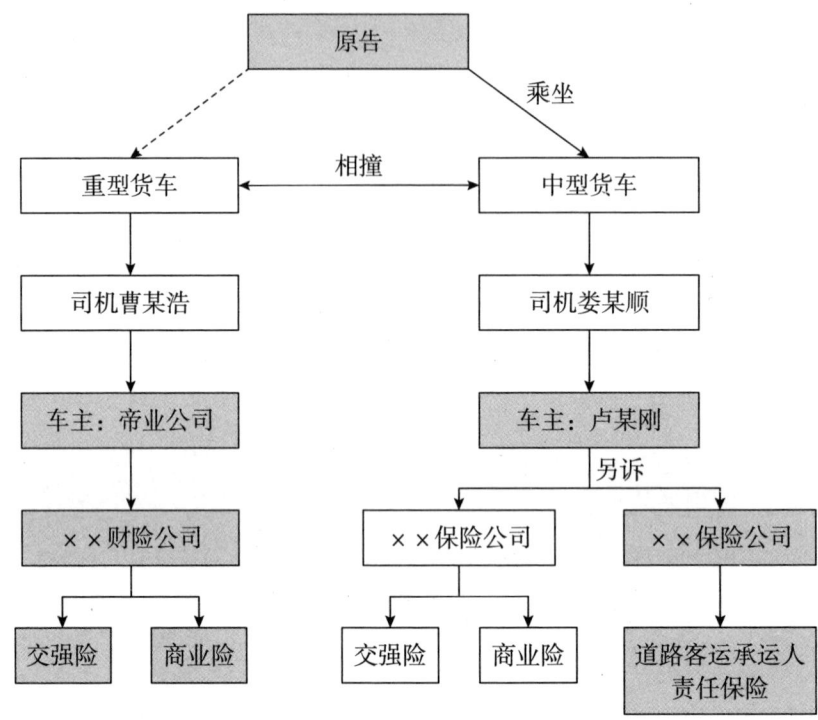

图10–2　当事人之间法律关系示意图

2016年1月11日，法院对原告卢某刚诉被告保险公司责任保险合同纠纷一案，作出判决。

法院认为，《保险法》第65条第3款规定："责任保险的被保险人给第三者造成损害，被保险人未向该第三者赔偿的，保险人不得向被保险人赔偿保险金。"该条旨在限制被保险人领取赔偿保险金，保护第三者能够及时得到赔偿，而案涉事故经法院判决，现孙某女已申请法院强制执行，原告卢某刚无力承担巨额赔偿费用，故被告保险公司将应赔偿的保险金打至法院账户，由法院将此款先行支付孙某女的赔偿款，剩余部分再支付给原告。此种处理方式既未违反法律规定，又能使第三者及时得到赔偿。法院判决：被告保险公司大连分公司于本判决生效之日起10日内赔偿原告卢某刚保险金383408.58元，该款项汇至法院银行账户。

不久，上述38万余元的款项也由法院账户转入了孙某女的账户中。至此，原告孙某女经我代理而胜诉的 136 万余元款项全部赔偿到位。

 **评析与思考**

案件事实清楚，可先行判决有关费用

为了保障机动车道路交通事故当事人便捷高效地获得人身损害赔偿，确保受伤人员得以有效救治，解决事故方的实际困难，《江苏省常州市中级人民法院关于审理交通事故损害赔偿案件若干问题的意见》第 2 条规定，当事人因道路交通事故人身受到损害，其治疗虽未终结，但对于已经实际发生的和今后治疗所必需的医疗费用，如交通事故受害人或其近亲属无力支付，相关保险公司或机动车方经交警部门通知后又未先行支付的，一方当事人凭交警部门的有关证明、医疗单位治疗的有关票据或病情证明等起诉至人民法院要求赔偿的，人民法院应依法予以受理。我国《民事诉讼法》第 153 条明确规定，人民法院审理案件，其中一部分事实已经清楚，可以就该部分先行判决。本案中的原告因受伤严重，在治疗未终结前，就已经发生和确定将要发生的医疗费用向法院提起诉讼，法院依法先行判决各被告赔偿医疗费 46 万余元。

关于高额护理费的支付方式

司法实践中，人民法院判决高额护理费的给付方式一般分两种情况：一是一次性给付 20 年；二是先判决给付 5 年或者 10 年，期满后可另行起诉。本案中法院判决各被告给予原告孙某女护理费的方式属于分期给付，即先给付 10 年的护理费 32.85 万元，并注明：如果原告在超过该期限后仍需要继续护理的，可以另案起诉。

《最高人民法院关于审理人身损害赔偿案件适用法律若干问题的解释》

（法释〔2020〕17号）第8条的规定是目前我国对护理费赔偿最全面、最明确、最细致的规定，也是最具体化的规定。该条第3款规定："护理期限应计算至受害人恢复生活自理能力时止。受害人因残疾不能恢复生活自理能力的，可以根据其年龄、健康状况等因素确定合理的护理期限，但最长不超过二十年。"本案中受害人孙某女年龄为54岁，处于高位截瘫状态需要较长期限的护理，确定20年较长护理期限能够充分保障受害人的权利，避免双方因护理问题再次诉讼，有利于解决纠纷。但对后期护理费的给付期限问题，在庭审中就产生过强烈的争议，我作为原告代理人当然要求一次性付清，以免后期诉累。被告方坚决反对，要求每5年给付一次，分4期付清。法院在判决时采用了折中的方法，既未采纳我的20年一次性付清观点，也未采纳被告5年给付一次观点，而是判决一次性给付10年的护理费。

应当说，定残后的护理费从法理上讲属于将来发生的财产损失，即随着护理的延续而产生的损失。《最高人民法院关于审理人身损害赔偿案件适用法律若干问题的解释》（法释〔2003〕20号）第33条[①]规定，赔偿义务人请求以定期金方式给付残疾赔偿金、被扶养人生活费、残疾辅助器具费的，应当提供相应的担保。人民法院可以根据赔偿义务人的给付能力和提供担保的情况，确定以定期金方式给付相关费用。但一审法庭辩论终结前已经发生的费用、死亡赔偿金以及精神损害抚慰金，应当一次性给付。也就是说，该条明确了适用定期金方式给付的赔偿项目仅限于残疾赔偿金、被扶养人生活费、残疾辅助器具费3项，不含其他项目。因此，法院判决一次性给付高额护理费于法有据。

但司法实践中存在的一个问题是，如果一次性判决赔偿，受害人提前取得了将来发生的财产损失的赔偿款，若其中途死亡，则双方对剩余的护理费

---

① 编者注：《民法典》施行后，此条修改为：赔偿义务人请求以定期金方式给付残疾赔偿金、辅助器具费的，应当提供相应的担保。人民法院可以根据赔偿义务人的给付能力和提供担保的情况，确定以定期金方式给付相关费用。但是，一审法庭辩论终结前已经发生的费用、死亡赔偿金以及精神损害抚慰金，应当一次性给付。

肯定会引发争议，多余的护理费如不能返还给被告一方，就会出现受害人一方实际上额外拿到了多余的护理费，而构成不当得利，这对支付义务人是不公平的。基于此，也有很多法院会判决定期给付。

关于承运人责任保险

本案中，除了我代理的机动车交通事故责任纠纷案件以外，还涉及一起责任保险合同纠纷案件。

责任保险（Liability Insurance）是指承保致害人（被保险人）对受害人（第三者）依法应承担的损害赔偿责任。也即，当被保险人依法需要对第三者负损害赔偿责任时，由保险人代其赔偿责任损失的一类保险，主要有公众责任保险、第三者责任险、产品责任保险、雇主责任保险等险种，当然也包括本案中客车车主投保的道路客运承运人责任保险（附加司乘人员责任保险）。

所谓"承运人责任险"，是指客运经营者、危险货物运输经营者根据有关法律、行政法规和规章的规定，保险自己在运输过程中发生交通事故或者其他事故，致使旅客遭受人身伤亡和直接财产损失或者危险货物遭受损失，依法应当由被保险人对旅客或者危险货物货主承担的赔偿责任，由保险公司在保险责任限额内给予赔偿的法律制度，是国家为了保护道路运输受害人能够得到及时救助或赔偿而采取的一项强制保险制度。

承运人责任保险限额包括每人赔偿限额和年度累计赔偿限额，由投保人根据承运人类型、年客流量等诸因素所可能导致的赔偿责任风险大小以及实际需要与保险人协商确定，或者由投保人根据保险人事先划分的与自身情况相对应的赔偿限额的档次选择确定。为了满足不同客户的需要，扩大对客户利益的保障，该保险设置了附加险，赔偿限额由投保人根据自身情况选择确定。

本案中原告乘坐的客车一方，尽管还在保险公司投保了交强险和第三者责任险，但相对于客车本身来讲，原告并非"第三者"身份（客车上的乘客不是客车车体以外的人员，不属于保险法意义上的第三者），因此不能适用第三者责任险予以理赔。而该车辆在保险公司投保的承运人责任险恰好是针对车上司乘人员受伤而理赔的一个险种，使得受害乘客（本案孙某女）能够及时地得到赔偿，也使客运车辆的承运人减少了损失。

手记 11

五审"残上加残"案

——残疾女工杨某玲交通事故案件代理纪实

 案情再现

残疾女工下班途中被撞成重伤

2012 年 7 月 25 日下午 2 时 20 分许，大连某轴承公司女工杨某玲正走在下班回家的路上，行至甘井子区吉祥街 30 号楼前时，身后一辆"江淮牌"小客车突然倒车，车尾撞到她的后背上，将她重重地撞倒在地，由于倒车速度太快，后车轮从杨某玲髋部迅速轧过。直到旁边有人大喊：撞人啦……这辆小客车才急忙停止了倒车、向前行驶。沙河口区交警随后赶到现场勘查，得知肇事人为 50 岁的男子葛某，旅顺人，当天他正开着单位的车辆办事，没想到倒车撞了人，还撞得这么严重。捡了一条命的杨某玲受伤非常严重，当时已经不省人事，被紧急送往附近的大连市第五医院救治。经诊断，事故造成杨某玲脊髓损伤、胸椎骨折、多处软组织挫伤，共住院 141 天，于 2012 年 12 月 12 日出院。这次住院，共花去医疗费 64235 元。葛某只给杨某玲垫付了 5000 元医疗费。

2012 年 8 月 1 日，沙河口区交警队作出《道路交通事故认定书》，认定肇

事人葛某的行为违反了《道路交通安全法实施条例》(2004年)第50条"机动车倒车时,应当察明车后情况,确认安全后倒车……"之规定,应负事故的全部责任,受害人杨某玲无责任。

对于杨某玲来说,这场车祸不啻于晴天霹雳。原本不富裕的家庭更是雪上加霜。自己长时间住院,受着伤痛的折磨,不但照顾不了家,还需要别人护理。肇事人垫付了5000元医疗费后就再也不露面了,亲戚朋友东挪西凑了6万余元才付清了医院的治疗费用。住院期间,杨某玲的两个孩子无人照料,就扔在哥哥或者老母亲家里。医生告诉她,她可能这辈子也站不起来了,杨某玲悲痛得几乎天天以泪洗面。

 代理过程

2013年4月28日,杨某玲的哥哥委托我全权代理此案。我经过调查发现,该肇事车辆的实际车主为大连某制衣公司,使用性质为非营运。随后,我将肇事人葛某、肇事车辆所有人制衣公司及车辆投保的保险公司告上法庭,索赔残疾赔偿金、被抚养人生活费、误工费、护理费等共计90余万元。

鉴定为4级伤残,引发巨大争议

庭审中,引发原被告争议的焦点问题是公安机关委托司法鉴定机构作出的《司法鉴定意见书》是否有效?

在受害人杨某玲治疗结束后的2013年3月,由大连市交警队委托法医鉴定机构对杨某玲是否构成伤残及后续治疗等情形进行了司法鉴定。2013年4月7日,大连科华司法鉴定中心出具《司法鉴定意见书》,认定:杨某玲因本次车祸,现遗留有双下肢瘫,肌力3级,已构成4级伤残;住院期间需2人24小时轮流陪护,出院后至终生需1/4人陪护;住院期间需加强营养;合理休息时间为受伤之日起至终生，合理治疗时间为受伤之日起至本鉴定日止；不考虑后续治疗；按病志医嘱记载，针对本次损伤医疗费用属合理。

就是这样一份《司法鉴定意见书》，在本案的原被告间引起了巨大的争议。

法庭上，被告葛某和保险公司均对鉴定结论提出异议，认为这份鉴定属于原告单方委托鉴定，三被告均不知情，因此该鉴定程序违法；此外，原告在本次车祸发生前就是脊柱侧弯的残疾人，大连市残联颁发的《残疾人证》记载，原告在2009年就已经被评定为肢体4级伤残，且伤残等级与本次鉴定结论一致。三被告怀疑原告在鉴定时未提供其在事故前已有伤残的相关情况，因此提出重新鉴定。

对此，我提出如下代理意见。

1. 本次鉴定不属于原告单方自行委托鉴定，而是由公安机关即大连市交警队委托法医司法鉴定机构进行的。而且，公安机关具有委托鉴定的权力，否则，法医鉴定机构也不会接受委托。另外，法医司法鉴定机构对交通事故受害人的鉴定，不同于亲子鉴定等其他司法鉴定，其不接受自然人的委托。故被告的说法毫无事实根据。

2. 关于原告本次车祸前有无残疾的问题。原告自出生时起就患有先天性脊柱侧弯，早在1998年就在残联办理了残疾证。虽有先天性疾病，但并不影响原告工作，其在车祸前一直在轴承公司上班并按月领取工资。到本次交通事故发生时，原告领取残疾证已达15年。特别值得一提的是，原告先天性残疾的部位与本次车祸致伤部位非同一部位。而且本次车祸中原告受伤的部位主要在胸椎、双下肢和脊髓，与先天脊柱侧弯无任何关联性。

3. 被告要求重新鉴定没有法律上的依据。本次鉴定程序合法，鉴定人均具有相应的"国家司法鉴定人"资质。被告如果对鉴定意见有异议，可以依法通过"申请鉴定人出庭接受质询"或"申请专家辅助人出庭质证"的方式解决。但被告当庭明确表示不申请，却极力要求重新鉴定，不过是拖延对受害人的赔偿时间而已。

庭审中，双方还对杨某玲的索赔项目如住院期间护理费和终生护理费标准、误工费金额、医疗费合理性、非医保用药等诸多问题进行了质证和辩论。

最终，法庭采纳了我的辩论意见。

2013年9月17日，甘井子区人民法院对本案作出一审判决，判令被告保险公司和制衣公司赔偿原告各类款项合计79.29万元。

二被告均上诉，大连中院发回重审

制衣公司的上诉请求是撤销原判决，查清事实后改判或发回重审，上诉理由如下。

第一，一审中，三被告因原告提交的《司法鉴定意见书》评定依据不足、结论有误，均申请重新鉴定，而一审法院称鉴定机构具有合法资质而径行认定无须重新鉴定，造成判决事实不清、适用法律不当，应根据相关法律规定，重新鉴定以查清事实。

第二，一审未依据上诉人的申请调阅原告在大连市残疾人协会办理残疾证的相关档案，未查清原告现有伤残与本次事故的因果关系，导致一审判决事实不清，证据不足。一审法院对上诉人这一申请既未进行调查取证，也未说明任何理由，造成一审判决认定事故与伤残结果之间的因果关系缺乏证据，事实不清。

第三，一审判令上诉人制衣公司而非第一被告葛某承担赔偿责任，违反相关法律规定。

保险公司也提起上诉，认为：本案一审过程中，上诉人及原审被告均对鉴定结论有异议，并且上诉人在开庭前已向原审法院提交鉴定异议书，但原审法院未予采信，剥夺了上诉人的合法权利。第一，此份《司法鉴定意见书》是被上诉人杨某玲方委托鉴定的，原审各被告均不知情，因此本次鉴定程序违法，原审法院不应采信。第二，在保险公司的系统报案查勘记录中记载，被上诉人杨某玲有残疾，并且在原审过程中，杨某玲代理人已向法院提供了残联出具的残疾人证，证明杨某玲本身具有残疾。由于残联不向个人、单位以及律师提供相应的证明，原审被告向法院申请向残联调取评残的相应材料，但原审法院未予理睬。第三，被上诉人有残疾，但是鉴定意见中只字未提，不知是被上诉人杨某玲在鉴定过程中故意隐瞒还是其他什么原因，因此此份《司法鉴定意见书》存在严重错误，原审法院不应采信此鉴定意见。第四，鉴定意见中以双下肢肌力分级评定为4级伤残，这与被上诉人提供的残疾证中记载的4级残疾相吻合，再次证明了《司法鉴定意见书》存在严重错误。

二审法院经过开庭审理，2013年12月18日，大连市中级人民法院将此案发回重审：

本院认为，2009年大连市残疾人联合会给被上诉人杨某玲下发残疾证，残疾等级为肆级，残疾类别为肢体残疾。本案被上诉人葛某驾驶车辆倒车时将杨某玲撞伤，对该事实各方当事人均无异议，据被上诉人杨某玲庭审中陈述其伤后做CT、核磁共振检查4次，但大连科华司法鉴定中心出具的鉴定意见书中只有2次检查的记载，对杨某玲原肢体肆级伤残未作任何表述，二上诉人对该鉴定意见提出异议并要求重新鉴定。原审法院既未组织进行重新鉴定，也未通过补充鉴定或由鉴定人员出庭接受当事人质询的情况下依据该鉴定意见书作为证据使用显系不妥，二上诉人请求重新鉴定符合法律的相关规定。综上，依照《中华人民共和国民事诉讼法》第170条第1款第2项、第4项之规定，裁定如下：

撤销原判，发回重审。

法医出庭接受质询，并鉴定旧疾参与度

2014年5月本案重新审理过程中，为使法庭进一步查明案件真相，在三被告拒不申请法医到庭接受质询的情况下，我代理原告主动向法庭申请给受害人杨某玲作鉴定的2名法医到庭接受质询，并预交了出庭费。法医到庭对鉴定的全部过程及被告方提出的诸多问题作了详细的说明。

同时，我再次向法庭提交申请书，请求法院委托鉴定机构对原告"旧疾（先天性脊柱侧弯）与本次鉴定的 4 级伤残等级是否有关联性以及如果有关联性，旧疾的参与度是多少"进行鉴定。

2014 年 11 月 14 日，大连科华司法鉴定中心出具（2014）大科司临鉴字第 916 号《司法鉴定意见书》：

被鉴定人杨某玲，女，44 岁。先天性脊柱侧弯畸形，下胸段脊髓损伤，双下肢截瘫，多处软组织挫伤等诊断明确，属于易损体质，其旧疾（先天性脊柱侧弯）与本次鉴定的伤残等级有一定的关联性，其旧疾（先天性脊柱侧弯）在其伤残中起次要作用。

我查阅了司法部司法鉴定管理局组织编写的、在法医鉴定界通用的权威书籍《法医临床司法鉴定实务》。该书"损伤与疾病因果关系分析"一节指出，"按照《国际功能与疾病分类》，'次要作用'是指外界致伤因素与损害后果之间存在间接因果关系（辅因形式），参与度拟为 16%—44%，参考均值为 25%"。如果按照这一参考值，原告杨某玲的主要赔偿额度将减少 1/4。对此，原告方的情绪一时间极为低落。

再次开庭时，关于计算原告杨某玲赔偿数额时，是否需要考虑损伤参与度问题，双方再度展开了激辩。我指出，根据《侵权责任法》（2010 年）[①] 第 26 条"被侵权人对损害的发生也有过错的，可以减轻侵权人的责任"的规定，本案中，《道路交通事故认定书》显示原告杨某玲无责任，故依法不应减轻侵权人（肇事方）的赔偿责任。同时，我进一步强调，被告方主张的"按照损伤参与度减轻侵权人赔偿责任"的说法，是对《侵权责任法》中"过错责任原则"的一种误读。为了佐证自己的观点，我出示了最高人民法院 2014 年 1 月 26 日发布的第 24 号指导案例"荣宝英诉王阳、永诚财产保险股份有限公

---

① 编者注：《侵权责任法》现已失效。

司江阴支公司机动车交通事故责任纠纷案",这份案例旨在明确即使交通事故受害人体质状况对损害后果的发生即使存在一定程度的影响,也不属于可以减轻侵权人责任的法定情形。受害人没有过错的,侵权人应当承担全部损害赔偿责任。

对这一指导案例,被告方当庭表示,我国不是判例法国家,最高人民法院的案例仅属于个案,只能参考,不能援引和适用。

再次判决:被告赔偿近80万元

法庭再次采纳了我的全部辩论意见,在判决书中详述了认定的理由:

本院认为,本案的争议焦点有以下几点:1.原告合理损失的数额;2.原告损失的承担主体;3.原告旧疾(先天性脊柱侧弯)是否影响损害赔偿责任的承担。

首先,原告合理损失的计算应根据有合法证明力的司法鉴定意见书计算。(2013)大科司临鉴字第257号《司法鉴定意见书》的鉴定意见由有资质的鉴定机构作出,虽然三被告均对该鉴定意见提出异议,但均未提出相应证据证明该鉴定的程序及依据违反法律规定。故对三被告主张重新鉴定的申请不支持,对该份鉴定意见予以采纳。

其次,关于原告损失的承担主体问题。第一,由被告保险公司承担122000元交强险赔偿责任及300000元商业险赔偿责任,因本案肇事车辆已在被告保险公司处投保了机动车第三者责任强制保险122000元,故被告保险公司应在该限额内承担交强险赔偿责任。此外,肇事车辆亦在被告保险公司处投保了机动车第三者责任商业保险300000元,该保险合同合法有效,各方当事人对此均予认可,且案涉事故亦不存在合同中约定的可以免责的情形,故被告保险公司应在300000元限额内承担对原告的商业险赔偿责任。第二,被告保险公司赔偿后的不足部分,由被告制衣公司承担赔偿责任。尽管被告葛某及制衣公司均认可在事故发生前制衣公司已将肇事车辆转让给了葛某,然而该车辆并没有办理过户手续，二被告亦无法提供书面的购车合同或其他购车凭证，其主张无证据支持，故对其辩称不予采信。且根据保险公司的保险单显示，该车辆的投保人亦为制衣公司，故认定该车辆为被告制衣公司所有。此外，被告葛某曾为被告制衣公司员工这一事实在庭审中已得到双方认可，可予以确认。尽管其二者表示事故发生前葛某已离开制衣公司，然而其二者均不能提供离职证明、解约书等相关证据予以证明，故对其该主张不予采信，认定被告葛某于事故发生时系被告制衣公司员工。鉴于此，应认定被告葛某驾驶被告制衣公司车辆撞倒原告的行为系职务行为，根据《侵权责任法》第34条的相关规定，用人单位的工作人员因执行工作任务造成他人损害的，由用人单位承担侵权责任。因此，被告保险公司赔偿后的不足部分，应由被告制衣公司承担赔偿责任。第三，原告杨某玲在此次事故中不承担责任。被告葛某称原告在此次事故中负有过错，应承担一定的责任。然而责任的认定应以《道路交通事故认定书》为依据。被告葛某既未在法定期限内对交通事故认定书申请复议，也未提供相应证据推翻该《道路交通事故认定书》的认定，故对其该项辩称本院不予采信。

最后，关于原告旧疾（先天性脊柱侧弯）是否影响损害赔偿责任承担的问题。虽然根据大连科华司法鉴定中心出具的（2014）大科司临鉴字第916号《司法鉴定意见书》，原告杨某玲的旧疾与本次鉴定的伤残等级有一定的关联性，然而，本院认为原告不应因个人体质状况对交通事故导致的伤残存在一定影响而自负相应责任。从交通事故受害人发生损伤及造成损害后果的因果关系看，本起交通事故的引发系被告葛某违规倒车所致；本起交通事故造成的损害后果系原告杨某玲被机动车碰撞、跌倒所致，事故责任认定原告对本起事故不负责任，原告对事故的发生及损害后果的造成均无过错。因此，原告对于损害的发生或者扩大没有过错，不存在减轻或者免除加害人赔偿责任的法定情形。三被告认为应考虑原告自身残疾而减少损害赔偿的数额，无事实及法律依据，本院不予支持。

2015年3月9日，甘井子区人民法院再次作出判决，判令被告保险公司在交强险限额内赔偿原告 12 万元、在第三者责任商业险限额内赔偿原告 30 万元，被告制衣公司赔偿原告 37.29 万元，共计 79.29 万元。

制衣公司再次提起上诉和再审申请

重审一审判决作出后，被告制衣公司再次上诉，请求撤销（2014）甘审民初字第 27 号民事判决第一项至第三项，判决驳回被上诉人杨某玲的原审诉讼请求。但是在开庭后不久制衣公司又主动撤回上诉。

但不久，制衣公司又申请了再审，申请再审的理由跟上诉理由基本一致。2016 年 4 月 25 日，大连市中级人民法院作出（2016）辽 02 民申 173 号民事裁定书，内容如下：

制衣公司申请再审称：1. 一审判决认定事实不清，杨某玲并未因交通事故造成骨折，其住院病案存在重大违法情形，住院病案与医学检查报告内容前后矛盾；2. 本案曾进行的两次鉴定均违法，一审法院采信鉴定结论系适用法律错误，杨某玲伤情存疑，必须重新委托司法鉴定，而不能通过补充鉴定解决；3. 一审诉讼程序违法，制衣公司在一审期间坚决要求重新鉴定，申请科华所回避，申请法院调取证据，但法院置之不理；4. 一审法院判决的赔偿数额计算错误。故制衣公司以《中华人民共和国民事诉讼法》第 200 条第 2 项、第 5 项和第 6 项为由申请再审。

本院认为，当事人对自己提出的诉讼请求所依据的事实或者反驳对方诉讼请求所依据的事实，应当提供证据加以证明，但法律另有规定的除外。在作出判决前，当事人未能提供证据或者证据不足以证明其事实主张的，由负有举证证明责任的当事人承担不利的后果。本案中，杨某玲因案涉交通事故受伤，其伤残情况有具有资质的专业鉴定机构作出鉴定结论证明，制衣公司主张杨某玲并未因交通事故造成骨折，但并未提供充分的证据推翻鉴定结论等证据，其该项主张依据不足，本院不予支持。关于制衣公司申请重新鉴定而一审法院未予准许一节，制衣公司未提供充分的证据证明案涉鉴定程序、鉴定依据违法且符合重新鉴定的条件，故一审法院未准许其要求重新鉴定的申请并无不妥。一审法院根据《司法鉴定意见书》计算杨某玲的合理损失，依据充分。据此，制衣公司的上述再审理由缺乏充分的事实和法律依据，本院不予支持。

综上，制衣公司的再审申请不符合《中华人民共和国民事诉讼法》第200条第2项、第5项和第6项规定的情形。依照《中华人民共和国民事诉讼法》第204条第1款之规定，裁定如下：

驳回制衣公司的再审申请。

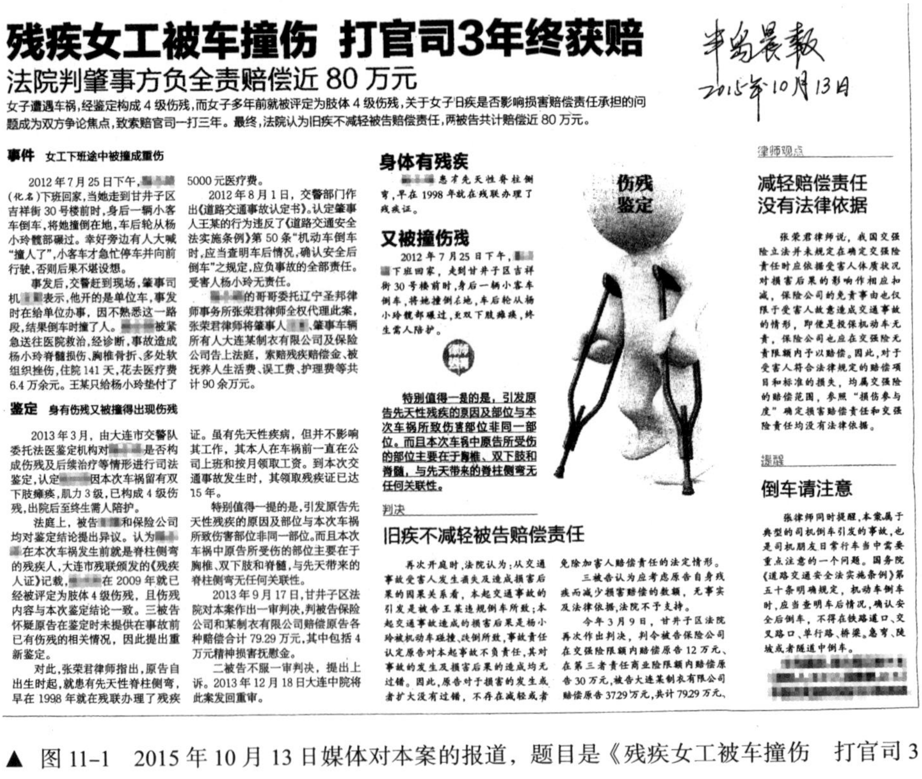

▲ 图11-1　2015年10月13日媒体对本案的报道，题目是《残疾女工被车撞伤　打官司3年终获赔》

至此，这场长达3年的官司，终于落下帷幕。

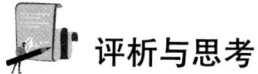 **评析与思考**

需澄清此类案件中对"损伤参与度"的错误认识

根据我国《道路交通安全法》的相关规定，机动车发生交通事故造成人身伤亡、财产损失的，由保险公司在机动车第三者责任强制保险责任限额范围内予以赔偿。而我国交强险立法并未规定在确定交强险责任时应依据受害人体质状况对损害后果的影响作相应扣减，保险公司的免责事由也仅限于受害人故意造成交通事故的情形，即便是投保机动车无责，保险公司也应在交强险无责限额内予以赔偿。因此，对于受害人符合法律规定的赔偿项目和标准的损失，均属交强险的赔偿范围，参照"损伤参与度"确定损害赔偿责任和交强险责任均没有法律依据。

在法医学上，法医临床鉴定中习惯将外界致伤因素在损害后果中的原因力大小分为没有作用、轻微作用、次要作用、同等作用、主要作用和完全作用6种情况，并以参与度加以量化。具体到本案，考察上述法医学中的6种情形，已无实际意义。因为本案中系肇事人一方负交通事故的全部责任，参照最高人民法院发布的第24号指导案例，不应考虑受害人自身疾病的参与度，肇事人仍应承担全部赔偿责任。

另外，本案属于典型的司机倒车事故，也是司机朋友日常行车当中需要重点注意的一个问题。《道路交通安全法实施条例》第50条明确规定，机动车倒车时，应当察明车后情况，确认安全后倒车。不得在铁路道口、交叉路口、单行路、桥梁、急弯、陡坡或者隧道中倒车。

如何对保险公司核定的非医保用药数额进行质证？

本案中还涉及非医保用药的认定问题。

非医保用药是指《基本医疗保险药品目录》范围外的药物。保险合同条款中一般约定了"保险人按照国家基本医疗保险的标准核定医疗费用赔偿金额"等类似条款，保险公司会以此为依据，要求扣除非医保用药费用。

司法实践中，如果此部分费用保险公司不赔偿的话，根据保险合同的约定，一般都要由肇事人来承担。但是一旦发生诉讼，有很多肇事人并未委托专业律师，自己又无能力分辨哪些是医保用药，哪些是非医保用药，很多时候只能对保险公司核定的非医保用药数额"一认了之"。肇事人的这种做法，实质上是对自己权利的一种漠视。如果保险公司在非医保用药数额核定上有错误的话，肇事人岂不是充当了"冤大头"？因此，绝不能听任保险公司单方核定的非医保用药数额。

那么，对此部分费用又该如何质证和抗辩呢？一般情况下，对于保险公司经常提出的，根据《保险法》等相关法律法规和司法解释规定，"非医保用药不赔偿"属于免责条款的问题，保险公司需在投保时，向投保人履行提示和说明义务。司法实践中，保险公司确定了非医保用药数额后，还需举证证明其已向投保人履行提示和免责说明义务。如果能够认定保险公司履行了上述义务，非医保用药数额应由肇事人承担；如果不能认定保险公司履行了免责说明义务，则保险公司不能主张免赔。必要情况下，对于大额的非医保用药，肇事人可以请求法院委托司法鉴定机构进行鉴定，来确定非医保用药数额的准确性。

手记 12

花季女孩的悲剧

——10 岁女孩横过马路受伤案件代理纪实

 **案情再现**

10 岁女孩横过马路受伤

2016 年 4 月 3 日下午 2 时许，梁某驾驶一辆小客车，沿庄河市福明线路段由北向南行驶至 21KM+900M 处时，与前方由西向东横过道路的 10 岁女孩丽丽相撞。丽丽受伤比较严重，被先后送到大连市儿童医院、大连港医院紧急救治，被诊断为脑挫伤伴蛛网膜下腔出血、脾挫伤、肺挫伤、左锁骨骨折、右眼外伤等，当时其意识和四肢活动均出现一定的障碍，共计住院 296 天，花去医疗费 33 万余元。

经庄河市交警大队认定，双方负事故的同等责任。经调查，肇事车辆在某保险公司投保了交强险和第三者商业责任险 50 万元。

 **代理过程**

强烈质疑司法鉴定

2017 年 7 月，丽丽的父亲经人介绍，找到辽宁圣邦律师事务所，委托我全权代理此案。2018 年 3 月 20 日，我代理丽丽向庄河市人民法院提起诉讼。法院受理后，委托大连科华司法鉴定中心对原告的伤残等级、护理期限等进行司法鉴定。2018 年 5 月 18 日，该中心作出《司法鉴定意见书》：丽丽构成 4 级伤残和 10 级伤残各一处，合理休治时间为自受伤之日起至本鉴定前一日止，护理期限为自受伤之日起至本鉴定前一日止，需 1 人陪护等。

针对该鉴定意见，我提出强烈质疑：本次车祸致丽丽休克，呼吸衰竭，脑疝，弥漫性轴索损伤等 18 处原发性损伤，且丽丽正处于成长发育期，司法鉴定机构仅认定其从受伤日起至鉴定前一日 300 多天的护理期限，是远远不够的。

在 2018 年 6 月法院第二次开庭审理过程中，我提交了《重新鉴定申请书》，并指出，根据（GA/T 1193-2014）《人身损害误工期、护理期、营养期评定规范》标准第 3.2 条规定：人身损害误工期、护理期和营养期的确定应以原发性损伤及后果为依据，包括损伤当时的伤情、损伤后的并发症和后遗症等，并结合治疗方法及效果，全面分析个体的年龄、体质等因素，进行综合评定……据此，鉴定机构关于护理期限一项的鉴定意见，明显不当。为了保障丽丽的合法权益，根据最高人民法院关于民事诉讼证据规则的有关规定，原告方请求重新鉴定。

法庭经过合议，准许了我提出的重新鉴定的申请，法院随后委托北京的法大法庭科学技术鉴定研究所进行第二次鉴定。该鉴定机构对此案高度重视，为了减少受害人前往北京鉴定的舟车劳顿之苦，2018 年 9 月 10 日 3 名法医专程从北京来到庄河市人民法院，在主审法官在场的情形下，对丽丽进行了重新鉴定。在鉴定过程中，鉴定人分别对丽丽进行了智力检查以及肢体检查，并出具了《精神状态及智能检查报告》，内容如下：

精神状态及智能检查报告

〔2018〕精临检字第 190 号

姓　　名：丽丽

身份证号：略

检查日期：2018 年 9 月 10 日

一、调查材料摘要

据被鉴定人丽丽母亲反映情况：她于 2017 年 4 月 3 日发生交通事故受伤，伤后昏迷 3 个月，住院 10 个月余。目前她情绪差，不愿见人，脾气暴躁，睡眠差。

二、精神状态检查

神清，定向力稍差，知道自己名字，称 11 岁，属鼠，认识同来的家人，称此地是医院，知道自己学校名字，说错自己家地址。接触差，言语欠清，欠流利。问及伤后情况，称和从前一样。对一般常识了解较差：知道 6 月 1 日是儿童节，不知国庆节是哪天，知道一年有 12 个月，不知有多少天，不知一年有几个季节，不知大连市属于哪个省。可说出三种蔬菜名称：白菜，胡萝卜，茄子。对成语"坐井观天"解释稍差。简单计算尚可：100-7=93，10-7=3，4×5=20。表情少变化。

三、智能检查

应用《婴儿~初中学生社会生活能力量表》对丽丽进行检查，得分 7 分，考虑为中度智力缺损。

四、初步诊断

目前丽丽为中度智力缺损。

随后丽丽的父亲向我们反映了一个问题，在查体的过程中鉴定人称丽丽的左眼没有瞳孔，右眼斜视，且儿童医院的病志中对此种情况没有记载，此次无法进行鉴定。

2018年9月20日，我们联系了承办法官。法官称本次鉴定是智力和肢体伤残等级鉴定，是否包含眼睛的相关鉴定不清楚，并称眼部检查的仪器无法带到大连，如果想做此项鉴定只能去北京，产生的费用需要自行承担。另外，法官还称，之所以此前未做眼睛的鉴定，是因为丽丽的病志中没有此方面的记载。如果有记载的话，鉴定人员会主动与当事人沟通眼睛鉴定的问题。

对此，我们又与北京的法医进行了几次电话沟通。2018年12月17日，丽丽辗转去了北京，接受了法医对眼睛的检查。

2019年1月8日，法大法庭科学技术鉴定研究所作出《司法鉴定意见书》，结论为：1.被鉴定人丽丽颅脑损伤致中度智力缺损的伤残等级为5级；非肢体瘫运动障碍的致残等级均为5级；其右眼斜视的致残等级为10级。2.被鉴定人丽丽伤后营养期考虑30日至60日，护理期考虑长期护理，具体请结合本案实际发生期限使用。

看到这份鉴定结论，特别是"护理期考虑长期护理"几个字时，已经花光了全部积蓄、负债为女儿治病的丽丽父母，感到了一丝欣慰。

法庭交锋

我根据两次鉴定的结论，对丽丽的诉讼请求进行了变更，要求保险公司在交强险限额内赔偿120000元，不足部分由保险公司在第三者商业责任险限额内按60%承担赔偿责任，仍不足部分由被告梁某按60%承担赔偿责任，共提出了100余万元的请求数额。

法庭上，被告保险公司提出，因本次交通事故存在两份鉴定意见，不能仅依据对原告有利的部分进行赔偿。对此，我指出，凡是第二次鉴定修改了第一次鉴定内容的部分，都应予以采信。理由为，正是因为第一次鉴定存在缺陷和不足，才引发了第二次鉴定。且第二次鉴定的启动和鉴定过程，既符合最高人民法院司法解释的规定，同时也是在法庭的监督下进行的，未违反法律规定，应予采纳。

保险公司又称，其垫付的142000元款项中，有1万元为交强险中的医疗费，余下132000元系保险公司从商业险理赔款中预先垫付，且原告医疗费中的非医保用药部分，应当由肇事人梁某承担，保险公司不予承担。

被告梁某辩称，其有驾驶资质，且在被告保险公司投保了交强险和第三者商业责任险，事故发生在保险期间内，原告的合理损失应由保险公司赔偿，其不承担赔偿责任。梁某提出，应扣除原告在重症监护室期间的护理费用，且护理标准及期限过长；只承担一次鉴定费用；原告主张的残疾赔偿金数额过高，应以官方公布的数据为准；原告主张的精神抚慰金90000元过高，应以20000元为合理标准。

同时，被告梁某的代理人还向法庭提交了一份《民事反诉状》，称，年仅10岁的丽丽之所以孤身一人横过马路，是在其父亲的指令下过马路取东西造成的。原告丽丽的父亲存在严重过错，应承担相应责任，进而应减轻肇事人梁某的赔偿责任。

对此，我认为，本案属于机动车交通事故损害赔偿纠纷，肇事人梁某一方提出的，让原告父亲承担责任的反诉请求，既不具备法律规定的反诉要件，也不具有事实依据，法院不应受理，更不应合并审理。

案件结果：一审判赔80余万元

法庭采纳了我的大部分辩论意见，2019年3月4日，法院作出一审判决：

本院认为，自然人的生命健康权依法受法律保护。机动车发生交通事故造成人身伤亡、财产损失的，由保险公司在机动车第三者责任强制保险责任限额范围内予以赔偿；不足的部分，机动车与非机动车驾驶人、行人之间发生交通事故，非机动车驾驶人、行人没有过错的，由机动车一方承担赔偿责任；有证据证明非机动车驾驶人、行人有过错的，根据过错程度适当减轻机动车一方的赔偿责任。本案事故发生在机动车和行人之间，原告作为行人对本案事故的发生存在过错，参照庄河市公安局交通管理大队交通事故认定，原告请求被告梁某对因本次事故给原告造成的合理损失承担60%的赔偿责任，并无不当，本院予以支持。因案涉肇事车辆在被告保险公司投保了交强险和第三者商业责任险，依据《中华人民共和国道路交通安全法》第76条和《最高人民法院关于审理道路交通事故损害赔偿案件适用法律若干问题的解释》第16条之规定，被告保险公司应首先在交强险赔偿限额内对原告的合理损失予以赔偿，不足部分由被告保险公司在第三者商业责任险保险金额内按60%的比例予以赔偿，仍有不足部分由被告梁某按60%的比例赔偿。事故发生前，原告及护理人员均在大连花园口经济区居住，根据大连市人民政府大政发〔2008〕51号文件，该地区已划归大连花园口经济区管委会管理，故应按城镇标准计算相关损失。本次事故根据原告的申请，本院先后委托大连科华司法鉴定中心、法大法庭科学技术鉴定研究所对原告申请事项进行鉴定，因大连科华司法鉴定中心作出的（2018）大科司临鉴第285号司法鉴定意见书不包括精神鉴定，故关于伤残等级及护理期、营养期应采纳法大法庭科学技术鉴定研究所法大（2018）医鉴字第2238号司法鉴定意见，其余事项应采纳大连科华司法鉴定中心（2018）大科司临鉴第285号司法鉴定意见。

根据法大法庭科学技术鉴定研究所司法鉴定意见：护理期考虑长期护理，具体请结合本案实际发生期限使用。原告现年仅10周岁，根据司法审判实践，本院酌定护理期限先行给付5年，如后续继续产生，可另行主张。

原告因此次事故构成伤残，给其精神上造成损害，故请求被告梁某给付精神损害抚慰金，符合法律规定。结合原告的伤残程度及本案实际情况，本院确定给付50000元为宜。

诉讼费、鉴定费不属于保险公司赔偿范围，应由原告及被告梁某分担。被告保险公司无证据证明原告医疗费中有超过国家基本医疗保险的费用，故对被告保险公司关于不承担超过国家基本医疗保险的费用的辩解意见，本院不予采纳。

法院的判决结果为，保险公司赔偿受害人620000元，肇事人梁某赔偿受害人 186821.82 元，共计 806821.82 元。一审判决后，双方均未提出上诉，判决生效。

截至 2019 年 3 月末，在我的沟通和协调下，保险公司及肇事人都顺利履行了该判决。至此，一场长达 2 年之久的交通事故损害赔偿案件落下帷幕。

 **评析与思考**

交通事故中的"优者危险负担"原则

本案审理中，法院适用了"优者危险负担"原则，在双方负同等事故责任的情形下，判决保险合同和肇事人在 60% 比例内向原告丽丽支付赔偿金。所谓优者危险负担原则，是指在受害人具有过失的情况下，考虑到双方对道路交通法规注意义务的轻重，按机动车辆危险性的大小以及危险回避能力的优劣，分配交通事故的损害后果。法院在审理交通事故案件中，实行优者危险负担原则，是为了贯彻公平责任原则，合理分配责任负担，调整受害人和加害人之间的关系，体现了现代法治"抑强扶弱"的基本精神。

从法律规定上来看，优者危险负担原则主要体现在我国《道路交通安全法》（2011 年）第 76 条第 1 款第 2 项"机动车与非机动车驾驶人、行人之间发生交通事故，非机动车驾驶人、行人没有过错的，由机动车一方承担赔偿责任；有证据证明非机动车驾驶人、行人有过错的，根据过错程度适当减轻机动车一方的赔偿责任；机动车一方没有过错的，承担不超过百分之十的赔偿责任"。本案中，由于肇事方属于机动车辆，实际上是处于"强者"地位的，相对而言，其应当履行的注意义务也就重一些。另外，在民事诉讼中，事故责任与赔偿责任是两个不同的概念，结合归责原则和案件事实，法院通过确定肇事车辆的"优者"地位，使其对原告的赔偿承担了相对更大的责任，有一定的科学性和合理性。

从代理人角度做好《司法鉴定意见书》的质证工作

在本书手记"三次'退鉴'引发诉讼大战"一文中,我专门谈到了应当充分发挥专家辅助人作用,对专业性很强的司法鉴定意见进行反驳和质证。但从实践中看,专家辅助人制度在司法运行中还存在很多障碍,因此还需要代理人在法庭上据理力争。

从律师角度来讲,认真做好每一个案件的司法鉴定分析和质证工作,是非常重要的事情。司法鉴定意见往往对案件事实起着关键性的作用,其本身是否科学、可靠,普通人通过阅读鉴定文书一般难以判断。同时,由于鉴定意见涉及专门性问题,就更增加了当事人申辩和反驳的难度。因此,作为代理律师,就要掌握司法鉴定方面的理论知识和实务操作知识。我的经验是,对司法鉴定意见书的质证,至少要做到"三看一请教":要看受害人伤情的严重程度;要看法医学类专业书籍;尤其要认真查看司法鉴定意见书中所依据的鉴定标准;另外还要向专业的、有经验的法医虚心请教。

我曾在2011年办理过一起女工在建筑工地施工时跌落预留洞中摔成脾破裂的案件,经法院委托鉴定后,我方拿到了《司法鉴定意见书》。其中第3页第1行赫然写着:受害人因"脾破裂行切除术",依据《劳动能力鉴定职工工伤与职业病致残等级》(GB/T 16180-2006)B.1g)七级第53项之规定,构成7级伤残。我明显感觉到这是一个错误的鉴定,遂马上查找了该鉴定所依据的GB/T 16180-2006这一鉴定标准,并与鉴定机构的人员进行了电话沟通。我指出:(1)鉴定机构依据的《劳动能力鉴定职工工伤与职业病致残等级》(GB/T 16180-2006)B.1g)七级第53项构成7级伤残,是"成人脾切除"的规定。而本案中的被鉴定人出生于1982年11月8日,至其2011年11月28日作鉴定时刚满29周岁,鉴定机构应按照该标准的六级第53项"青年脾切除"的规定作出其构成6级伤残的结论,而不应按照七级第53项"成人脾切除"的规定确定伤残等级。(2)在该标准的附录A"判定基准的补充"第A11条

"脾切除年龄界定"中明确规定:"脾外伤全切除术评残时,青年指年龄在35岁以下者,成人指年龄在35岁以上者。"鉴定机构听完我的陈述后,最终又作出一份《更正函》,将受害人的伤残等级由7级更正为6级。由7变6,不仅是受害人在赔偿款上能获赔更多钱,更体现出法律的公正性。

就本案而言,受害人的父母也感觉第一次鉴定的护理期限太短,不能维护10岁女孩的合法权益,但是他们又不知该如何向法庭陈述。在通常情况下,当事人或者代理人若找不到鉴定中存在的"硬伤",法庭是不会重新鉴定的。本案经过我的艰苦努力,终于启动了重新鉴定程序,得出"护理期考虑长期护理"的结论,这意味着受害人的护理期至少要20年,推翻了第一次鉴定中的"护理期限为自受伤之日起至本鉴定前一日止"、只有1年零15天(2017年4月3日至2018年5月18日)的结论。两者从期限到赔偿款项相差近19倍之多,可谓天壤之别。

关于精神损害抚慰金赔偿次序的选择

《最高人民法院关于交强险中精神损害抚慰金赔偿问题的复函》(〔2008〕民一他字第25号)中指出,《机动车交通事故责任强制保险条例》第3条中规定的"人身伤亡"所造成的损害包括财产损害和精神损害。精神损害赔偿与物质损害赔偿在强制责任保险限额中的赔偿次序,请求权人有权进行选择。请求权人选择优先赔偿精神损害,对物质损害赔偿不足的部分则应由商业第三者责任险赔偿。根据该规定,权利人对精神损害抚慰金赔偿出处选择的不同,会影响其获得的具体赔偿数额。

本案中,赔偿权利人丽丽选择由赔偿义务人梁某承担精神损害抚慰金。这时赔偿权利人得到的赔偿是:除50000元之外的物质损失部分1181369.7元,由保险公司在交强险限额内赔偿120000元,超出交强险限额的1061369.7元由被告梁某赔偿60%,计636821.82元。被告梁某赔偿原告精神损害抚慰金50000元,则原告总计得到的赔偿额是:120000元+636821.82元+50000元

=806821.82元（本案一审法院也是这么判的）。

但如果赔偿权利人选择由交强险优先赔偿精神损害抚慰金，这时赔偿权利人得到的赔偿是：由保险公司在交强险限额内赔偿120000元，则在交强险赔偿范围之外的物质损失为1111369.7元。按照赔偿责任比例的划分，被告梁某承担其中的60%计666821.82元，则原告总计得到的赔偿额是：120000元+666821.82元=786821.82元。

可见，两种选择对比的结果是：选择交强险优先赔偿精神损害比选择交强险优先赔偿人身损害的物质损害，权利人少得了20000元。

我们还可以采用一种最简单的计算方法，即如果选择由交强险赔偿50000元精神损害抚慰金，则从交强险中被挤出的50000元残疾赔偿金，只能得到30000元（50000元×60%）。而选择由肇事人承担50000元精神损害抚慰金，则赔偿权利人可以多得到20000元。对于一个有4级伤残受害人的农村家庭来说，这20000元也不是一个小数目。

手记 13

一起特殊的交通事故索赔案始末

——王老太遭遇交通事故 7 个月后死亡案代理纪实

 **案情再现**

七旬老太被车撞伤

2014 年 2 月 26 日中午 12 时 40 分，75 岁的王老太（1939 年生人）正在自家附近正常走路时，突然被张某驾驶的轿车倒车时撞倒，致使王老太受伤严重，后被送往大连辽渔医院救治。经诊断王老太为急性中型闭合性颅脑损伤、蛛网膜下腔出血、前额部及颜面部软组织挫伤、颈部软组织挫伤、2 型糖尿病、高血压病Ⅱ级高危、多发腔隙性脑梗塞、骨髓挫伤、泌尿性感染，住院 118 天。交警认定肇事人张某负本次事故的全部责任，王老太无责。另查明，涉案车辆系肇事人张某妻子所有，且投保了交强险和 30 万元的第三者商业责任险。

2014 年 6 月 24 日王老太出院，《出院记录》显示，患者双下肢无力，排便排尿失禁。院方医嘱为：需前往上级医院骨外科及神经外科完善 MRI 及相关检查，行进一步治疗。

医治数月后不幸死亡

但是，到了 2014 年 10 月 16 日，王老太因医治无效突然死亡，使这起普通的交通事故一下子变得复杂起来。

对于王老太的死因，公安机关委托相关机构进行了司法鉴定。2014 年 12 月 11 日，辽宁省临床病理中心法医司法鉴定所出具《司法鉴定意见书》。该意见书认定王老太系在患高血压病Ⅱ级、多发腔隙性脑梗塞的基础上，因交通肇事致急性中型闭合性颅脑损伤、蛛网膜下腔出血等，其后并发多脊髓节段完全软化、坏死，双肾感染，慢性大肠炎等，致其截瘫、长期卧床、慢性消耗，终致恶病质状态，脊髓、肾脏等多脏器功能衰竭死亡。

 代理过程

接下来，王老太的两个儿子全权委托我，将肇事人张某及其妻子（车辆所有人）以及投保交强险和第三者商业责任险的保险公司一起告上法庭。由于王老太已年过七旬，按照相关规定，我提出了 39 余万元的索赔数额，其中包括精神损害抚慰金 10 万元。

伤病因果关系之辩

2015 年 1 月 8 日，这起案件进行了公开审理。庭审中，双方辩论异常激烈。

肇事人张某及其妻子认为：王老太的死亡与交通事故没有直接的因果关系，而是综合性因素。王老太自身患有高血压Ⅱ级以及多发腔隙性脑梗塞，住院治疗 118 天后出院，出院后发生的死亡，没有证据证明与交通事故有直接因果关系，也没有抢救的记录。

肇事人投保的保险公司认为：由于王老太住院期间发生的医疗费用包含治疗高血压等相关陈旧性疾病的费用，并且没有进行医疗费用合理性的相关鉴定，故应对相关的医疗费等予以扣除。同时，鉴于王老太车祸前有陈旧性疾病的情形，应当先进行"人体损伤参与度"鉴定，按相应比例扣除后，才能考虑赔偿事宜。

针对以上意见，我认为：王老太车祸前虽然有多种慢性病，但属于老年人的常见病，并不必然导致其死亡，而且车祸前王老太能够正常走路，车祸后直至其死亡的 235 天里，却再也没能站起来，始终卧床，意识处于不清醒状态。退一步讲，如果没有车祸的因素，不论王老太因何病死亡，也不会向肇事人张某提出索赔。

关于对王老太死亡后进行赔偿时，是否需要考虑其自身疾病的损伤参与度，我再次出示和阐述了最高人民法院发布的第 24 号指导案例，指出交通事故受害人体质状况对损害后果的发生即使存在一定程度的影响，也不属于可以减轻侵权人责任的法定情形。受害人没有过错的，侵权人应当承担全部损害赔偿责任。

法院判决肇事人全额赔偿

一审开庭后，我又找到了一个"佐证"——在最高人民法院民事审判第一庭编写的《民事审判实务问答》一书中，有这样一条内容：

问：道路交通事故赔偿案在审理中，被害人因其他病因死亡，判决赔偿的标准以死亡补偿标准还是以伤残补偿标准？

答：这种情况下，关键要看被害人这种致死的疾病，是否与交通事故有内在联系，是否因交通事故而诱发的。如果存在因果关联，则判决赔偿的标准应以死亡补偿标准计算；如果不是，则应以交通事故造成的损害后果来计算赔偿额，被害人后因病死亡与事故损害赔偿计赔无关。①

我马上把最高人民法院的这个观点以书面形式提交给了法院。

2015年1月23日，大连市甘井子区人民法院作出（2015）甘民初字第377号民事判决。从判决中看出，法庭采纳了我的全部辩论意见。法院认为，虽然死者王老太的个人体质状况对损害后果的发生具有一定影响，但这不是侵权责任法等法律规定的过错，死者王老太不应因个人体质状况而自负相应责任，其对事故发生及损害后果的造成均无过错，不存在减轻或者免除加害人赔偿责任的法定情形，且司法鉴定意见认定王老太因交通肇事致急性中型闭合性颅脑损伤等因素死亡，故王老太之死与被告张某的过错具有因果关系。

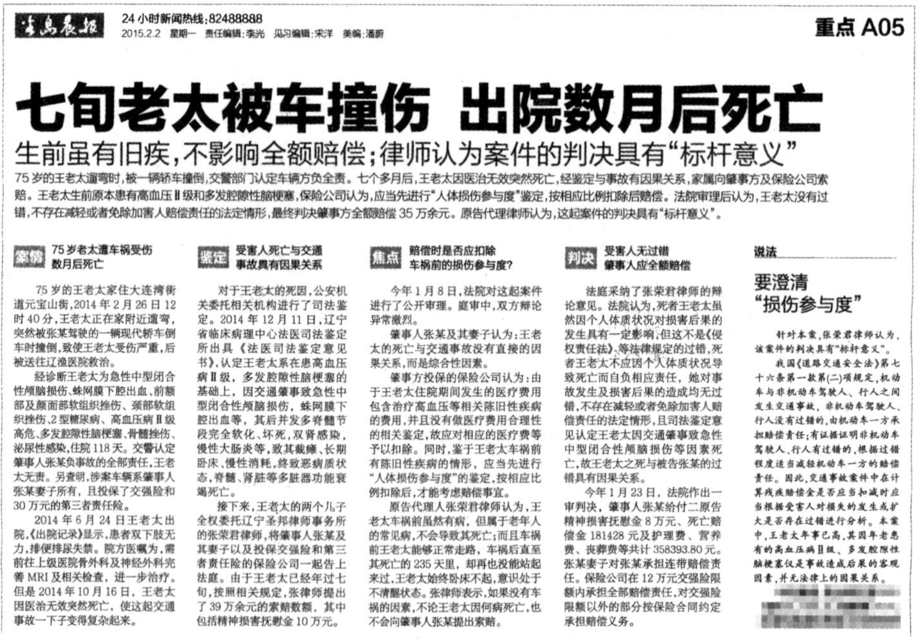

▲ 图13-1　2015年2月2日媒体对本案的报道，题目是《七旬老太被车撞伤　出院数月后死亡》

---

① 最高人民法院民事审判第一庭编：《民事审判实务问答》，法律出版社2005年版，第149页。

法院判决肇事人张某给付二原告精神损害抚慰金、死亡赔偿金及护理费、营养费、丧葬费等共计 358393.8 元。

被告上诉：受害人因交通肇事致死是错误的

被告不服一审判决，提出上诉，理由如下。

1. 原审判决认定的基本事实错误。原审法院认定受害人的死亡是上诉人交通肇事所致是错误的。本案在交通事故认定中，认定肇事人驾驶车辆致王老太受伤（并非死亡），且处理该起交通事故采用的是简易程序。这种处理程序系针对事实清楚、造成的人身和财产损失不大的交通事故。本案中，受害人王老太伤后入院治疗 118 天出院，其间还行牙齿修补术，出院记录明确记载，出院需进一步理疗进行恢复巩固。虽然辽宁省临床病理中心法医司法鉴定所鉴定王老太的死亡与受伤有关，但王老太的死亡是因其患有多腔隙脑梗塞及高血压Ⅱ级（高危）和受伤的结合造成的，并且其是第 14 次因病住院，在事发之前不久，还因脑部跌伤而住院，因此，上诉人有理由认为其死亡是所有因素结合的结果。一审法院不顾上述事实，判令二上诉人对王老太的死亡承担全部赔偿责任，显系错误。

2. 原审判决适用法律错误。原审法院只根据《侵权责任法》来判案，而忽视《民法通则》中关于民事行为应当遵循的公平、公正原则，王老太在受伤后得到了充分必要的住院治疗，并且系伤愈出院而非医治无效死亡。在此情况下，让二上诉人对王老太的死亡承担完全赔偿责任，是对民事法律中公平、公正原则的践踏和亵渎，颠覆了社会应有的善良风俗和习惯，造成了不好的影响。

对此，我在二审开庭时指出，一审判决认定事实清楚，证据非常充分。《司法鉴定意见书》给出的鉴定意见是王老太因交通肇事导致死亡，并非是被上诉人怠于对死亡人治疗所导致。被上诉人作为死者子女，完全希望老人能够康复，不存在任何延误治疗的情形。

2015年6月10日,大连市中级人民法院作出(2015)大民一终字第765号民事判决:

本院认为,上诉人在案涉交通事故中负事故全部责任,应对死者承担损害赔偿责任。根据死者的尸检报告,死者系因交通肇事导致急性中型闭合性颅脑损伤、蛛网膜下腔出血等,随后并发多脊髓节段完全软化、坏死,双肾感染等,致截瘫、长期卧床、慢性消耗,终致多脏器功能衰竭死亡,可见本次交通事故给死亡人造成了损伤,且该损伤导致此后病情逐步恶化。虽死亡人自身患有高血压、脑梗塞等疾病,但交通事故前其自身疾病不足以导致受害人死亡,如无本次交通事故,受害人不会发生脑部损伤且并发其他恶性疾病致死亡,交通事故与受害人的死亡结果具有民法上的因果关系。受害人在交通事故中无责任,其自身的疾病不属于法定过错,不应因个人体质状况而对交通事故造成的死亡结果自负责任,亦不是减轻上诉人侵权责任的理由。因此上诉人的上诉理由,本院不予支持。上诉人无证据证明被上诉人延误对受害人的治疗或对受害人治疗不当,上诉人主张一审事实不清的上诉理由,本院亦不予支持。

综上,原审判决认定事实清楚,适用法律正确,应予维持。根据《中华人民共和国民事诉讼法》第170条之规定,判决如下:

驳回上诉,维持原判。

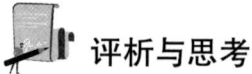 **评析与思考**

关于交通事故中伤病因果关系的认定问题

本案在当时来讲,具有一定的标杆意义。

事故发生时,王老太并没有死亡,并且通过医院118天的治疗顺利出院,在出院后不到4个月突然死亡。王老太的死亡与张某的肇事行为是否具有因果关系是本案最大的争议。因果关系是指行为与结果之间决定与被决定、引起与被引起之间的关系。因果关系在民法上的价值大体体现在两方面：一是确定责任是否成立；二是确定责任的范围。侵权行为中的因果关系非常具有典型性和代表性，在侵权责任的认定上被认为是不可或缺的要件。

从相当因果关系理论出发，可将结果与损害分而论之，也就是说，先判断行为的发生是否为结果发生的原因，如是，则再对行为与损害之间的因果关联性进行评判。按照社会生活经验，通常从某行为中发生某结果是一般的、相当的时候，就承认因果关系。

结合本案的具体情况，第一个层次需要认定张某的肇事行为与损害结果（王老太死亡）之间是否存在"事实上的法律因果关系"，即假设行为（或事件）没有发生或者以其他的行为（或事件）替代本已发生的事实，来推断该本已发生的行为（或事实）是造成结果（或损失）不可替代的必要条件。由此推断，如果没有张某的肇事行为，王老太不会产生急性中型闭合性颅脑损伤、蛛网膜下腔出血等，不会随后并发多脊髓节段完全软化、坏死及双肾感染等，不会致其截瘫、长期卧床、慢性消耗、多脏器功能衰竭死亡。王老太自身的疾病属于老年人常见病，没有车祸行为的诱发并不会导致其死亡，因此王老太的死亡与交通事故具有事实上的因果关系。

第二个层次，从社会生活经验法则来看，通常从某行为中发生某结果是一般的、相当的时候，就承认有因果关系。也即，相当因果关系是指依据社会共同经验判断，只需具备某一事实，便足以导致与损害事实同样的结果。本案中，王老太年事已高，按照社会生活经验来判断，老年人遭受车祸导致死亡的概率还是很大的，最终王老太的死亡经过司法鉴定认为与本次车祸存在关联，车祸后的并发症导致了王老太的死亡。因此，交通事故侵权行为与车祸后几个月内因并发症死亡的结果具有"相当性"，完全符合社会经验的判断。

加之根据最高人民法院第 24 号指导案例所体现出来的裁判原则综合分析，本案中王老太自身患有疾病的因素，并不能减轻侵权人张某的赔偿责任。

手记 14

"祸"后之惑，法律之问

——女老板开车撞死"无名氏"案代理纪实

 **案情再现**

肇　事

2014年1月8日晚上8点20分左右，大连市旅顺口区从事海参养殖的女老板陈某驾驶一辆灰色小型越野客车，沿马北线右侧车道由西向东行驶至马北线35kM+400M处时，在水师营街道三明汽修厂门前附近，老远就看见一名男性行人低着头从其车辆的左侧向右侧（由北向南）横过马路，陈女士就开始按喇叭。这名行人这时已经过了道路中间的双黄线，正站在路中间观望。陈女士一看他停下了，就继续加速行驶。等到离行人很近时，意想不到的事情发生了……这名行人突然跑着由北向南过马路，刹那之间，陈女士躲闪不及，砰的一声，这名行人已然重重撞在她车的左前方位置，摔在车的前风挡玻璃上。这时的车辆开始失控并发生侧滑，撞在了路边右侧的路肩上。车停下来后，行人又从车上摔到了地上。

陈女士被这突如其来的一幕吓傻了，不知所措。副驾驶座位上的小吴马上拨打了120和110。随后，惊魂未定的陈女士又给保险公司打了电话。1个小时后，从医院传来不幸的消息，该行人经抢救无效死亡。同时，陈女士的车辆左前部受损严重，前风挡破碎。

2014年3月21日，警方对该死者进行了尸检。2014年4月15日，大连市公安局旅顺口分局刑事科学技术室出具了《法医学尸体检验鉴定报告》，检验结果为受害人"无名氏"系肝破裂、大失血死亡。

2014年4月24日，经交警认定，陈女士属于超速驾驶，未及时采取避让措施，负事故主要责任；受害人横过马路，负事故次要责任。

此次车祸和血淋淋的撞击场面，使陈女士受到了惊吓，她丈夫安慰她说，事故车辆在保险公司投保了交强险和第三者商业责任险50万元，足以赔偿受害人家属的经济损失，不必过于伤心。

但接下来发生的一切，却远超陈女士一家人的意料。

寻　尸

警方勘查现场后，开始了对死者身份及其家庭成员的侦查工作，但不久就陷入僵局。

在死者随身携带的一个手机中，警方发现了一个尾号为"3665"的号码，打过去后，是一个女人接的。警方异常兴奋，终于有人认识这名死者了。警方立即传唤了这个女人。该女子出生于1959年12月，是来自吉林省农安县青山口乡的一名民工。该女子向警方陈述，她没有固定工作，曾经和死者同居过5年。但非常蹊跷的是，该女子竟然也不知道死者叫什么名字。女子称："他曾对我说过叫'吴敏'，但我有一次听到他老乡给他打电话时称呼他'吴明'，真名是什么，我也不知道。"

警方追问道："你和他同居了5年，都不知道他叫什么名吗？不知道他户籍是哪里的吗？"女子说："我以前问过他，他说是黑龙江省齐齐哈尔人，但又跟别人说是吉林人，我真不知道他究竟是哪里人。我和他大约是在2009年认识的，到2013年10月就分手了，在他本次出事之前只是偶尔通过电话，再没见过面。认识他时，他在旅顺北海的一家建材厂工作，2013年10月在厂子里和别人发生争执就离开了。我当时不让他走，但他不听我的。我们意见不合，他就走了。也不知道他去哪里了。"

警方根据这名女子提供的线索，在公安机关人口基本信息网上反复进行了查询，但非常遗憾的是，都没有查找到与死者相关或相符的任何记录。

警方随后又来到女子所说的死者生前打工的那家建材厂，进行了调查。但是，建材厂老板说，根本就没有这样一个人。

警方又根据死者手机里存储的其他有限的几个电话号码，反复进行了拨打，但接电话的人都称不是死者的家属，要么说不认识死者，要么说跟死者没有任何关系，无法提供死者的身份信息。

最后，警方迫于无奈，于2014年1月21日在《大连晚报》刊登了《认尸启事》：

寻找尸源

2014年1月8日晚上8时许，在旅顺口区马北线35KM+400M（三明汽修厂附近）处发生一起交通事故。行人当场死亡，死者性别：男，40岁至50岁，长方脸型，双眼皮，上身着深蓝色羽绒服，下身着军用迷彩裤，内着灰绿相间色线衣，身高175厘米，发长7厘米，体态偏瘦。有知情者请拨打以下电话：交警队调度室电话8661××××，陈警官电话1364425××××，孔警官电话1584260××××。

然而，30天过去了，仍无人认领。

判　刑

在警方调查死者身份过程中，肇事人陈女士也想尽各种办法，通过各种渠道寻找死者的信息和家属，甚至打听到死者生前还在另外一家砖厂工作过，就找到砖厂询问，但最后也一无所获。

2014年3月31日，肇事人陈女士缴纳了尸检费4000元，尸检结论显示，该"无名氏"系被撞击后导致肝破裂、大出血死亡。同年4月11日，陈女士向公安机关缴纳了10万元道路交通事故抵押金，6月4日在缴纳4.5万元保证金后，陈女士被取保候审。

2015年7月21日，大连市旅顺口区人民检察院作出"旅检公诉刑诉〔2015〕187号"《起诉书》，向旅顺口区人民法院提起公诉：

被告人陈某，女，1965年6月4日出生，汉族，初中文化，系个体经营者，现住址为大连市旅顺口区营顺路，因涉嫌交通肇事罪，经大连市公安局直属分局决定，于2014年6月4日被大连市公安局直属分局取保候审。因涉嫌交通肇事罪，经大连市旅顺口区人民检察院决定，于2015年6月8日由大连市公安局直属分局执行取保候审。

本案由大连市公安局直属分局侦查终结，以被告人陈某涉嫌交通肇事罪，于2015年4月8日向本院移送审查起诉。本院受理后，于2015年4月8日已告知被告人有权委托辩护人，依法讯问了被告人，审查了全部案件材料。2015年5月8日第一次退回公安机关补充侦查，公安机关于2015年6月8日重报本院。

期间，于2015年7月8日，本案依法延长审查起诉期限半个月。

经依法审查查明：

2014年1月8日晚上8时20分，被告人陈某驾驶辽B4××××号小型越野客车沿马北线由西向东超速行驶至马北线35KM+400M处时，与由北向南横过道路的行人（无名氏）相撞，此事故造成"无名氏"受伤，经抢救无效死亡，辽B4××××号小型越野客车车辆受损。陈某负此事故的主要责任。

认定上述事实的证据如下：

1. 书证：案件来源、到案经过、户籍证明、无犯罪记录证明、个人简历、当事人身份证明、公安交通管理行政强制措施凭证、现场照片、受伤人员抢救证明、尸检照片、未知名尸体处理审批表、尸体处理通知书、道路交通事故认定书、送达回执、寻找尸源工作说明、其他材料；

2. 证人证言：证人苏某某、刁某的证言；

3. 被告人的供述与辩解：被告人陈某的供述与辩解；

4. 鉴定意见：（大旅）公（刑）鉴（法医）字（2014）043号法医学尸体检验鉴定报告、大汽司鉴（2014）肇检字第（0131）号交通事故车辆技术检验报告、科华司法鉴定中心（2014）酒鉴字第011009号大连科华司法鉴定中心血液乙醇检验报告书、大汽司鉴（2014）肇鉴字第5-1号大连汽车司法鉴定所司法鉴定意见书；

5. 现场勘验检查笔录。

本院认为，被告人陈某违反交通运输管理法规，遇行人横过道路未及时采取措施避让，且超速行驶，发生交通事故，致一人死亡，负事故主要责任，其行为触犯了《中华人民共和国刑法》第133条，犯罪事实清楚，证据确实充分，应当以交通肇事罪追究其刑事责任。根据《中华人民共和国刑事诉讼法》第172条的规定，提起公诉，请依法判决。

2015年10月19日，这起案件在法院进行了公开审理。陈女士当庭悔罪认罪，并表示，一旦在该案件中被害人家属出现后进行索赔，如果保险公司未履行相应的经济赔偿义务，其愿意承担所有的赔偿责任。陈女士还当庭宣读了《悔过书》：

尊敬的审判长、审判员、公诉人：

你们好！感谢你们给我陈述的机会！

首先，我诚挚地向办案单位领导道歉，因为我的过失，给本已工作繁忙的你们带来了麻烦，我内心深感不安。其次，因本人导致的交通事故，给受害方造成的损失，深表歉意。

我相信法律的公正，因此，就公诉人对我指控的事实，我供认不讳，并愿意承担事故赔偿责任，不做任何辩解。

我只想对事故以外的赔偿情况表个态，若保险公司未履行相应的经济赔偿，本人愿积极承担所有的经济赔偿责任。

本人在此交通肇事前，在社会上无任何不良记录，并就此事故积极配合司法机关查找受害人的信息和其家属的资料，以便使其家属尽快获得赔偿。

陈述人：陈某

2015 年 10 月 19 日

2015 年 10 月 22 日，大连市旅顺口区人民法院作出（2015）旅刑初字第 252 号刑事判决：

本院认为，被告人陈某违反交通运输管理法规，遇行人横过道路未及时采取措施避让，且超速行驶，发生交通事故，致一人死亡，负事故主要责任，其行为已构成交通肇事罪。被告人陈某到案后如实供述犯罪事实，可依法予以从轻处罚。依照《中华人民共和国刑法》第 133 条、第 67 条第 3 款之规定，判决如下：

被告人陈某犯交通肇事罪，判处有期徒刑一年。

（刑期从判决执行之日起计算。）

陈女士本来以为，自己在保险公司投保的保险金就有 60 多万元（交强险 12.2 万元、第三者商业责任险 50 万元），足以赔偿被害人家属的经济损失，且本案被害人还应承担事故的次要责任。而且自己毫无前科劣迹，所在社区也出示了情况说明。但她万万没想到，一审法院竟然判处她实刑，让她服刑 12 个月，而且刑期从执行之日计算。一想到那冰冷的铁栅和肃穆的高墙、电网、铁窗，她要在那里待上 360 多天时，她就感到头皮发麻、不寒而栗。

代理过程

接到判决后的第二天,陈女士立刻来到大连,经人介绍找到了我。

分 析

我认真阅读了一审的判决书和相关材料,认为一审判决存在以下两个重要问题。

第一,未对肇事人认定自首,是错误的。

何谓自首?《最高人民法院关于处理自首和立功具体应用法律若干问题的解释》(法释〔1998〕8号)第1条第1款规定:"根据刑法第六十七条第一款的规定,犯罪以后自动投案,如实供述自己的罪行的,是自首……"也就是说,构成自首,必须同时具备两个条件:1. 自动投案;2. 如实供述自己的罪行。

那么,什么是自动投案呢?

根据《最高人民法院关于处理自首和立功具体应用法律若干问题的解释》第1条的规定,自动投案,是指犯罪事实或者犯罪嫌疑人未被司法机关发觉,或者虽被发觉,但犯罪嫌疑人尚未受到讯问、未被采取强制措施时,主动、直接向公安机关、人民检察院或者人民法院投案。犯罪嫌疑人向其所在单位、城乡基层组织或者其他有关负责人员投案的;犯罪嫌疑人因病、伤或者为了减轻犯罪后果,委托他人先代为投案,或者先以信电投案的;罪行未被司法机关发觉,仅因形迹可疑被有关组织或者司法机关盘问、教育后,主动交代自己的罪行的;犯罪后逃跑,在被通缉、追捕过程中,主动投案的;经查实确已准备去投案,或者正在投案途中,被公安机关捕获的,应当视为自动投案。并非出于犯罪嫌疑人主动,而是经亲友规劝、陪同投案的;公安机关通知犯罪嫌疑人的亲友,或者亲友主动报案后,将犯罪嫌疑人送去投案的,也应当视为自动投案。

同时,根据《最高人民法院关于处理自首和立功若干具体问题的意见》

（法发〔2010〕60号）第1条的规定，犯罪嫌疑人具有以下情形之一的，也应当视为自动投案：1.犯罪后主动报案，虽未表明自己是作案人，但没有逃离现场，在司法机关询问时交代自己罪行的；2.明知他人报案而在现场等待，抓捕时无拒捕行为，供认犯罪事实的；3.在司法机关未确定犯罪嫌疑人，尚在一般性排查询问时主动交代自己罪行的；4.因特定违法行为被采取劳动教养、行政拘留、司法拘留、强制隔离戒毒等行政、司法强制措施期间，主动向执行机关交代尚未被掌握的犯罪行为的；5.其他符合立法本意，应当视为自动投案的情形。

至于另一要件"如实供述自己的罪行"，则比较简单，"是指犯罪嫌疑人自动投案后，如实交代自己的主要犯罪事实"。

交通肇事以后保护现场、抢救伤者、向公安机关报告的，能否认定为自动投案，如本案中陈某的行为，在实务界和理论界一度引起很大的争议。

认为此情形不构成自首的理由是[①]：（1）《道路交通安全法》第70条明确规定，保护现场、抢救伤者、向公安机关报告是犯罪嫌疑人的法定义务，既然是履行法定义务，就不应当再重复评价。（2）《刑法》第133条对交通肇事罪规定了3种情形的量刑幅度，其中对未逃逸的情形规定了较轻的法定刑，对逃逸的情形规定了较重的法定刑。刑法没有其他任何一种犯罪因行为人逃逸即规定加重处罚，表明刑法也认为交通肇事犯罪嫌疑人保护现场、抢救伤者、向公安机关报告是其法定义务，如不履行法定义务，应加重处罚。（3）对犯罪嫌疑人履行法定义务的行为不认定为自首，不必然引发鼓励肇事者逃逸的负面效果。司法实践中，有不少地方，如浙江省正式规定此种行为不属自首，《道路交通安全法》第70条规定依然执行得很好。这是因为逃逸与不逃逸行为的法定刑幅度完全不同，处罚结果差异较大。即使逃逸后又自首的，因为只能在更重的法定刑幅度内从宽，也不会出现量刑失衡。个别减

[①] 最高人民法院刑事审判第一庭编著：《最高人民法院自首、立功司法解释案例指导与理解适用》，法律出版社2012年版，第260页。

轻处罚的,只要有特殊情形,也符合罪刑相适应原则。

认为此种情形应认定为自首的理由是:(1)《道路交通安全法》第70条虽明文规定保护现场、抢救伤员、向公安机关报告是犯罪嫌疑人的法定义务,但与《刑法》上认定其为自动投案并不矛盾,后者是对前者的支持、鼓励。(2)如果否认交通肇事存在自首,而承认其他责任事故存在自首,明显会导致交通肇事罪与其他责任事故犯罪的不协调。(3)将此情形认定为自首,有利于鼓励肇事者在最短时间内抢救伤者;反之,有可能助长逃逸行为,产生不良社会效果。(4)《刑法》第133条第一种量刑幅度内的不逃逸并不等于自动投案,实践中还存在诸多既未逃逸也未自动投案的情形。(5)自首是刑法总则规定的量刑制度,应对刑法分则个罪符合自首构成要件的情形普遍适用。

最终,最高人民法院在制定相应的司法解释时采纳了后一种意见。同时,为确保统一法律适用后有良好的导向和效果,《最高人民法院关于处理自首和立功若干具体问题的意见》第1条中将"交通肇事后的自首"规定为:"交通肇事后保护现场、抢救伤者,并向公安机关报告的,应认定为自动投案,构成自首的,因上述行为同时系犯罪嫌疑人的法定义务,对其是否从宽、从宽幅度要适当从严掌握。交通肇事逃逸后自动投案,如实供述自己罪行的,应认定为自首,但应依法以较重法定刑为基准,视情决定对其是否从宽处罚以及从宽处罚的幅度。"

第二,本案未对陈女士判处缓刑,陷入一种机械司法之中,只强调司法的硬度,没有考虑司法的温度和人文关怀。

本案之所以未对陈女士适用缓刑,主要原因就是,无法找到被害人的家属,无法得到被害人一方的谅解。在"无名氏"交通肇事案件中,由于受害人家属不明,赔偿诉讼主体处于缺位状态,我国尚未有法律对交通肇事案件中受害人身份无法确定案件的赔偿诉讼主体及其赔偿范围作出明确规定。

难道就因为找不到"无名氏"死者的家属,就要对肇事人判处实刑吗?我在不停地思忖着。根据多年办理刑事案件的经验,我感到本案一审存在的最大问题并不是上诉人主观上不赔偿,而是客观原因导致了上诉人"赔偿无门"和赔偿不能。一审法院按照上诉人不赔偿判了实刑，显属量刑不当。

上　诉

陈女士委托我作为其二审辩护人提出上诉，请求撤销一审判决，改判上诉人缓刑，或将此案发回重审。上诉人的上诉理由如下。

一、原审判决量刑不当，应适用缓刑。

1. 上诉人有新证据证明，已经采取实际行动积极赔偿，且已支付款项14.5万元（向旅顺口区交警大队缴纳赔偿款10万元及取保候审保证金4.5万元）。这些证据在一审时并未出示，实际上，该款项都可以直接转为对死者家属的赔偿款。一审法院在量刑时未对此予以考量，是错误的。

2. 本次上诉，上诉人再次主动向贵院提交《缴纳赔偿款申请书》，愿意将赔偿款预交到法院保管或暂扣至法院，以表示上诉人赔偿的诚心和决心。待实际向被害人近亲属赔偿后，上诉人可按照保险合同向保险公司理赔。

3. 上诉人的车辆已投保交强险和50万元第三者商业责任险，完全可以保障被害人家属的经济损失得到足额赔偿。同时，上诉人多次表示，如果保险公司不赔或者赔偿数额不足，上诉人仍愿意足额赔偿。该情节在量刑时，亦应予以综合考量。

4. 事故发生后，上诉人第一时间拨打120，积极抢救伤者，花去救护车费用566.31元、病理费4000元，并多次到死者生前打工的砖厂和建材厂等地寻找死者线索，还在2014年1月21日自己花钱在《大连晚报》B12版刊登《认尸启事》，但始终无人认领。这些都体现了上诉人愿意赔偿的主观愿望。

5. 上诉人认罪态度良好，有自首行为。上诉人在事故发生时，在原地等待警察来处理，到案后如实供述了自己的罪行，属于自首行为。上诉人犯罪行为轻微，且有悔罪、认罪表现，系初犯，对其适用缓刑，不会对社会产生任何社会危害性。在交通肇事罪中是否适用缓刑，应将重点回归到案件情节是否满足缓刑的适用条件，而非将民事赔偿、取得被害人方谅解作为衡量缓刑适用的唯一条件。

6.本案中，上诉人犯罪事出有因，主观恶意小。上诉人因为天气寒冷，外加夜晚光线阴暗，在行车过程中，不慎将行人"无名氏"撞伤，后经抢救无效死亡，原告认为，因为事发路段本身道路设计存在一定缺陷，光照不足，且"无名氏"突然出现在马路上，令原告刹车不及导致事故发生。在一个荒郊野外的马路上，常人的思维是不可能突然出现行人。交通事故责任认定书认为陈某承担主要责任，而不是全部责任。因此，此次意外事故的发生，不能完全归咎于上诉人。

二、结合同类案件审判实践来看，对上诉人亦可适用缓刑。

原告方检索了"中国裁判文书网"中2015年的部分同类案例，这些案例显示，被告人均被判缓刑，列表如下：

表14-1 "中国裁判文书网"2015年最新同类案例

序号	判决法院	判决时间	文号	事故责任比例	量刑
1	黑龙江省鸡东县人民法院	2015年7月14日	（2015）鸡东刑初字第99号	主责	判一年，缓刑一年
2	江苏省东海县人民法院	2015年7月15日	（2015）连东刑初字第410号	主责	判一年，缓刑两年
3	锦州市古塔区人民法院	2015年8月24日	（2015）古刑初字第61号	主责	判十个月，缓刑一年
4	浙江省奉化县人民法院	2015年9月15日	（2015）甬奉刑初字第726号	全责	判一年，缓刑两年
5	福建省仙游县人民法院	2015年9月17日	（2015）仙刑初字第462号	主责	判一年，缓刑一年六个月
6	淮北市杜集区人民法院	2015年9月22日	（2015）杜刑初字第55号	主责	判九个月，缓刑一年

原告方还检索了全国各地报刊报道的多个"撞死无名氏"的同类案例，

这些案例显示，被告人亦被判缓刑。

1. 2009年8月31日《齐鲁晚报》载，标题《男子撞死无名氏，保险公司拒理赔》，案中被告人被判一年六个月，缓刑两年；

2. 2012年4月9日《齐鲁晚报》载，标题《男子驾车撞死"无名氏"》，案中被告人被法院以交通肇事罪判处有期徒刑三年，缓刑四年；

3. 2012年6月26日《海峡导报》载，标题《漳州诏安县一男开快车撞死无名氏》，案中被告人被判六个月，缓刑一年；

4. 2013年3月22日《东方今报》载，标题《交通肇事撞死无名氏，只有"吃官司"才有可能获得理赔》，案中被告人被判一年，缓刑一年六个月；

5. 2013年7月31日《楚天时报》载，标题《开车撞死无名氏，7万付给民政局》，案中被告人被判一年，缓刑一年；

6. 2014年11月17日《法制日报》载，标题《交通肇事，无名氏死亡由谁来索赔》，案中被告人被判一年六个月，缓刑一年六个月；

7. 2015年7月14日《生活晨报》载，标题《"无名氏"被撞死，民政局代为起诉》，案中被告人被判一年五个月，上诉后二审发回重审。

三、一审法院适用法律错误。

一审法院适用《刑法》第67条第3款，是错误的。上诉人认为，除适用该法第133条外，还应当适用该法第67条第1款自首的规定、第72条第1款缓刑的规定。

综上，请求二审法院综合考量全案的证据、情节，按照宽严相济的刑事政策，改判上诉人缓刑为盼。

改 判

2015年12月25日下午1点半，这起案件在大连市中级人民法院1号法庭进行了开庭审理。我坚持认为，本案的被告人陈女士主观上并不是不赔偿，而是客观原因导致被告人"赔偿无门"和赔偿不能。一审法院虽然从轻处罚，但按照被告人不赔偿判处实刑，显属量刑不当。此外，被告人在事故发生时，及时拨打报警电话，在原地等待警察来处理，到案后如实供述自己罪行，构成自首。本次上诉，被告人再次主动向法院提交《缴纳赔偿款申请书》，愿意将赔偿款预交到法院保管或暂扣至法院，以表示被告人赔偿的诚心和决心。

同时，我强调，本案被告人系过失犯罪，对其适用缓刑不会产生任何社会危害性。在交通肇事罪中是否适用缓刑，应将重点回归到案件情节是否满足缓刑的适用条件，而不能把民事赔偿和取得被害人方谅解作为衡量缓刑适用的唯一条件，建议二审法院对陈女士适用缓刑。

2015年12月27日，大连市中级人民法院作出（2015）大刑二终字第902号刑事判决，采纳了我的辩护意见，直接改判为缓刑，判决内容如下：

上诉人陈某的上诉理由是，其构成自首，愿意履行赔偿义务，请求从轻处罚并适用缓刑。陈某的辩护人持相同辩护意见。

二审除查明原审认定的事实外，另查明，案发后上诉人陈某在明知他人报警的情况下，在原地等待抓捕，到案后如实供述犯罪事实。

二审期间，上诉人陈某自愿将人民币20万元交本院保管，作为赔偿被害人（无名氏）亲属经济损失的预付款，并承诺待被害人亲属出现后足额到位赔偿，同时其丈夫、妹妹均自愿作担保，为上诉人陈某的全部赔偿份额承担连带保证责任。

本院认为，上诉人陈某违反交通运输管理法规，遇行人横过道路未及时采取措施避让，且超速行驶，发生交通事故，致一人死亡，负事故主要责任，其行为已构成交通肇事罪。关于上诉人陈某及其辩护人提出的其构成自首，愿意履行赔偿义务，请求从轻处罚并适用缓刑的辩护意见，经查，上诉人陈某交通肇事后在明知他人报警的情况下，仍然在原地等待抓捕，且到案后如实供述犯罪事实，可以视为自首；上诉人陈某自愿将人民币20万元预缴到法院账户作为赔偿预付款，且自愿保证在被害人家属出现后随时、足额履行赔偿义务，上诉人的丈夫、妹妹亦自愿为上诉人陈某的赔偿份额承担连带保证责任，能够证实上诉人陈某具有悔罪表现,且适用缓刑对所居住社区没有重大不良影响,予以适用缓刑。上诉人的上诉理由和辩护人的辩护意见,有事实和法律依据,本院予以支持。综上,依据《中华人民共和国刑法》第133条、第67条第1款、《中华人民共和国刑事诉讼法》第225条第1款第2项之规定,判决如下:

一、维持辽宁省大连市旅顺口区人民法院(2015)旅刑初字第252号刑事判决原审被告人陈某的定罪部分,即"被告人陈某犯交通肇事罪";

二、撤销辽宁省大连市旅顺口区人民法院(2015)旅刑初字第252号刑事判决原审被告人陈某的量刑部分,即"判处有期徒刑一年";

三、上诉人陈某犯交通肇事罪,判处有期徒刑一年,缓刑一年。

本判决为终审判决。

陈女士接到二审判决书后,异常感慨而喜悦地说,这回可以在家过个安稳年了!

 **评析与思考**

"无名氏"赔偿难题凸显法律漏洞

《最高人民法院关于审理道路交通事故损害赔偿案件适用法律若干问题的解释》(法释〔2012〕19号)第26条第1款中规定,被侵权人因道路交通事故死亡,无近亲属或者近亲属不明,未经法律授权的机关或者有关组织向人民法院起诉主张死亡赔偿金的,人民法院不予受理。①

该规定不但没有解决交通事故中"无名氏"死亡赔偿纠纷,反而带来了

---

① 该司法解释于2020年修正,本条款内容现为《最高人民法院关于审理道路交通事故损害赔偿案件适用法律若干问题的解释》(法释〔2020〕17号)第23条第1款。

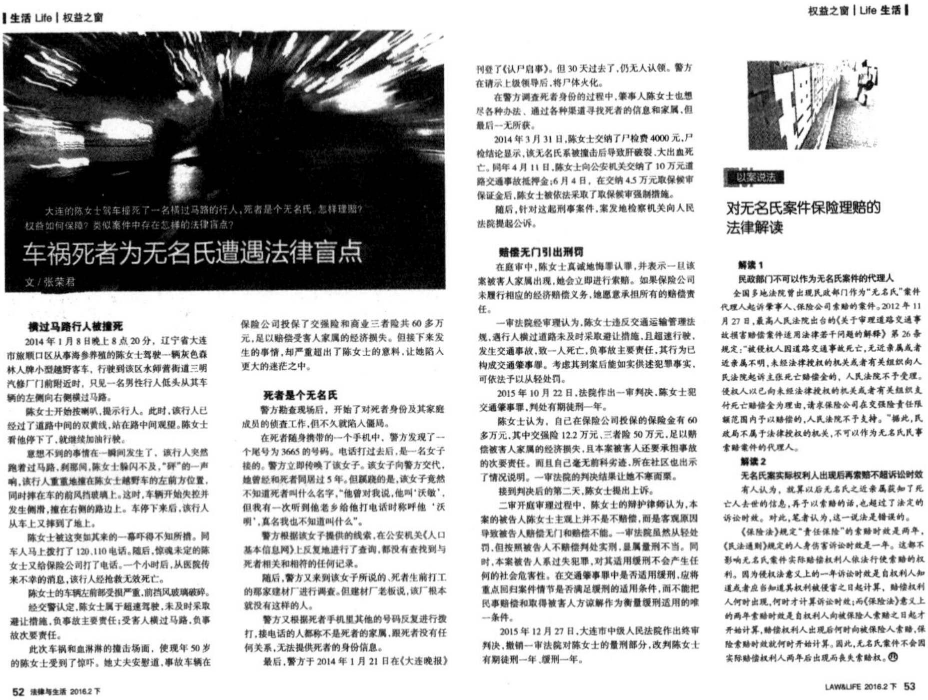

生活 Life | 权益之窗

大连的陈女士驾车撞死了一名横过马路的行人，死者是个无名氏，怎样理赔？权益如何保障？类似案件中存在怎样的法律盲点？

车祸死者为无名氏遭遇法律盲点

文 / 张荣君

横过马路行人被撞死

2014年1月8日晚上8点20分，辽宁省大连市旅顺口区从事海参养殖的陈女士驾驶一辆灰色森林人牌小型越野客车，行驶到该区水师营街道三明汽修厂门前附近时，只见一名男性行人低头从其车辆的左侧向右侧横过马路。

陈女士开始按喇叭，提示行人。此时，该行人已经过了道路中间的双黄线，站在路中间观望。陈女士看他停下了，就继续加油行驶。

意想不到的事情在一瞬间发生了，该行人突然跑着过马路，刹那间，陈女士躲闪不及，"砰"的一声响，该行人重重地撞在陈女士越野车的左前方位置，同时摔在车的前风挡玻璃上。这时，车辆开始失控并发生侧滑，撞在右侧的路边上。车停下来后，该行人从车上又摔到了地上。

陈女士被这突如其来的一幕吓得不知所措。同车人马上拨打了120、110电话。随后，惊魂未定的陈女士又给保险公司打了电话。一个小时后，从医院传来不幸的消息，该行人经抢救无效死亡。

陈女士的车辆左前部受损严重，前挡风玻璃破碎。

经交警认定，陈女士属于超速驾驶，未及时采取避让措施，负事故主要责任；受害人横过马路，负事故次要责任。

此次车祸和血淋淋的撞击场面，使现年50岁的陈女士受到了惊吓。她丈夫安慰道，事故车辆在保险公司投保了交强险和商业三者险共60多万元，足以赔偿受害人家属的经济损失。但接下来发生的事情，却严重超出了陈女士的意料，让她陷入更大的迷茫之中。

死者是个无名氏

警方勘查现场后，开始了对死者身份及其家庭成员的侦查工作，但不久就陷入僵局。

在死者随身携带的一个手机中，警方发现了一个尾号为3665的号码。电话打过去后，是一名女子接的。警方立即传唤了该女子。该女子向警方交代，她曾经和死者同居过5年。但蹊跷的是，该女子竟然不知道死者叫什么名字，"他曾对我说，他叫'沃敏'，但我有一次听到他老乡给他打电话时称呼他'沃明'，真名我也不知道叫什么"。

警方根据该女子提供的线索，在公安机关《人口基本信息网》上反复地进行了查询，都没有查找到与死者相关和相符的任何记录。

随后，警方又来到该女子所说的、死者生前打工的那家建材厂进行调查。但建材厂老板说，该厂根本就没有这样的人。

警方又根据死者手机里其他的号码反复进行拨打，接电话的人都称不是死者的家属，跟死者没有任何关系，无法提供死者的身份信息。

最后，警方于2014年1月21日在《大连晚报》刊登了《认尸启事》。但30天过去了，仍无人认领。警方在请示上级领导后，将尸体火化。

在警方调查死者身份的过程中，肇事人陈女士也想尽各种办法、通过各种渠道寻找死者的信息和家属，但最后一无所获。

2014年3月31日，陈女士交纳了尸检费4000元，尸检结论显示，该无名氏系被撞击后导致肝破裂、大出血死亡。同年4月11日，陈女士向公安机关交纳了10万元道路交通事故抵押金；6月4日，在交纳4.5万元取保候审保证金后，陈女士被依法采取了取保候审强制措施。

随后，针对这起刑事案件，案发地检察机关向人民法院提起公诉。

赔偿无门引出刑罚

在庭审中，陈女士真诚地悔罪认罪，并表示一旦该案被害人家属出现，她会立即进行索赔。如果保险公司未履行相应的经济赔偿义务，她愿意承担所有的赔偿责任。

一审法院经审理认为，陈女士违反交通运输管理法规，遇行人横过道路未及时采取避让措施，且超速行驶，发生交通事故，致一人死亡，负事故主要责任，其行为已构成交通肇事罪。考虑其到案后能如实供述犯罪事实，可依法予以从轻处罚。

2015年10月22日，法院作出一审判决，陈女士犯交通肇事罪，判处有期徒刑一年。

陈女士认为，自己在保险公司投保的保险金有60多万元，其中交强险12.2万元、三者险50万元，足以赔偿被害人家属的经济损失，且本案被害人还要承担事故的次要责任。而且自己毫无前科劣迹，所在社区也出示了情况说明。一审法院的判决结果让她不寒而栗。

接到判决后的第二天，陈女士提出上诉。

二审开庭审理过程中，陈女士的辩护律师认为，本案的被告人陈女士主观上并不是不赔偿，而是客观原因导致被告人赔偿无门和赔偿不能。一审法院虽然从轻处罚，但按照被告人不赔偿判处实刑，显属量刑不当。同时，本案被告人系过失犯罪，对其适用缓刑不会产生任何的社会危害性。在交通肇事罪中是否适用缓刑，应将重点回归案件情节是否满足缓刑的适用条件，而不能把民事赔偿和取得被害人方谅解作为衡量缓刑适用的唯一条件。

2015年12月27日，大连市中级人民法院作出终审判决，撤销一审法院对陈女士的量刑部分，改判陈女士有期徒刑一年、缓刑一年。

权益之窗 | Life 生活

以案说法

对无名氏案件保险理赔的法律解读

解读1

民政部门不可以作为无名氏案件的代理人

全国多地法院曾出现民政部门作为"无名氏"案件代理人起诉肇事人、保险公司索赔的案件。2012年11月27日，最高人民法院出台的《关于审理道路交通事故损害赔偿案件适用法律若干问题的解释》第26条规定："被侵权人因道路交通事故死亡，无近亲属或者近亲属不明，未经法律授权的机关或者有关组织向人民法院起诉主张死亡赔偿金的，人民法院不予受理。侵权人以已向未经法律授权的机关或者有关组织支付死亡赔偿金为理由，请求保险公司在交强险责任限额范围内予以赔偿的，人民法院不予支持。"据此，民政局不属于法律授权的机关，不可以作为无名氏民事索赔案件的代理人。

解读2

无名氏案实际权利人出现后再索赔不超诉讼时效

有人认为，就算以后无名氏之近亲属获知了死亡人去世的信息，再予以索赔的话，也超过了法定的诉讼时效。对此，笔者认为，这一说法是错误的。

《保险法》规定"责任保险"的索赔时效是两年，《民法通则》规定的人身伤害诉讼时效是一年。这都不影响无名氏案件实际赔偿权利人依法行使索赔的权利。因为侵权法意义上的一年诉讼时效是自权利人知道或者应当知道其权利被侵害之日起计算，赔偿权利人何时出现，何时才计算诉讼时效；而《保险法》意义上的两年索赔时效是自权利人向被保险人索赔之日起才开始计算，赔偿权利人出现后何时向被保险人索赔，保险索赔时效就何时开始计算。因此，无名氏案件不会因实际赔偿权利人两年后出现而丧失索赔权。

52 法律与生活 2016.2 下

LAW&LIFE 2016.2 下 53

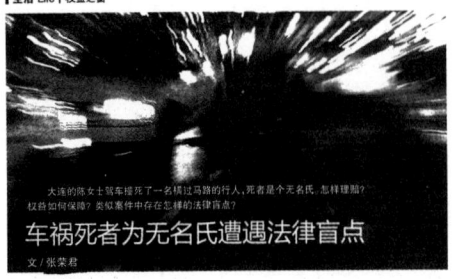

▲ 图 14-1　2016 年 2 月《法律与生活》杂志对本案的报道，题目是《车祸死者为无名氏，遭遇法律盲点》

新的、更复杂的价值冲突。由于“无名氏”死者近亲属出现的不确定性，也给肇事方的刑事赔偿、保险追偿带来现实阻碍，并使肇事方始终处于被追诉可能的不利地位，这是对肇事方的不公正对待。并且，如果“无名氏”死者没有近亲属，“无名氏”死者的死亡赔偿金就没有追诉的可能性，这样对“无名氏”死者亦不公平。在该条规定出台之前，按照公安部《道路交通事故处理工作规范》（2008 年）的规定，肇事方可以将“无名氏”死亡赔偿金交付公安机关，再由公安机关交付有关部门保存。基于保险关系，肇事方在交付死亡赔偿金后，会在保险额度内向保险公司申请理赔。但是，基于上述《最高人民法院关于审理道路交通事故损害赔偿案件适用法律若干问题的解释》作出的相应规定，保险公司便可据此不认可肇事方的赔偿行为，并拒绝对肇事方交付的赔偿金进行理赔，这就使车辆保险丧失其分摊风险的基本功能和价值。

目前存在的一个非常严重的问题是，上述司法解释中所称的授权机关至今未落实，导致"无名氏"死亡赔偿纠纷原告主体不明确。交通肇事致"无名氏"死亡的案件在全国各地均有发生，然而此类案件的处理情况不容乐观。在"无名氏"死者的近亲属难以查明的情形下，法律并未赋予某个机关团体代"无名氏"死者近亲属主理民事赔偿的法律资格。从法理上讲，只要公民遭受人身损害，都应有司法救济渠道，不因公民姓甚名谁或无名无姓而区分对待。然而在立法层面上，针对这个问题，多年来国家立法仍呈现空白与缺失。

由于"无名氏"的近亲属无法找到，交通肇事的犯罪嫌疑人主动赔偿遇到实际困难。在司法实践中，犯罪嫌疑人为达到"认罪认罚从宽"制度中对被害人进行赔偿的条件要求，通常会将"无名氏"死亡赔偿金以"提存款""保证金""预赔偿款""死亡赔偿金"等名义，向法院、公安机关、道路交通事故社会救助基金等单位或组织进行支付，以达到从轻、从宽处罚的目的。本案中也属于这种情形，肇事人向法院交纳了20万元的"预赔偿款"，换取了缓刑。但是如果死亡人近亲属就是不出现或者就是没有，则肇事人的20万元款项如何处理，何时处理？

因此，笔者在此强烈呼吁，国家立法机关应尽快明确和落实"法律授权的机构或者有关组织"，代"无名氏"的近亲属主张民事赔偿，使本案陈女士这样的困惑和迷茫不再重演。

民政部门不能起诉和主张赔偿款的原因

在2012年11月27日《最高人民法院关于审理道路交通事故损害赔偿案件适用法律若干问题的解释》出台之前，全国多地法院曾出现民政部门作为"无名氏"案件的代理人，向人民法院起诉肇事人和保险公司进行索赔，也有过一些获得人民法院支持的案例。但是，在上述司法解释出台以后，民政部门绝不可以再作为"无名氏"民事索赔案件的代理人，理由如下：

第一，民政部门作为行政机关，必须在法律规定的职权范围内活动，即"法无授权不可为"。职权法定原则是行政机关行使其法定职权时必须遵守的基本原则，是拥有行政职权的行政机关、被授权组织及受委托的组织实施行政行为的首要前提。非经法律授权，行政机关不能作出行政管理行为；超出法律授权范围，行政机关也不享有对有关事务的管理权，否则都属于行政违法。

第二，民政部门提起诉讼亦不符合《民事诉讼法》规定的起诉条件。我国《民事诉讼法》第119条规定："起诉必须符合下列条件：（一）原告是与本案有直接利害关系的公民、法人和其他组织……"在特定诉讼中，适格的当事人必须是与案件有直接利害关系的人。这种利害关系首先应该是一种法律上的利益关系，即一种法律上的权利义务关系；其次这种利益关系还应该是与争议的案件以及与自己有直接的关联，只有具备这种"利害关系"的人才是正当当事人。在"无名氏"死亡赔偿纠纷中，民政部门以自己的名义主张死亡赔偿金，难以认定其与诉讼标的之间的牵连，亦难以确认其与争议的案件有直接的关联，因此其不能成为民事诉讼适格的当事人。

"无名氏"近亲属出现后再予索赔是否超过诉讼时效

有人认为，即使以后"无名氏"之近亲属获知了其去世的信息，再予以索赔的话，也已经超过了法定的诉讼时效。这一说法是错误的。虽然《保险法》规定"责任保险"的索赔时效是2年，而《民法典》规定的人身伤害诉讼时效为3年，但这都不影响"无名氏"案件实际赔偿权利人依法行使索赔的权利。因为侵权法意义上的诉讼时效是自权利人知道或者应当知道其权利被侵害之日起计算，赔偿权利人何时出现，何时才开始计算诉讼时效；而保险法意义上的2年索赔时效是自权利人向被保险人索赔之日起才开始计算，赔偿权利人出现后何时向被保险人索赔，保险索赔时效就自何时开始计算。因此，"无名氏"案件不会因实际赔偿权利人2年后出现而丧失索赔权。

后续：电视台专题报道

无名尸之谜

记者 / 王某众　摄像 / 王某蕾

导视：

五年前交通肇事　死者身份却成迷

[**同期**] 陈女士：这几年把我折腾得头发全白了，觉得死者冤屈，我也冤屈。

[**同期**] 张荣君律师：您是有一个亲属在大连旅顺打工吗？（电话中女：不知道。）

押金和停尸费，到底该不该算在保险内？

[**同期**] 保险公司：押金只是押在这，这个钱其实还是您的，也不是法院的，也不是家属的，也不是谁的，这个钱还是您的，只不过押在这块了。

[**同期**] 陈女士：要我承担的话我也承担不了，对我太不公平了……

非常调解非常帮——《无名尸之谜》，马上播出。

[**出像词 1**] 无限迫近真实人生，这里是正在直播的"非常帮"。前不久，一位女士打来求助电话，反映说有一件案子困扰了自己 5 年之久，作为被告的她请求帮助并不是因为案子审理不明，也不是自己不服判决，而恰恰是因为自己想要积极赔付对方，却一直没能成功，这又是为什么呢？

[**同期**] 紧张的音乐，加一组事故照片。

[**解说 1**] 2014 年 1 月 8 日晚 8 时许，大连水师营街道附近发生了一起严重的交通事故，而肇事人就是求助非常帮的陈女士。

[**同期**] 陈女士：我从开发区方向接个人往水师营走，他从那边过来，我们接近时我的车速挺快的，当时他横穿马路，走到了双黄线上，他还看到了我的车，但因为他喝酒了，所以说他又想走又不想走。

[**同期**] 陈女士老公：他晃了一下，看起来醉醺醺的，她点了一脚刹车，印都在那儿，她寻思他要停，谁知道他又走，又往上抢了一下。

[同期]陈女士：我俩就那么来回躲了两下，结果他一走我也走，我们俩就撞上了。

[解说2]慌了神的陈女士还是依靠朋友帮忙才报的警，很快伤者被120送往了医院，可没多久陈女士就得到了伤者经抢救无效已经死亡的消息。

[同期]陈女士老公：最后往医院送的时候，那个人满身酒气，我说他喝酒了，交警说喝酒和这次出事无关。

[同期]陈女士：判决赔偿比例三七分。

记者：死者责任30%，你责任70%？

陈女士：对。

[解说3]陈女士说交警当时在死者的身上没有找到任何身份证明，但在出事的第二天，一个自称死者女朋友的人来到了旅顺交警大队。

[同期]陈女士：但是这个女子，交警队说没有合法手续，交警队不承认我也没办法。

记者：你有没有向女子询问这个死者的身份呢？

陈女士：我问过，找过，我无数找到她，她也跟我说实话，就是他们一起住的时候，只知道他说自己是黑龙江齐齐哈尔的，因为他有时候半夜打电话，有姑娘打电话要钱或者怎的一些事，说还有父母，最惦记的就是他父母，都是这个女的跟我说的这些。所以他具体是哪里人，叫什么名字，她也不太清楚，她只知道说叫吴敏，就是这么个名，到底是不是真实姓名也不知道。

[解说4]陈女士说，出事后，旅顺口区人民法院一审判处她犯交通肇事罪，判处有期徒刑一年。对此，陈女士认为在事故发生时，自己及时报警，原地等待警察处理，并主动提交《缴纳赔偿款申请书》，表现了赔偿的诚心和决心，所以对判决不服并提出了上诉。

[同期]陈女士：二审法院判了我一年缓刑，同时押了我20万元。

记者： 这个 20 万元当时是以什么名义押的？

陈女士： 我也不太清楚，当时张律师就是说 20 万元押了就能判你缓刑，他就这么跟我说的，说以后再想办法，大连市要成立代为索赔机构的话，咱们就可以拿回这 20 万元，由保险公司赔付。

[解说 5] 二审结果下来，陈女士当时深感欣慰，再加上她这辆车的第三者商业责任险的保额是 50 万元，加上交强险的 10 多万元，足够给死者家属赔付，但一个令她始料未及的情况出现了，那就是 5 年来不管警方怎么调查，始终找不到死者的相关身份信息。

[同期] **陈女士：** 这几年把我折腾得头发全白了，觉得死者冤屈，我也冤屈。

[同期] **张荣君律师：** 受害人家属不出现的话，谁来向保险公司索赔，这在法律上也是个难题。因为我国《侵权责任法》明确规定，如果被侵权人受伤，他本人可以提起诉讼，索赔相应的经济损失和费用，如果被侵权人死亡的话，应当由他的近亲属进行索赔，但本案死者恰恰是"无名氏"，近亲属找不到，或者无法查明，一个法律上的难题出现了——谁来向保险公司索赔。

[解说 6] 张律师说，其实在 2012 年，大连甘井子也曾经出现过类似的交通肇事案件，当时替死者索赔的是甘井子区民政局，但是 2012 年年末，最高人民法院出台了一个司法解释，这样的行为就不被允许了。

[同期] **张荣君律师：** 在 2012 年 11 月，《最高人民法院关于审理道路交通事故损害赔偿案件适用法律若干问题的解释》（法释〔2012〕19 号），其中第 26 条第 1 款就明确规定，被侵权人因道路交通事故死亡，无近亲属或者近亲属不明，未经法律授权的机关或者有关组织向人民法院起诉主张死亡赔偿金的，人民法院不予受理。就是说这个司法解释出台以后，民政局再代理道路交通事故中的"无名氏"索赔是不行了，主体不适格，必须有法律授权，还不是行政法规授权。所以我们作为法律工作者，也期待国家立法机关能够授权一个机构，对全国这样的"无名氏"死者，能代理他进行索赔。

记者： 现在国家法律上有这条要求，但是国家没指派具体的机构？

张荣君律师： 到现在还没有。这一笔费用不应该由肇事人来承担，因为根据国家法律规定，肇事人应当承担的赔偿责任，是向死者的近亲属承担赔偿费用，比如死亡赔偿金、丧葬费、精神损害抚慰金等，这些钱都由肇事人在保险公司的保险来替代赔偿，到这里当事人的赔偿责任已经在法律上终结了。

[解说7] 因为找不到死者家属，陈女士说自己的20万元至今还押在人民法院，这几年她一直在私下里通过自己的力量寻找相关的线索。

[同期] 陈女士： 当时找的时候，我就是按"无名氏"来找的，按40岁到50岁之间，通过朋友找，找到他叫胡敏，他没有二代身份证。

[同期] 张荣君律师： 现在当事人也在通过私人的关系到黑龙江齐齐哈尔地区克东县一个古镇，蒲峪路镇，在那块据说有一点线索，但是后来也断了。

[解说8] 陈女士说自己的线索来源于死者当时手机里的一组电话号码，电话里有所谓妈妈、姑姑、姐夫等人的电话，号码都是黑龙江的，可奇怪的是，当她按照电话打过去时，却没有一个人承认认识死者。

[同期] 陈女士： 我还有一个他弟弟的电话，和他弟弟还发过微信，他都不给我回话。

记者： 他连问也没问一下吗？

陈女士： 不问，他也不反驳我，他也不说我不认识你，什么都没有。

记者： 就是没动静？

陈女士： 就是没动静。

记者： 这个事你不觉得奇怪吗？

陈女士： 我奇怪啊，但没办法，我束手无策。

[解说9] 得知这个消息，"非常帮"让陈女士再次尝试用这组电话与对方联系，可毕竟过去了5年，这组电话号码大多都已经成了空号，只有一个标

注为姑姑的号码还能够打通。

[同期] 张荣君律师： 您是有一个亲属在大连旅顺打工吗？

电话中女： 不知道。

张荣君律师： 您姓胡吗？

电话中女： 不对，我姓孙。你打错了。

[出像词2] 死者电话里的号码上都标注着这些人是其亲属，一个个打电话过去却都被否认，同居了5年的女友也不知道其身份信息，这"无名氏"身上笼罩着一层神秘的纱。尽管陈女士将自己调查到的这些信息告知了相关部门，可"无名氏"的身份之谜仍然没能得到破解，到现在这件事儿简直成了陈女士的梦魇，而现实的难题也一一出现了，那就是产生的相关费用到底该怎么算？

[同期] 陈女士： 都说死者为大，不管怎么样，死者也应该入土为安，毕竟是我造成的。相关的费用这块，我已经押了20万元在法院，如果被害人亲属出现了，保险公司也会依法理赔，现在让我愁的是，法院这20万元啥时候能返给我？我自己也觉得很委屈。据说死者至今没火化，还停尸在殡仪馆，可能还会产生一大笔费用。

[解说10] 陈女士口中的"无名尸"的停尸费，是因为至今没有找到死者的相关信息，现在受害人遗体还保存在旅顺的殡仪馆，每年产生的费用据说不少，为了打听清楚具体的情况，"非常帮"和陈女士一起来到了这家殡仪馆。

[同期] 殡仪馆馆长： 我们也着急，因为这个遗体不能总存放，而且这个费用很大，造成了很多负担。

记者： 你们也有这种顾虑？

殡仪馆馆长： 肯定有，我们希望能早点处理。

殡仪馆任某： 按最低一天100元，1年就是3万多元，5年就接近20万元。

殡仪馆馆长： 我们催过多少次了，希望早点火化，因为今年1月1日，大连市出台了一个管理条例，对这些长期存放的遗体，明文规定要处理，如果联系不到家属,要求登报 3 个月。

记者: 这是今年新出的规定吗?

殡仪馆馆长: 今年出台的,大连市出台的新规定。

记者: 你们下一步打算按照这个规定执行?

殡仪馆馆长: 对,我们就按照这个规定找家属,找不到家属我们就要登报,按照规定来执行。

[解说 11] 虽然有市政府新颁发的规定,"无名尸"的停尸问题即将得到解决,可之前 5 年多产生的 20 多万元费用却是实实在在存在的,陈女士十分担心这笔费用是否由其独自承担。

[同期] **记者:** 像他这具尸体,将来你这个费用就是向交警这块协调吗?

殡仪馆馆长: 那不能,他不是有送来的联系人嘛!

陈女士: 不是我送的,交警队送的。

殡仪馆馆长: 那就得跟肇事方解决这个问题,家属找不到了。

记者: 最后还得找陈女士。

[同期] **张荣君律师:** 在殡仪馆"无名氏"死者停尸 5 年多的时间,跟肇事人关联性不是很大,为什么呢?因为向殡仪馆移送这个尸体的时候,是由公安机关移交到殡仪馆的,不是肇事人移交的,如果肇事人移交,殡仪馆也不会收,因为肇事人该赔的费用,全部都由保险公司替代赔偿,她的第三者商业责任险是 50 万元,交强险是 12 余万元,一共 62 万多元,而且她作为肇事人一方,在事故责任划分上是主责,"无名氏"死者还有一个次要责任需要承担,所以这 60 余万元的赔偿金,足够赔偿"无名氏"家属的费用了。停尸费不是由肇事人造成的,肇事人不应承担。

[同期] **陈女士:** 听到 20 万元我也挺害怕的,要我承担的话我也承担不了。对我太不公平了,毕竟也不是我要求放在殡仪馆的,当中我也没少去跟他们探讨什么时候火化,因为当时我打听到,保险公司出这笔丧葬费,但是他们说现在没处理完,尸体不能火化,我也没办法,束手无策。

[解说12] 陈女士说这笔停尸费已经高达 20 多万元, 加上之前押在法院的那 20 万元, 这总计将近 50 万元的费用, 她认为应该由保险公司来承担, 可事实能像她想的这样吗? 在其投保的保险公司, 一位客户经理对此进行了解答。

[同期] 保险公司工作人员: 这个不要紧, 刚才我讲了, 这个东西只要是事实的话, 就不是问题。比如, 10 年后死者家属找到了, 家属来向您申请这部分费用的话, 我们保险公司还是可以再理赔的。

[解说13] 这位保险公司的工作人员首先强调, 只要找到死者的家属, 陈女士的赔偿都会正常履行, 不存在时效问题, 而对于死者在殡仪馆产生的停尸费和陈女士押在法院的押金, 这位工作人员解释称, 保险公司是不会承担的。

[同期] 保险公司工作人员: 停尸费正常一般是不报的。

记者: 保险公司不管?

保险公司工作人员: 一般是不报的。

记者: 押金呢?

保险公司工作人员: 押金这个性质, 正常来说有一天会返还给你的, 这是一个押金。就是咱们正常的理解, 不是我们认为, 押金只是押在这, 这个钱其实还是您的, 也不是法院的, 也不是家属的, 也不是谁的, 这个钱还是您的, 只不过押在这块了。

[解说14] 听到这里, 陈女士表示如果死者家属始终不出现的话, 这笔费用又该怎么算呢?

[同期] 陈女士: 20 万元, 我首先这么认为, 我是替你垫付的, 不替你垫付我就要受法律制裁了, 因为我参加保险了, 我不是骗保, 对吧?

保险公司工作人员: 是您参加保险的。

陈女士: 我是这么认为的。

保险公司工作人员：死者家属永远不出现的话，这 20 万元，就不是该我们保险公司来解决了，这个你就得找法院了，因为这个就像我们刚才说的，这是您交给法院的一个押金，这个得具体问一下法院。

[解说 15] 对于保险公司对押金的解释，陈女士表示无法接受，而双方分歧这么大，显然是非常帮通过调解无法解决的，随行的张律师给陈女士提了两点建议，希望能帮她找到新的解决路径。

[同期] 张荣君律师：根据咱们刚才——就是死者生前留下的电话号码看，有的电话还是能够打通的，这样的话我建议你本人再跟相关的机构或者部门紧密地沟通、交流一下，还得查找这个"无名尸"家属的信息，因为这个电话能打通，是不是？跟"无名尸"相关的电话有的能打通，这样的话如果相关部门能够进一步地细查这个信息，我觉得很有可能能查到，查到的话这个事情就迎刃而解了，因为家属出现了，向保险公司索赔就没问题了，法律上不存在障碍，你的 20 万元的押金可以顺利取回，这个事就解决掉了，这是第一点建议。第二点是，根据大连市出台的《道路交通事故社会救助基金管理暂行办法》第 15 条的规定，"无名尸"这种情况，如果家属不明确的，那么他的责任人可能要缴存一部分金额给救助基金这个组织，直到家属出现。这一块还有待于你，或者律师也好，相关部门也好，跟这些机构来进行进一步的沟通，看看能够用什么办法把这个事解决掉，总之这一步也是挺难的。

[出像词 3] 根据最高人民法院在 2012 年 11 月发布的道路交通事故司法解释，对这种"无名氏"的赔偿必须由国家授权的机关或者有关组织才能代理索赔，可几年过去了，到底由哪个部门来索赔却没有一个明确的解释和认定，这也造成了陈女士现在这种举步维艰的情况，我们也期待和呼吁授权机关或者有关组织能够尽快出现，不要再出现陈女士这种无法可依、无据可循的事情了。

手记 15

高速公路上的"工亡"案

——企业不给职工缴纳社保赔偿 50 万元案件代理纪实

老马是高速公路服务区的一名保洁员,不料一天凌晨工作时被一辆重型大货车轧死。家属为追讨工亡赔偿找到我,经过一番周折,获得了比较满意的结果。但让人始料不及的是,5 年后又有一个女人站了出来,把老马的第二任妻子和子女都告上了法庭。该女子认为老马去世后高达百万元的赔偿款项和被政府征收后回迁的 2 套楼房,都应该有她的一份。

 **案情再现**

发生在子夜时分的车祸

2014 年 10 月 28 日凌晨,沈海高速公路小黑山收费站服务区的工作人员老马没有休息,还在做着保洁工作,当他打扫路面垃圾的时候,不幸的事情突然发生了。

就在他的身后,该服务区西区停车场内的一辆解放牌重型仓栅式大货车,头南尾北倒车驶离停车地点时,将车后正在工作的老马撞倒。由于是夜间,货车司机并未察觉到车后有人,更不知道老马已经被撞倒在地,仍然继续倒车，又从老马身上碾轧过去，当场把老马轧死了。

大连市公安局交通警察支队高一大队的交警到达现场后，法医进行了尸检。2014年10月30日，大连市公安司法鉴定中心作出《法医学尸体检验鉴定书》，结论是：死者老马系因颅脑严重损伤及胸腹部脏器损伤死亡。

2014年10月的最后一天，交警队出具了《道路交通事故认定书》，肇事人樊某承担本起道路交通事故的全部责任，死者老马不承担事故责任。

而小黑山收费站服务区出具的一份《事件经过》也载明：

当时，保安员罗某正好巡逻到小停车场，听到保洁员老马惨叫，看见保洁员老马倒在车下，罗某马上跑过去将车辆制止。但司机停车后不知什么原因又将车辆前行，再次从老马的身体上轧过，造成其当场死亡。事故发生后，保安员罗某立即用对讲机通知值班经理张某，张某赶到后马上控制住肇事驾驶员，并立即向分公司经理汇报，经理立即赶到现场指挥处理，并第一时间拨打120急救电话，联系急救车辆；报110警察和小黑山收费站派出所，高速公路交警一大队事故科及时接警。

120急救车于凌晨0时35分到达现场，经120医生确认老马已经死亡。

保险公司和肇事人赔偿50余万元

肇事人樊某的亲属与受害人家属多次协商，2014年11月6日，死者老马的继子赫某作为代表与肇事司机樊某签署了《赔偿协议书》，双方约定除了肇事车辆投保的交强险及商业险按照国家标准进行赔付外，肇事人樊某再一次性给付老马妻子于某英等3人事故赔偿金5万元、丧葬费23155元，同时于某英3人对樊某的过失犯罪行为表示谅解。

其后，于某英3人陆续收到保险公司支付的交强险理赔款11万元、第三者商业责任险理赔款267495元。

此外，他们还获得了服务区在老马生前投保、由保险公司支付的意外伤害理赔款5万元，以上共计500650元赔偿款。

追讨工亡赔偿受阻

老马是 1956 年生人,殁年 58 岁,小学文化程度,大连市金州区北乐镇西三十里村农民。2013 年 1 月 5 日,老马到服务区打工时,未签过任何合同,也未缴纳过任何社会保险。据家属讲,服务区每月发给 1500 元工资。

由于大货车在保险公司投保了交强险和第三者商业责任险,双方达成赔偿调解协议。并且,肇事司机额外赔偿老马家属人民币 5 万元。

赔偿后,老马家属多次找到服务区,认为应当申报工伤,还应得到工亡赔偿金。但服务区明确告知家属,老马属于临时工,且属于劳务用工,双方不是劳动关系,不能按工伤处理。

老马家属一时间陷入茫然中。

老马生前离过一次婚,1991 年 8 月与现任妻子于某英结婚时,于某英将其与前夫生的一儿一女都带了过来。这样,这一儿一女就成了老马的继子女。

看见服务区领导言之凿凿地说不构成工伤,老马的继子赫某就打了退堂鼓,他对母亲说,算了,反正咱们也得到保险公司的赔偿了,我爸已死,入土为安吧。这年头,官司不好打呀!

 代理过程

当事人的哥哥找到了我

正当于某英及她的儿子、女儿 3 人要放弃索赔的时候,一个人的到来使此案发生了巨大转机。此人就是于某英的哥哥于某传!

于某传,1952 年生人,早年的大学生,此时已经从大连开发区某事业单位退休,长期住在女儿家,偶尔回大连小住。巧合的是,2015 年春节,于某传回到大连，到妹妹家串门时，听说了此事。见多识广的他，感到这里肯定有问题，但他也说不出问题在哪里。

之后，于某传问了几个律师，有的说不行，死者与服务区属于雇佣关系，遭受第三人损害后，已经得到了赔偿。还有的说死者本身就是农村户口，有土地和生活来源，年龄已经是56岁了，与服务区之间不属于劳动关系。即使属于劳动关系，眼看就达到退休年龄了，也折腾不出多少钱，这种案子费时、费力、费心、费神，不好办。

于某传不知在哪里听说了我，在2015年3月的一天，他突然到律师事务所找到了我，咨询这个案子。我听完后，略加分析，就明确告诉他，这是一个典型的工伤死亡案件，还应当得到一笔巨额赔偿。我对他说，工伤赔偿款与商业保险理赔款可以兼得，不冲突。另外，关于服务区所说老马属于临时工，在我国法律中早就不存在这种说法了。

奔走多日，终于认定"工亡"

几天后，于某英一家三口，委托我办理这个案子。

实际上，在这个案子里，如果按照劳动关系来看的话，老马的权利遭受的损害是很大的。第一，未签订书面劳动合同，可以要求赔偿11个月的双倍工资；第二，服务区仅支付1500元工资/月，低于大连市最低工资标准，也是可以要求补足的；第三，还可以要求服务区赔偿未给劳动者补缴保险的损失。

但当事人说，这些就算了，直接从大的方面来索赔。

2015年4月，我带着于某英到人社局申报工伤，同时提交了服务区出具的《证明》《事件经过》及《道路交通事故认定书》和《法医学尸体检验鉴定书》，又到交警队调取了老马死亡的全部案卷，将其中的部分材料作为证据，提供给人社局的工伤科。

但其后的一段时间，人社局没有任何音讯。从法律规定上看，按照《工伤保险条例》第20条第1款和第2款的规定，社会保险行政部门应当自受理工伤认定申请之日起60日内作出工伤认定的决定,并书面通知申请工伤认定的职工或者其近亲属和该职工所在单位。社会保险行政部门对受理的事实清楚、权利义务明确的工伤认定申请,应当在15日内作出工伤认定的决定。我联系了工伤认定机构,对方称,还在调查之中。

我告诉于某英,这个案子,还是有很大把握的。根据《工伤保险条例》第19条第2款的规定,职工或者其近亲属认为是工伤,用人单位不认为是工伤的,由用人单位承担举证责任。而用人单位已经在其出具给保险公司的《事件经过》中,认可了老马的工作时间以及因工作原因死亡的情况。

由于行政机关迟迟不出具工伤死亡的认定书,于某英还向辽宁民心网进行了投诉。

2015年5月26日,在递交申请将近两个月后,人社局终于认定:老马所受到的事故伤害符合《工伤保险条例》第14条第1项的规定,认定为工伤(亡)。

劳动仲裁:用人单位再赔56万余元

2015年8月18日,我向劳动人事争议仲裁委员会提交《劳动争议仲裁申请》,要求赔偿一次性工亡补助金、丧葬补助金共计56万余元。

奇怪的是,开庭时,高速公路服务区一方无人到庭,仅在庭审之后提交了书面答辩状。

2015年11月19日,劳动人事争议仲裁委员会作出劳人仲裁(2015)249号《仲裁裁决书》。该委认为,老马所受伤害已经人力资源和社会保障行政部门认定为工亡,按照《劳动法》及《工伤保险条例》等劳动法律法规之规定,理应享受工伤保险待遇。根据《工伤保险条例》第39条规定,被申请人应当向申请人支付6个月大连市职工月平均工资的丧葬补助金及一次性工亡补助金(标准为上一年度全国城镇居民人均可支配收入的20倍),遂裁决高速公路服务区给付3名申请人丧葬补助金和一次性工亡补助金56.83万元。

仲裁裁决生效后，我向法院申请强制执行。

正在执行过程中，又发生了一件意料不到的事情。执行法官告诉我，听说服务区不服仲裁裁决，已经向法院起诉了，因此暂不能执行。

我马上赶到劳动仲裁机构进行询问，仲裁人员说，裁决作出后，服务区始终不来领取裁决书，前两天刚领走，之前给我出具的仲裁裁决生效证明，由于工作疏忽，出现了错误。

服务区起诉：如果赔偿会导致国家利益受损

不久，我接到了法院送达的起诉状副本。服务区一方的诉求是，请求法院判决不给付被告（即于某英等3人）丧葬补助金及一次性工亡补助金，理由如下。

第一，服务区与死者老马生前共签订两份劳动合同，在签订第一份劳动合同时老马已经57周岁，此前老马一直未参保，自己又不能进行补办，因此按国家相关规定，老马不符合参保（须连续15年缴费）及享受保险待遇的条件。

第二，老马连续两次与原告服务区签订劳动合同时均向原告出具了《声明书》，内容是："本人自愿放弃服务区为本人缴纳养老、医疗、失业、生育、工伤保险的权利，因此而产生的一切后果均由本人承担，与服务区无关，特此声明。"由此可见，未参保的责任应当由老马个人承担。

第三，国家明确规定参保费用必须由单位及个人按比例缴纳，因老马不缴纳个人应承担的参保费用，导致原告无法为其办理参保缴费手续。服务区还提出，仲裁机构的裁决有悖事实，再次请求法院依据事实和法律作出公正判决，支持服务区的诉讼请求，以避免原告代表的国家利益受到损失。

开庭过程中，我坚决不同意服务区的诉讼请求，进行了有力的驳斥和回击。

1.原告没有给被告缴纳保险主要的责任在于原告，根据《劳动法》第72条的规定，用人单位和劳动者必须依法参加社会保险，缴纳社会保险费。国务院《社会保险费征缴暂行条例》第7条第1款规定，缴费单位必须向当地社会保险经办机构办理社会保险登记，参加社会保险。第10条第1款规定，缴费单位必须按月向社会保险经办机构申报应缴纳的社会保险费数额，经社会保险经办机构核定后，在规定的期限内缴纳社会保险费。第12条规定，缴费单位和缴费个人应当以货币形式全额缴纳社会保险费。缴费个人应当缴纳的社会保险费，由所在单位从其本人工资中代扣代缴。社会保险费不得减免。

2. 关于原告称社会保险机构不收取保险费用，应向法庭出示证据，因何种原因社保部门不收取社保费用。根据《工伤保险条例》第51条第1款的规定，社会保险行政部门依法对工伤保险费的征缴和工伤保险基金的支付情况进行监督检查。社保部门不收取原告缴纳的保险费的情况，是不可能存在的。而且，如果真有此种情况，原告完全可以向社会保险行政部门反映，要求查处。《工伤保险条例》第58条规定，经办机构有下列行为之一的，由社会保险行政部门责令改正，对直接负责的主管人员和其他责任人员依法给予纪律处分；情节严重，构成犯罪的，依法追究刑事责任；造成当事人经济损失的，由经办机构依法承担赔偿责任：（一）未按规定保存用人单位缴费和职工享受工伤保险待遇情况记录的；（二）不按规定核定工伤保险待遇的；（三）收受当事人财物的。

3. 即使原告主张未缴保险费的责任不在于原告，系社保部门不收取费用所导致，也与老马无关。因为在原告没有给老马缴纳社会保险的情形下，根据有关规定应当由原告向老马的近亲属支付一次性工伤死亡补偿金和丧葬费，而不是由保险机构来支付。

4. 原告在起诉中称死者老马生前与原告有声明书，是老马本人自愿放弃了缴纳保险的权利。对此，被告认为该声明书违反了国家法律和行政法规的强制性规定，根据《合同法》（1999年）① 第52条的规定，该声明系无效声明。原告不能以此声明书为由，免除自己缴纳社会保险的责任，更不能以此为由免除向死者近亲属支付工伤死亡补偿金等费用的义务。

---

① 编者注：《合同法》现已失效。

一审法院：支持工亡受害人家属维权，我方再次胜诉

法院认为，我国法律并未规定劳动者距离退休不满 5 年不能缴纳社会保险或不连续缴费满 15 年就不能参保。因此，原告应当为被告老马缴纳社会保险。原告提供老马出具的声明，拟证明未为老马缴纳社会保险的责任在于老马本人。本院认为，用人单位为与其建立劳动关系的劳动者办理社会保险是法律规定的强制义务，放弃缴纳社保的免责声明，显然违反了法律和行政法规的强制性规定，应属无效，原告应当按照法律规定为被告老马办理社会保险。被告老马所受伤害已经人力资源和社会保障行政部门认定为工亡，按照《劳动法》及《工伤保险条例》等劳动法律规定，理应享受工伤保险待遇，在原告没有给老马缴纳社会保险的情形下，应当由原告向 3 被告支付丧葬补助金及一次性工亡补助金 56.83 万元（标准为上一年度全国城镇居民人均可支配收入的 20 倍）。因原告已经支付 3 被告 14766 元，应予扣除，原告还需支付 3 被告丧葬补助金及工亡补助金合计 553534 元。法院最终判决服务区支付 3 被告丧葬补助金及工亡补助金合计 553534 元。

服务区上诉：不应承担全部责任

服务区提起上诉，要求撤销一审判决，驳回被上诉人的诉讼请求，其上诉理由除了一审起诉书的内容之外，还有以下几点。

第一，参加社会保险不单是用人单位的义务，亦是职工的义务。在老马拒绝办理和缴纳社会保险的情况下，上诉人无法为其参保，也不应为其违法行为引发的后果买单。

第二，法律规定与社保实际办理程序相冲突，上诉人无法单独为老马办理和缴纳工伤保险。虽然法律规定用人单位必须为职工办理和缴纳工伤保险，但是在实际办理过程中，用人单位在为职工办理参保手续时，社保机构登记

和核算的是职工的全部社保费用，其中既有用人单位应缴的，也有职工应缴的。即，职工参保必须参加基本养老保险、基本医疗保险、工伤保险、失业保险、生育保险全部5项保险，而不能选择单独参加工伤保险，用人单位也不可能在职工不参加其他保险的情况下，单独为其办理工伤保险。

第三，一审判决事实不清，适用法律错误，上诉人不应承担全部赔偿责任。老马未参加工伤保险，其身亡后被上诉人无法享受工伤保险待遇的后果是因为老马不履行法定义务所造成的，不能单纯归责于上诉人。就算考虑到上诉人作为用人单位的义务，但老马本人不履行义务的行为在先，系事件发生的直接原因，老马及被上诉人就不利后果也要承担一半的责任。

二审庭审中，我要求维持一审判决，驳回上诉。

2016年9月14日，双方在法院达成调解协议，由服务区一次性给付3被上诉人丧葬补助金合计人民币50万元。该款项当庭予以履行和交付。

无端被诉，又上公堂

工伤维权成功以后，于某英3人在失去亲人的痛楚之后过上了一段平静的生活。但是，就在2020年4月，距离老马车祸死亡5年后，两张突如其来的法庭传票又打乱了于某英一家的生活。

有一个叫王媛媛（化名）的女子，手持某社区出具的一张《证明》，自称是老马与前妻的婚生女马兰兰（后改名为王媛媛），要求继承和分割老马生前回迁、遗留的两套房产及死亡赔偿的全部款项。

于某英与老马结婚24年以来，从未听老马生前说过其还有一个女儿。3人焦急地再次赶到大连，继续委托我帮他们处理这两场官司。拿到起诉状副本和对方的证据后，我发现，社区出具的《证明》上这样写着：

王媛媛，女，身份证号码（略），<u>是老马的亲生女儿，老马在1984年6月离婚</u>。<u>王媛媛原名马兰兰</u>。情况属实，特此证明。

经过仔细研究，我注意到，在原告王媛媛提交给法院的证据材料中，仅有一份 1984 年 6 月金县（现大连市金州区）人民法院作出的老马与前妻离婚诉讼案件的《民事调解书》，其中提到了二人婚生女名叫马兰兰。

金县人民法院
民事调解书

（84）卅民字第 49 号

原告：王某，女，26 岁，汉族，辽宁省金县人，社员，现住四十里堡乡西三十里村。

被告：老马，男，29 岁，汉族，辽宁省金县人，社员，现住四十堡乡西三十里村。

案由：离婚。

原被告于 1981 年经他人介绍相识，于 1983 年 1 月自主结婚，有婚生女马兰兰（八个月）。婚后双方很少言语，互不关心，原告经常回娘家居住。被告患病需要他人照顾时，原告很少照顾被告。1983 年 12 月，被告怀疑原告婚前在生活作风上行为不轨，为此，双方矛盾激化，原告离家至今不归。现原告以夫妻感情破裂为由来院诉讼要求与被告离婚，被告同意离婚。

本院认为，原被告婚姻基础较差，婚后又没建立起感情，被告怀疑原告婚前生活作风上有不轨行为一节，查无实据，不能认定。现原被告婚姻关系难以维持，感情确已破裂。根据《中华人民共和国婚姻法》第 25 条、第 29 条之规定，经本院调解双方达成协议如下：

一、原告王某与被告老马自愿离婚。

二、婚生女马兰兰由原告王某抚养。

三、个人衣物归个人所有。

四、被告老马返给原告王某玉米 300 斤。

五、本案诉讼费 5 元，由原告王某与被告老马各支付 2 元 5 角整。

本调解书与判决书具有同等法律效力。

除社区的《证明》外，再无其他材料能够证明马兰兰即是本案原告王媛媛。

接受委托后，我来到大连市金州区人民法院档案室，将1984年老马与前妻离婚诉讼的案卷材料全部调取出来，开始做庭前准备。

连续两案，要钱要房

第一个案件，王媛媛要求继承被继承人老马遗产，即2013年8月动迁分配的坐落于大连金普新区某街道西山后社区居民委员会的泰锋俪景城小区5号楼×单元×××室（面积72.73平方米）和8号楼×单元×××室（面积97.3平方米）每套楼房的1/8份额。

第二个案件，是共有物分割纠纷，要求3被告给付老马的死亡赔偿款人民币252250元。

2020年6月2日，法院公开审理了这起王媛媛诉于某英3人继承纠纷及共有物分割纠纷两个案件。

原告阐述的理由是，原告王媛媛，原名马兰兰，系被继承人老马与第一任妻子王某的婚生女。1984年6月2日，原金县人民法院作出（84）卅民字第49号民事调解书，准予老马与王某离婚，王媛媛由其母亲抚养。1991年8月22日，老马与第二任妻子，即本案被告之一于某英登记结婚，继子赫某、继女赫某女。2018年8月5日，王媛媛母亲王某因病死亡。

老马死亡后，原告王媛媛没有分得老马的遗产及死亡赔偿款，并且王媛媛也没有放弃的意思表示。根据法律相关规定，王媛媛系死者老马的亲生女，故有权分得老马的遗产及死亡赔偿款。

原告向法庭提交了户口本、（84）卅民字第49号民事调解书、社区出具的《证明》、（2016）辽02民终4478号民事调解书、交通事故损害赔偿调解书、保险公司保险单等证据材料，还申请4名证人（均系王媛媛亲属）出庭作证。

在继承案件中，王媛媛的代理律师还出示了两份《城际铁路项目征地动

▲ 图 15-1 2020 年 8 月 3 日《上海法治报》对本案的报道

迁补偿协议书》。第一份补偿协议书显示，实际补偿费用为 1614719.38 元人民币；另一份合同《大连普湾新区城际铁路项目征地动迁补偿协议书》绝大部分内容与此相同，仅在第 2 条"补偿费用"中写明，实际补偿费用合计为 4063 元人民币。

原来，在车祸发生之前，老马一直居住在某街道的西三十里农村，有自建房屋 57 平方米，承包集体土地 7.27 亩，投资修建了蔬菜和果树大棚，购买了机器设备，栽种了上千棵果树。2010 年，因政府开始建设城际铁路项目（轻轨），将老马家的房屋、土地及地上附着物全部征占，街道办事处与老马签订了 2 份《征地动迁补偿协议书》，合计补偿老马款项 1618782.38 元。在此基础上，2013 年 8 月，政府还为老马、于某英一家安置了 2 套回迁房屋，分别位于泰锋俪景城小区 5 号楼×单元×××室（面积 72.73 平方米）和 8 号楼×单元×××室（面积 97.3 平方米）。

从容答辩，毫不退让

对此我反驳称：1. 关于金县人民法院 1984 年的《民事调解书》，不能证明调解书中的婚生女马兰兰就是本案原告王媛媛。且根据最高人民法院民事诉讼证据规则的相关规定，免证事项仅包括法院的生效裁判文书，没有明确规定包括调解书，该证据与本案不具有关联性。2.姓名权变更必须由公安机关出具证明才具有法律效力，社区无权出具。国务院六部委在2020年4月出台了《关于改进和规范基层群众性自治组织出具证明工作的指导意见》，明确有关"亲属关系证明、居民身份信息证明、户口登记项目内容（含姓名权）变更申请证明"等事项，基层群众性自治组织无权出具。3.出庭的4名证人分别是王媛媛的继父、姑姑（老马的姐姐）、另一个姑姑（继父的姐姐）、老姨（母亲的妹妹），均与原告有利害关系，不具有证人资格，所作证言不具有证据效力。本案是涉及身份关系的案件，证人的证言不能代替公安机关的证明。

我向法庭提交了此前代理老马工亡案的民事判决书以及1984年金县人民法院审理老马与前妻离婚案件中的民事答辩状、谈话笔录、询问笔录等5项证据，证明：1.老马去世后，其法定继承人为妻子于某英、女儿赫某女、儿子赫某，上述事实已经（2016）辽0214民初字第2018号民事判决书查明属实，王媛媛并非老马的法定继承人。2.根据民事答辩状、谈话笔录、询问笔录等证据可知，老马前妻婚前生活作风不佳，并且马兰兰是在其母亲同老马婚后8个多月时所生，其母亲在笔录中又明确承认与老马婚前并未同居过。在老马已死亡、不能进行亲子鉴定的情形下，现有证据无法证明原告王媛媛就是《民事调解书》中的"婚生女马兰兰"，原告主体不适格。

这次庭审之后，我向法庭递交了详细的书面代理词，提出以下三个异议。

异议之一：免证事实是否包括法院的《调解书》

根据2020年5月1日起施行的《最高人民法院关于民事诉讼证据的若干规定》第10条的规定，已为人民法院发生法律效力的裁判所确认的基本事实，当事人无须举证证明。

对于该法律条文规定的"裁判"范围，应当如何理解？在最高人民法院民事审判第一庭编著的《最高人民法院新民事诉讼证据规定理解与适用》（2020年版）一书中，回避了这个问题。在最高人民法院原副院长李国光主编的《最高人民法院〈关于民事诉讼证据的若干规定〉的理解与适用》一书中，也回避了这个问题。

我认为，此处的"裁判"不应作扩大解释，不宜包括调解书。

1. 从文义解释上看，"裁判"仅应包括裁定书和判决书，不应包括调解书。 文义解释又称文理解释，是按照表述法律规范的文字的字面意义进行的一种法律解释。诉讼类案件中，法院作出的影响当事人实体权利及诉讼权利的法律文书一般包括判决书、裁定书、调解书三大类，而上述法律条文仅使用"裁判"字样，并没有明确是否含调解书。在此情形下，我们应当对该法律条文作文义解释而不应作扩大解释，不宜认为此条款规定包括调解书。

2. 从判决书、裁定书与调解书形成的过程上看，"裁判"亦不应包括调解书。 判决书、裁定书是记载人民法院审理案件的过程和结果，是法院基于法律事实、通过对证据的审查、依据法律规定与诉讼程序作出的法律文书。调解书是双方当事人在法院的主持下，在当事人自愿的基础上经双方协商所达成、后经法院确认效力的调解协议。调解协议实际上就是一个合同，根据合同的相对性原理，只对签订双方的当事人具有约束力，但不能用来约束案外人。而调解书的合意性也决定了一方或双方当事人在协商过程中，必然做了一定的妥协与让步。根据《最高人民法院关于适用〈中华人民共和国民事诉讼法〉的解释》（法释〔2015〕5号）第107条"在诉讼中，当事人为达成调解协议或者和解协议作出妥协而认可的事实，不得在后续的诉讼中作为对其不利的根据，但法律另有规定或者当事人均同意的除外"之规定，可知，调解书中当事人认可的事实，并不一定是真实的"事实"。

从这个角度理解，对于《最高人民法院关于民事诉讼证据的若干规定》第10条第1款第6项规定的"免证事由"，更不应包括调解书，因为法院在形成调解书的过程中，根本没有查明案件基本事实的义务。因此，如果在诉讼过程中，有当事人以双方此前已发生法律效力的调解书内容作为免证事实，法院应当慎重审查。

3. 从判决书、裁定书与调解书的内容上看，调解书不应包含在"裁判"中。根据最高人民法院《人民法院民事裁判文书制作规范》《民事诉讼文书样式》的规定，人民法院在制作判决书、裁定书时，文书正文部分应当包括"经审理查明""本院认为"等内容。这是法院根据认定的案件事实和法律依据，对当事人的诉讼请求是否成立进行分析评述、阐明理由，依据实体法和程序法作出的裁判文书。而调解书的正文内容，并不包含"经审理查明""本院认为"等法院审查、评述的部分，更不包括实体的法律依据，仅是在主持双方自愿达成调解协议时，审查双方合意内容的合法性。因调解书这一性质内容使然，其本身都没有对案件的基本事实进行认定，更不能在另案中用作免证事实。

4. 即使是人民法院作出的生效判决书，也并不当然具有证据效力。判决书的证据效力也不是绝对的。《最高人民法院关于民事诉讼证据的若干规定》（法释〔2019〕19号）第10条第2款还规定，"前款第二项至第五项事实，当事人有相反证据足以反驳的除外；第六项、第七项事实，当事人有相反证据足以推翻的除外"。可知，在当事人有相反证据足以推翻原判认定的事实情况下，人民法院发生法律效力的判决书中认定的事实，也不能作为本案的免证事实。

事实上，判决书中所确认的当事人自认的事实与调解书确认的事实并无差别。因为从法理上讲，法院只有在对当事人提供的证据进行评价判断后所认定的事实才是国家意志的体现。而自认是一种诉讼行为，当事人自认的事实并未反映国家意志。所以判决书中查明事实的证据效力，还要从国家意志的反映这方面来考量，不能一概而论。

异议之二：社区出具的"姓名权变更证明"是否有效

国务院六部委在2020年4月出台了《关于改进和规范基层群众性自治

组织出具证明工作的指导意见》，明确指出，基层群众性自治组织出具证明的事项，必须是有明确法律法规依据或经国务院批准列入保留证明事项清单、属于基层群众性自治组织职责范围的事项。凡是相关部门要求基层群众性自治组织出具证明事项的，应当同时提供基层群众性自治组织出具此证明事项的有关依据。凡是涉及城乡社区公共利益或者本辖区多数居民群众切身利益的事项需出具证明时，基层群众性自治组织应当通过组织居民群众议事协商等方式，经居民群众讨论同意并经基层群众性自治组织负责人签字后方可出具。

表 15-1 不应由基层群众性自治组织出具证明事项清单（第一批）（摘录）

序号	证明名称	办事途径
1	亲属关系证明	居民办事事项涉及的相关部门可通过与公安、民政、卫生健康等部门信息共享方式进行核对，或由居民据实提供居民户口簿、结婚证、《出生医学证明》等予以证明，证件材料遗失的由相关部门予以补办；曾经同户人员间的亲属关系，历史户籍档案等能够反映，需要开具证明的，公安派出所在核实后应当出具（不动产登记情况、公证办理情况除外）
3	户口登记项目内容变更申请证明	居民直接向公安部门申请办理姓名、性别、民族成分、出生日期、公民身份号码 5 项户口登记项目内容变更，无须基层群众性自治组织提供前置证明材料
8	婚姻状况证明（婚姻关系证明、分居证明）	居民办事事项涉及的相关部门可通过与民政部门、人民法院信息共享方式进行核对；或由居民据实提供结婚证、离婚证、人民法院生效裁判文书或离婚证明书、配偶死亡证明等予以证明，证件材料遗失的由相关部门予以补办（婚姻登记档案丢失、收养情况除外）

根据该规定，社区出具的《证明》中涉及亲属关系、婚姻状况、户口登记项目变更等内容，都是违法的，不具有法律效力。对此，当事人之一赫某对社区的这一行为也向上级机关进行了投诉，请求责令该社区收回《证明》。

异议之三：社区出具的《证明》还违反最高人民法院司法解释的规定

本案中社区向法院出具的《证明》，仅加盖了社区的印章，不符合最高人民法院司法解释中关于单位证明材料形式要件的规定。对此，我们向法庭出示最高人民法院"（2017）最高法民申2096号"民事裁定书在"本院经审查认为"中写明，《最高人民法院关于适用〈中华人民共和国民事诉讼法〉的解释》第115条规定："单位向人民法院提出的证明材料，应当由单位负责人及制作证明材料的人员签名或者盖章，并加盖单位印章。"

判决结果：法院驳回该女子的全部诉请

经过审理，法庭采纳了我的全部辩论意见。

法院认为，本案的争议焦点是王媛媛与老马之间是否存在亲子关系，王媛媛能否成为老马的法定继承人，是否有权分得老马的死亡赔偿款。原告提供的某社区关于王媛媛系老马与前妻的亲生女儿的证明不符合法律规定，该单位不具备出具该证明的资格。4名证人与王媛媛均系亲属，存在法律上的利害关系，且该证据系证人证言，并无其他证据予以佐证，本院对其证明目的不予认定。现老马及其前妻均已死亡，无法再进行亲子鉴定技术采样，本案现有证据无法认定王媛媛系老马的亲生女儿，故王媛媛主张有权分得老马的死亡赔偿款和继承2套房屋份额的诉讼请求，本院不予支持。

法院判决驳回了原告王媛媛两个案件的全部诉讼请求。一审判决后，王媛媛一方未提出上诉，两份判决已生效。

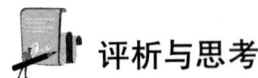 ## 评析与思考

工伤认定采用举证责任倒置原则

本案中,我在老马因工伤死亡的认定上,颇经历了一番周折,比手记中表述的内容要复杂得多。

在工伤认定程序中,由于企业不配合工伤认定机构的调查、不提供证据的情况时有发生,给工伤认定工作带来了很大的困难。按照工伤认定的有关程序,企业应当自工伤事故发生之日或者职业病确诊之日起,30 日内向当地社会保险行政部门提出工伤报告,特殊情况可以适当延长。社会保险行政部门接到工伤报告后,应当组织经办机构进行调查取证,在 15 日内作出是否受理工伤认定的决定。职工在工伤医疗期内治愈或者伤情处于相对稳定状态,或者医疗期满仍不能工作的,由劳动鉴定委员会进行劳动能力鉴定,评定伤残等级和护理依赖程度。伤残待遇的确定和工伤职工的安置以评定的伤残等级为主要依据。但是,目前仍有个别企业,像本案中的服务区那样,在职工发生事故以后,不向劳动保障行政部门提出工伤报告,在职工向社会保险行政部门申请工伤认定或者向劳动争议仲裁委员会申请仲裁要求享受工伤保险待遇,社会保险行政部门进行调查取证时,企业又以事故不是工伤为由不向社会保险行政部门提供证据,其他职工也由于种种原因不敢作证,以此逃避企业应负的赔偿责任。社会保险行政部门由于企业不提供证据,不能及时正确认定职工的工伤事实,职工也不能享受有关工伤保险待遇,职工的合法权益得不到有效的维护。

国务院的《工伤保险条例》正是考虑到劳动者相对企业处于弱势地位、举证相对困难的情况,将是否属于工伤的举证责任分配给了用人单位。该条例第 19 条第 2 款规定:职工或者其近亲属认为是工伤,用人单位不认为是工伤的,由用人单位承担举证责任。2014 年发布的《最高人民法院关于审理工

伤保险行政案件若干问题的规定》第 4 条也规定：社会保险行政部门认定下列情形为工伤的，人民法院应予支持：（一）职工在工作时间和工作场所内受到伤害，用人单位或者社会保险行政部门没有证据证明是非工作原因导致的……因此，社会保险行政部门在进行工伤认定时，如果用人单位否认工伤，不能强求劳动者负举证责任，而应由用人单位举证证明伤者是基于其他事由引起的受伤或该项工作不存在引起伤害的危险性。如果举证不能，即应认定为工伤。

关于一次性工亡补助金需要注意的 14 个问题

1. 工亡补助金实施全国统一标准，与侵权赔偿不同。目前侵权赔偿（如机动车交通事故损害赔偿）还在个别地区存在着城镇、农村户口之差别。工亡则无此类差别，执行全国统一标准。

2. 工亡补助金标准的参考时间为死亡时的上一年度。

3. 工亡补助金不是遗产，该补助金是补助给死者家属的。因此，当死者的债权人主张使用工亡补助金清偿债务的，不会得到支持。

4. 工亡补助金如何分配？实务中常见公婆与丧偶儿媳争工亡补助金的情形。工亡补助金是死者近亲属因其死亡导致生活资源减少和丧失的补偿，因此其分配也并不一定是均分，而是要根据死者近亲属的生活来源等实际情况分配。2016 年我曾经在大连市西岗区代理过一起工亡赔偿金分配的案件，法院没有平均分配，而是判决死者配偶多分得 10% 份额。

5. 单位缴纳了工伤保险，工亡补助金由社保基金支付；单位没有缴纳工伤保险，工亡补助金由单位赔偿给死者的近亲属。

6. 单位无力支付工亡补助金的，根据《社会保险法》等规定，家属可以要求社保基金先行支付。

7. 第三人侵权导致工亡的，死亡赔偿金和工亡补助金可以兼得。

8. 用人单位参加了商业保险的，工亡补助金和商业保险可以兼得。

9. 工伤职工在停工留薪期内因工死亡的，近亲属享受一次性工亡补助金。

10. 一级至四级工伤职工在停工留薪期后因工伤死亡的，近亲属可获丧葬费和抚恤金，但不能获得一次性工亡补助金。

11. 超龄人员工亡的，只要认定为工伤，近亲属也可以获得工亡补助金。

12. 职工因工外出期间或抢险救灾下落不明被宣告死亡的，近亲属也有可能获得工亡补助金。

13. 职工工亡后，近亲属与用人单位达成赔偿协议后反悔的，应在1年内（重大误解的在90日内）行使撤销权。

14. 承担用工主体责任的用人单位（发包人或被挂靠人）赔付工亡补助金后，可向包工头或挂靠人追偿。

临时工，一个早已过时的话题

本案中，服务区始终认为老马仅为一名临时工，与在编的正式工不同，也就没有给老马缴纳社保。实际上，这是对法律的一种曲解和误读。

"临时工"的概念起源于20世纪60年代，最早的政府文件可以追溯至1962年《国务院关于国营企业使用临时职工的暂行规定》（国劳周字327号，现已失效）。

根据《劳动部办公厅对〈关于临时工等问题的请示〉的复函》（劳办发〔1996〕238号）规定，《劳动法》施行（1995年1月1日起）后，所有用人单位与职工全面实行劳动合同制度，各类职工在用人单位享有的权利是平等的。因此，过去意义上相对于正式工而言的临时工名称已经不复存在。

从2008年《劳动合同法》施行后，更不存在所谓"临时工"的说法了。但现实中，许多文化水平不高的人，以及一些年龄大的人，还认为只要有活儿干、有工资发就行了，不在乎身份问题。这是对自己作为一名劳动者权利的极大漠视，也导致权利被侵害后维权的艰难。"临时工"所从事的一般是流动性大、可替代性强的岗位，劳动者没有足够的底气和用工单位谈条件，但是这恰恰说明签订劳动合同的重要性，劳动者应积极主张依法签订合同，这样才能在必要时维护自身权益。

手记 16

让悬空的权利落地

——辽宁首例工伤保险先行支付案代理纪实

小姜在工地摔伤，通过代理律师的帮助，被认定为工伤，法院判决用人单位支付赔偿金。但是，公司拒不履行判决，又查询不到可供执行的财产，本案一时陷入僵局。可喜的是，在 2010 年《社会保险法》出台后，规定工伤可以由受害人申请先行支付。但是社保机构以种种理由拒不执行法律的规定。律师一怒之下，启动行政诉讼，状告社保部门，没想到的是，法院三番五次不予立案。这"悬空"的权利又该如何"落地"呢？

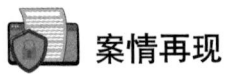 案情再现

他从三米高处坠落受伤

时年 21 岁的小姜是黑龙江省绥化市人，在 2010 年 6 月 16 日到大连市西岗区某船舶修造有限公司（以下简称船舶公司）工作，担任铆工，日工资 85 元，双方未签订书面劳动合同，公司也未依法给他缴纳社会保险。

2010 年 10 月 12 日下午 4 时许，小姜在 300T 吊下进行切割铁板作业时，因脚下踩的钢板焊接不牢，导致其突然从 3 米高处坠落，右肘关节着地，同时左大腿内侧被硬物刮伤。当天，小姜被送到附近的一家医院救治，当时诊

断为小吴只是右肘关节脱位（错位），拿了3盒筋骨痛消丸供其服用，并给予右上肢悬吊等简单的复位治疗。不料，以后几天里，小姜的病情一点也不见起色，右肘部越来越疼痛。他母亲急忙带他到另外一家医院去看，被诊断为右桡骨头骨折，建议手术治疗。2010年10月18日，小姜住院治疗，实施了右桡骨头切除手术，共住院24天。船舶公司在承担医疗费9300多元后，就什么都不管了。

 代理过程

认定工伤，判决公司赔偿

2010年11月4日，小姜的母亲找到我，委托我代理小姜的索赔事宜。

由于小姜没有与用人单位签订书面劳动合同，2010年12月2日，我首先向劳动仲裁机构提出申请，请求确认双方存在事实劳动关系。同年12月16日，在我提供的充分证据面前，船舶公司不得不承认与小姜之间存在事实劳动关系，并向仲裁机构出具了书面证明材料。

应当说，本案中的小姜赶上了一个"好事儿"，即2010年12月8日，国务院在常务会议上通过了修订后的《工伤保险条例》（国务院令第586号）。2011年1月1日，这部修改后的《工伤保险条例》正式施行。

由于我方持有船舶公司出具的书面证明材料，随后不久，西岗区人社局根据修改后的《工伤保险条例》，作出2011年第1号《工伤认定决定书》，认定小姜为工伤。2012年5月16日，小姜被大连市劳动能力鉴定委员会评定为9级伤残。

2012年6月15日，我第二次向仲裁机构提出申请，请求仲裁庭适用新的《工伤保险条例》规定，裁决船舶公司支付小姜各项赔偿金10.5万余元。开庭时，由于船舶公司经合法传唤没有到庭，仲裁委员会依法缺席审理。我一连提交了《银行代发工资记录》等10多份证据材料，都被仲裁庭予以确认并采信。

2011年8月4日，仲裁机构依据《工伤保险条例》(国务院令第586号)中的新规定，裁决船舶公司支付小姜9个月的一次性伤残补助金、9个月的一次性工伤医疗补助金、12个月的伤残就业补助金等各项合理赔偿9.37万元。

裁决作出后，船舶公司一方不服，向法院提起诉讼。2011年11月17日，大连市西岗区人民法院作出(2011)西民初字第2069号判决，对劳动仲裁的数额作出调整，判令船舶公司支付小姜各项损失87671.65元。

船舶公司仍不服，又提出上诉。2012年4月5日，大连市中级人民法院作出(2012)大民一字第532号民事判决：

本院认为：第一，即使上诉人因本案已受行政处罚，依据《工伤保险条例》第2条第2款的规定，企业职工均有权享受工伤保险的待遇，行政处罚不是免除职工享受工伤保险待遇的理由。且根据行政法中民事刑事适用的原则，行政相对人因违法受到行政处罚，其违法行为对他人造成损害的，仍应依法承担民事责任。故对上诉人认为其已受行政处罚不应再承担民事责任的理由，本院不予采纳。第二，经查，被上诉人在其他单位的社会保险只缴纳到2008年3月，而被上诉人于2010年6月16日始到上诉人处工作，上诉人未继续为被上诉人缴纳相关社会保险，故依据《工伤保险条例》第60条的规定，用人单位应按《工伤保险条例》规定的工伤保险待遇项目和标准支付工伤保险的相关费用。故对上诉人认为被上诉人已由其他单位缴纳了相关保险，其不再承担工伤保险相关费用的理由，本院亦不予采纳。遂判决，驳回上诉，维持原判。

遭遇执行难

判决生效后，船舶公司拒不履行支付义务。2012年6月，我又代理小姜申请强制执行。因无可供执行财产，2013年12月23日，西岗区人民法院作出《执行裁定书》：

大连市西岗区人民法院
执行裁定书

（2013）西执字第 784 号

申请执行人：姜某某，男，1989 年 2 月 15 日生，汉族，住大连市甘井子区大连湾街道后盐村。

被执行人：某船舶公司，住所地：瓦房店市谢屯镇谢屯村。

本院（2011）西民初字第 2069 号民事判决书已经发生法律效力，但被执行人至今未履行该法律文书所确定的义务，本院于 2013 年 6 月 18 日立案执行。在执行过程中，经本院查明，因被执行人暂无财产可供执行，申请执行人也无法提供被执行人可供执行的财产线索。依照《中华人民共和国民事诉讼法》第 256 条之规定，裁定如下：

中止本院（2011）西民初字第 2069 号民事判决书的执行。如发现被执行人有财产可供执行的，申请执行人可以再次提出执行申请。申请执行人再次提出执行申请不受申请执行期间的限制。

申请工伤保险先行支付，多次遇阻

在过去，这场工伤索赔案或许就此宣告终结。

但 2011 年 7 月 1 日生效实施的《社会保险法》给工伤受害人带来了巨大福音。这部法律在我国立法史上首次确立了工伤保险待遇先行支付制度。该法第 41 条第 1 款明确规定，"职工所在用人单位未依法缴纳工伤保险费，发生工伤事故的，由用人单位支付工伤保险待遇。用人单位不支付的，从工伤保险基金中先行支付"。当时的人力资源和社会保障部又为此专门制订了配套的《社会保险基金先行支付暂行办法》，其中第 6 条第 2 款规定，"职工被认定为工伤后，有下列情形之一的，职工或者其近亲属可以持工伤认定决定书和有关材料向社会保险经办机构书面申请先行支付工伤保险待遇：……（三）依法经仲裁、诉讼后仍不能获得工伤保险待遇，法院出具中止执行文书的……"。根据这一制度设计，在工伤事故发生后，用人单位拒绝向未参保的劳动者赔付时，可由工伤保险基金先行垫付，再由社保经办机构向用人单位追偿。

正是基于这样的规定，我代理小姜在 2014 年 3 月 19 日分别向大连市人社局工伤保险处和大连市医疗保险中心，以邮政快递的方式邮寄了两份《工伤保险基金先行支付申请书》，要求从工伤保险基金中先行支付小姜的工伤赔偿款 79107.9 元。

但是，人社局在收到申请后，一位主管工伤的领导口头答复称：1. 单位未缴纳工伤保险，应当由单位支付赔偿金，不应由工伤保险基金支付；2. 如果使用工伤保险基金支付的话，在大连市开了这个口子，则社保基金将会产生很大的缺口，会影响正常的基金运营；3. 法律虽然赋予人社局向用人单位的追偿权，但很难落到实处。

提起行政诉讼，法院迟迟不给立案

我与大连市人社局和大连市医保中心的沟通协调工作进行了一个多月，没有任何实质性进展。医保中心的一位主任甩给我的一句话是：我们内部商量过了，一切都由人社局工伤保险处对外作出决定和答复。

在这种情况下，2014 年 4 月 29 日，我到人社局所在地的基层人民法院行政庭立案，要求法院责令人社局依法履行工伤先行支付的职责。但是，等待了 10 多天，仍然没有立案成功。之后，该院行政庭庭长答复称，与人社局领导沟通未果，但人社局告知，负责工伤保险的大连市医疗保险中心是人社局下属的独立事业单位，要求我到医保中心所在地的另一基层人民法院行政庭立案。

就这样，在 2014 年 5 月 16 日，我又来到医保中心所在地的另一个基层人民法院立案。行政庭法官在收到诉状后，称要先联系医保中心后才能确定是否立案。10 多天后，该院法官口头告知不予立案。

直接向大连市中级人民法院起诉

遭遇了一系列的立案难之后,我没有气馁,而是苦苦思索对策。我想,绝不能让"工伤先行支付"这一良好的制度"胎死腹中"。我决定直接到大连市中级人民法院去立案。

之所以想到中级人民法院去立案,是源自 2008 年出台的《最高人民法院关于行政案件管辖若干问题的规定》(法释〔2008〕1 号)[①],该司法解释第 3 条载明"当事人向有管辖权的基层人民法院起诉,受诉人民法院在 7 日内未立案也未作出裁定,当事人向中级人民法院起诉,中级人民法院应当根据不同情况在 7 日内分别作出以下处理:(一)要求有管辖权的基层人民法院依法处理;(二)指定本辖区其他基层人民法院管辖;(三)决定自己审理"。

于是,在 2014 年 6 月 6 日,我来到大连市中级人民法院立案庭,法官仔细查看了每一页材料,充分了解了案件的事实情况,认为符合立案条件,准予立案。

但是,一直等待了两个多月,大连市中级人民法院也没有开庭审理。在我们的多次催促下,该院终于在 2014 年 8 月 28 日作出了一纸《通知书》:

通 知 书

(2014)大行他字第 13 号

大连市西岗区人民法院:

姜某某诉大连市医疗保险管理中心不履行法定职责纠纷一案,姜某某称曾向你院起诉,你院在法定期限内未予立案受理亦未作出不予受理裁定。姜某某于 2014 年 6 月 17 日向本院提起诉讼。请你院对姜某某的起诉依法作出处理。

特此通知。

---

① 编者注:该司法解释已于 2019 年失效。

我拿着这纸通知,又回到了西岗区人民法院要求立案,但是仍然无任何进展。

据说,当时的情况就是这样,很多的行政诉讼案件在基层人民法院立案受阻后,法院不出具不予受理的法律文书。对此,最高人民法院曾多次下发过通知,但仍没有遏制住行政诉讼不立案的不良风气。

打响工伤保险先行支付"第一枪"

在焦虑的等待中,我和当事人又迎来了一项重大政策的出台!

2014年10月20日,十八届四中全会在北京召开。这次全会首次专题讨论了依法治国问题,全会通过了《中共中央关于全面推进依法治国若干重大问题的决定》。决定指出:改革法院案件受理制度,变立案审查制为立案登记制,对人民法院依法应该受理的案件,做到有案必立、有诉必理,保障当事人诉权。

紧接着,《最高人民法院关于人民法院登记立案若干问题的规定》(法释〔2015〕8号)出台,要求全国各级法院从2015年5月1日起全面实行立案登记制,明确规定"凡是符合法律规定立案条件的,都要登记立案,不予立案要出具裁定书"。

2015年6月1日,我和当事人再次来到法院,终于顺利立案。

案件结果:法院责令社保部门履行法定职责

2015年11月9日,此案公开开庭进行审理,但被告大连市医疗保险管理中心无正当理由未到庭应诉,法院缺席审理。

庭审中,我指出,《社会保险法》施行后,人力资源和社会保障部又制定了《社会保险基金先行支付暂行办法》(人力资源和社会保障部令第15号)的配套规定,其中第7条规定:社会保险经办机构收到职工或者其近亲属根据第6条规定提出的申请后,应当在3个工作日内向用人单位发出书面催告通知,要求其在5个工作日内予以核实并依法支付工伤保险待遇,告知其如在规定期限内不按时足额支付的,工伤保险基金在按照规定先行支付后,取得要求其偿还的权利。第8条规定,用人单位未按照第7条规定按时足额支付的,社会保险经办机构应当按照社会保险法和《工伤保险条例》的规定,先行支付工伤保险待遇项目中应当由工伤保险基金支付的项目。本案中,原告小姜完全符合《社会保险基金先行支付暂行办法》工伤先行支付的条件,社会保险经办部门有法不依,不履行法定职责,已经构成行政不作为。

我还向法庭提交了一份大连市人社局和大连市财政局在2011年7月26日联合下发的一个文件:

关于贯彻实施《社会保险法》有关问题的通知

各区、市、县、先导区人力资源和社会保障(劳动人事)局、财政局,各有关单位:

为深入贯彻实施《社会保险法》,进一步完善我市社会保险政策,根据《社会保险法》的有关规定,决定调整我市部分现行社会保险政策。现将有关问题通知如下:

....

二、关于基本医疗保险

医疗费用依法应当由第三人负担,第三人不支付或者无法确定第三人的,由基本医疗保险基金先行支付。基本医疗保险基金先行支付后,医疗保险经办机构有权按有关规定向第三人追偿。

三、关于工伤保险

(八)从业人员所在用人单位未依法缴纳工伤保险费,发生工伤事故的,由用人单位支付工伤保险待遇。用人单位不支付的,从工伤保险基金中先行支付。从工伤保险基金中先行支付的工伤保险待遇应当由用人单位偿还。用人单位不偿还的，工伤保险经办机构可按照有关规定追偿。

....

二〇一一年七月二十六日

2015年11月24日，大连市西岗区人民法院终于作出（2015）西行初字第22号行政判决：

本院认为，《中华人民共和国社会保险法》第41条第1款规定"职工所在用人单位未依法缴纳工伤保险费，发生工伤事故的，由用人单位支付工伤保险待遇。用人单位不支付的，从工伤保险基金中先行支付"；《社会保险基金先行支付暂行办法》第6条第2款规定"职工被认定为工伤后，有下列情形之一的，职工或者其近亲属可以持工伤认定决定书和有关材料向社会保险经办机构书面申请先行支付工伤保险待遇：……（三）依法经仲裁、诉讼后仍不能获得工伤保险待遇，法院出具中止执行文书的……"本案中，原告申请的先行支付事项符合法律规定，被告应先行支付其工伤保险待遇。

综上所述，依据《中华人民共和国行政诉讼法》第73条之规定，判决如下：

责令被告大连市医疗保

▲ 图16-1　2015年12月7日媒体对本案的报道

险管理中心履行行政给付法定职责，支付原告相应的工伤保险待遇。

至此，工伤受害人又获得了一份非常重要的胜诉判决！

一审判决后，被告大连市医疗保险管理中心未提出上诉。这起工伤保险先行支付案件，在历经波折和艰难后，终于启动了实质性的法律诉讼程序，打响了大连市乃至辽宁省工伤先行支付的"第一枪"！

2015年12月7日，《半岛晨报》用了一整版的篇幅报道此案，在社会上引起了强烈反响。

先行支付为何这样难？

小姜的行政案件胜诉后，我又代理了另一起工伤保险先行支付的案件。

这起案件的原告殷某，吉林省通榆县昭镇佟家店村人，在大连某房屋修缮工程有限公司（以下简称修缮公司）做木工，2011年4月28日下午2时左右，他在工作时从铁架子上摔下受伤。从他受伤后确认事实劳动关系开始，一直到劳动人事争议仲裁委员会作出工伤待遇赔偿的裁决，其间的过程仍然非常复杂，这也是一起持续了长达5年之久的劳动官司。最后我代为申请工伤保险基金先行支付，仍然遭到了社保部门的拒绝，2016年1月25日我再次将大连医疗保险管理中心告上法庭。

经过开庭审理，2016年7月18日大连市西岗区人民法院作出（2016）辽0203行初4号行政判决：

原告诉称，其于2011年3月9日到修缮公司工作，修缮公司未依法为原告缴纳社会保险，2011年4月28日下午2时许，原告在工作中受伤，2013年5月10日，大连经济技术开发区劳动人事与社会保障局作出《工伤认定书》，认定原告为工伤。2013年9月30日，原告被评定为9级伤残。之后，修缮公司仍不向原告支付相关待遇。经过仲裁程序，大连金州新区劳动人事争议仲裁委员会作出大金劳人仲裁字（2014）第19号仲裁裁决，裁决修缮公司支付原告工伤保险待遇共计124615.73元。裁决生效后，修缮公司拒不履行支付义务。原告向法院申请强制执行，但仍无法获得赔偿。2015年12月21日，原告依据《中华人民共和国社会保险法》第41条以及《社会保险基金先行支付暂行办法》第6条的规定，向被告以邮寄的方式书面提出工伤保险基金先行支付的申请，被告签收，但未予答复。2016年1月18日，原告及代理人又到被告处再次要求先行支付工伤保险待遇，最终被告以"不符合工伤先行支付的条件"为由，拒绝支付。原告认为被告拒绝支付的理由不成立，因此诉至法院，请求判令被告依法履行职责，向原告先行支付工伤保险基金73498.48元。

被告辩称，原告起诉理由不成立，被告不同意先行支付原告的工伤保险待遇，主要理由为：1.《中华人民共和国社会保险法》第41条规定，用人单位未缴纳工伤保险，且用人单位不支付的，可从工伤保险基金中先行支付，但是该法自2011年7月1日起实施，而原告发生工伤的时间为2011年4月28日。原告发生工伤的时间早于该法实施时间，因此不能依据该法申请先行支付。2.《社会保险基金先行支付暂行办法》（人社部令第15号）第18条规定："本办法自2011年7月1日起实施"，也说明"先行支付"只适用于工伤发生时间在2011年7月1日之后的情形。3.《关于工伤保险基金先行支付有关问题的通知》（大人社发〔2015〕100号），该文件于2015年5月12日出台，文件第4条最后一款明确规定："本通知自2015年6月1日起施行。2011年7月1日至2015年5月31日期间发生的符合工伤保险基金先行支付的情形，按本通知规定执行"，该文件也说明只有2011年7月1日之后发生工伤的，才能申请先行支付。因此，原告起诉无法律依据，请法院驳回原告的诉讼请求。

本院认为，根据《工伤保险条例》第46条第5项规定，被告大连市医疗保险管理中心作为工伤保险经办机构，具有核定并支付工伤保险相关待遇的法定职责。

本案争议焦点在于法律适用问题。《中华人民共和国社会保险法》第41条第1款规定，职工所在用人单位未依法缴纳工伤保险费，发生工伤事故的，由用人单位支付工伤保险待遇。用人单位不支付的，从工伤保险基金中先行支付。被告认为该法于 2011 年 7 月 1 日起实施，原告在该法实施前发生工伤事故，因此不能适用该法申请先行支付。

本案中，原告工伤事故虽发生在《中华人民共和国社会保险法》及相关配套文件实施之前，但其认定工伤、鉴定伤残、请求司法救济等事实均发生在该法实施之后，即原告出现经仲裁、诉讼后仍不能获得工伤保险待遇的情形在上述法律实施之后。而《中华人民共和国社会保险法》设立"先行支付"制度，其立法本意在于保障工伤职工在穷尽各种救济途径仍不能获偿时，享有获得物质帮助的权利，本案原告之情形符合上述法律准予"先行支付"的条件，被告将法律施行时间等同于先行支付制度适用时间，系片面理解法律，限制了行政相对人的权利，属适用法律不当，应予纠正。因此，对原告的在工伤保险基金中先行支付工伤保险待遇的诉讼请求，本院予以支持，对被告抗辩理由，本院不予采纳。

综上所述，依照《中华人民共和国行政诉讼法》第 72 条，以及《最高人民法院关于适用〈中华人民共和国行政诉讼法〉若干问题的解释》第 13 条之规定，判决如下：

责令被告大连市医疗保险管理中心于本判决生效之日起 60 日内，向原告殷某核定并先行支付工伤保险待遇中应由工伤保险基金支付的项目。

一审宣判后，大连市医疗保险管理中心未提出上诉，该判决生效。殷某的这起工伤先行支付行政诉讼案件，在我的代理下也获得了胜诉。

 **评析与思考**

要把"先行支付制度"贯彻落实到位

应当说，《社会保险法》中关于工伤保险基金先行支付的规定，是我国工伤劳动者保护史上的里程碑。《社会保险法》在基本医疗保险和工伤保险中分别规定了"先行支付",充分体现了社会保险的社会保障价值取向与国际惯例相一致,体现了对广大职工,特别是不规范用工情况下对劳动者现实利益保护的加强。这使得未参加工伤保险的劳动者维权难现象有望得到一定程度的缓解,特别是赢了官司拿不到钱的现象将成为历史。

但令人忧虑的是,《社会保险法》已经出台很多年了,目前还是未得到很好的贯彻和执行,不能不说是一个遗憾。就目前而言,建议相关部门尽快研究和制定与此相应的、配套的实施细则,确保工伤受害人的此项权利真正落到实处。

一是《社会保险法》第41条规定,用人单位不偿还的,社会保险经机构可以依照本法第63条的规定追偿。追索将是工伤保险基金面临的最大现实挑战和障碍,如果无法追索或无法全额追索,会给工伤保险基金造成一定压力,基金结余不多的统筹地区将面临基金入不敷出的窘境。现行法律应加大对违法者和第三人的制约,形成法律执行层面的合力。

二是《社会保险法》的出台虽然加大了对不参保用人单位的惩罚力度,对不依法缴纳社会保险的用人单位处以滞纳金和罚款,但该法中并没有就用人单位拒不支付工伤待遇赔偿的违法行为设置任何法律责任,仅要求社会保险经办机构进行追偿,如此规定仍没有实质增加用人单位的违法成本,不利于工伤保险待遇先行支付的有效实施。

手记 17

一枚订书钉引发的"双赔"案件

——邱某国工伤保险、商业保险双赔案代理纪实

 **案情再现**

一枚小书钉　射入眼球

40 多岁的邱某国，是来自四川省广安市广安区白市镇鞠坪村的一名民工。2013 年 3 月 1 日起，他受雇于一个叫王某队的人，在大连瓦房店市某工业园区内的一处建筑工地上从事模板施工。

2013 年 5 月 21 日下午 2 时许，邱某国在该工地的一处"料场"（模板加工区）正在下料（从事模板施工制作），突然，从他手中的一块板中间射出一颗 2cm 左右的订书钉，不偏不倚正射中邱某国的左眼。顷刻间，邱某国大叫一声，蹲下身子，双手捂着眼睛疼痛难忍，感到有一股热泪刷地流出来，眼前一片模糊，什么也看不到了。工地人员立刻将他送到附近的瓦房店市中心医院救治，医生发现，射入他左眼球中的订书钉长 2.1cm，仅有 1mm 嵌于角膜外，余下 2cm 都进入了他的眼球，晶状体已显灰白色浑浊。邱某国被诊断为左眼角膜穿透伤、球内异物。当天，医生在显微镜下对他局麻后进行了手术，将他左眼球内的异物（订书钉）取出，并进行了单眼包扎，清创缝合，邱某国共住院 32 天。

 **代理过程**

协商未果　聘请律师

邱某国出院后,左眼视力几乎为零,他找到我,进行咨询。我听完他的陈述,认为这是一起严重的雇员受害赔偿案件或者是一起工伤索赔案件,究竟从哪个法律关系入手和突破呢?因为邱某国提供的证据材料有限,只能在与雇主的交涉中寻找有利的索赔方式和救济途径。我建议邱某国,先找其雇主谈一下赔偿问题。

之后,邱某国向雇主王某队提出,要求支付相应的赔偿金,理由是自己在从事雇佣工作中、为了雇主王某队的利益而受伤。但雇主王某队说,是邱某国自己在"下料"时没有戴安全帽、不认真、不小心造成的,邱某国具有重大过失。对此说法,邱某国非常愤怒,却又无可奈何。

2013年8月,邱某国委托我,全权处理这起赔偿案件。

"大包"妙算　有"建工险"

我首先找到了邱某国的直接雇主王某队商谈赔偿事宜,非常严肃地要求他支付相应的赔偿金。同时我还告知王某队,如果其拒绝支付,我们要通过司法途径解决。

也许我的话产生了一些震慑作用,王某队一下子慌了神,他急忙去找他的"上家"——一个叫"老黄"的人商量对策。老黄听完后,一拍大腿,对王某队说:"这事好办呀,你可能不知道吧,我早有准备,我们已经在保险公司为工地的所有工人都购买了意外伤害保险啊!由保险公司赔偿他一笔钱,不就完了嘛!"王某队一听,也是喜出望外。

原来,邱某国的雇主王某队是从"大包"老黄手中包的活,而老黄不具备施工资质，挂靠在瓦房店一家大型水利建筑工程有限公司进行施工。

他们还以这家大公司的名义为包括邱某国在内的所有工地工人投保了"建筑工地团体意外伤害保险"（以下简称"建工险"），保险期间为2012年9月10日至2013年12月30日，保险的建筑总面积为44971平方米，保险费为67457元（按建筑面积1.5元/平方米缴纳保费）。这种"建工险"的被保险人具有一定的特殊性，根据《保险法》的规定，必须是"在所投保建筑工程施工现场从事管理和作业并与投保人建立劳动关系的人员"。

这起事故发生后，瓦房店市安监局下属的某安监站要求工地承包方出具《事故报告》，并加盖了"情况属实"的长条章。

事 故 报 告

姓名：邱某国　　性别：男　　民族：汉　　出生：1969年5月29日

住址：四川省广安市白市镇鞠坪村

身份证号：略

2013年5月21日下午2点左右模板施工制作过程中在模板加工区，模板正在下料，从板中间射出一颗约3cm长短的订书钉射中邱某国左眼，送到瓦房店市中心医院救治。

事故性质：责任事故。

项目部对邱某国工作的不认真造成的个人伤害提出批评，通过这次事故的发生，我们要吸取教训，分析事故原因时，根据调查所确认的事实，坚持事故原因没有调查清不放过，事故责任者没有严肃处理不放过，群众没有受到教育不放过，防范措施没有落实不放过的"四不放过"原则，牢记"安全第一，预防为主"，防止类似事故的发生。

大连某水利建筑工程有限公司

大连机床（瓦房店）铸锻及零部件制造园项目部

2013年5月21日

申报工伤　评定伤残

就这样，在案涉工程的"大包"老黄、"二包"王某队一番运作之下，由他们挂靠的公司，即本案中名义上的施工单位和保险公司"建工险"的名义投保人——大连某水利建筑工程有限公司出具了一系列手续，与邱某国补签了《劳动合同书》，并根据我的强烈要求，向瓦房店市人社局工伤受理部门，提供了相应的材料，为邱某国申报了工伤。2013年12月2日，瓦房店市人社局认定邱某国所受伤害为工伤，2013年12月24日大连市劳动能力鉴定中心评定邱某国为7级伤残。

我还发现，在向保险公司出具的一纸《工资收入证明》上，邱某国的每月工资确定为8000元，该《工资收入证明》加盖了被挂靠公司——大连某水利建筑工程有限公司的印章。

据理力争　"建工险"获赔

材料备齐后，我带着邱某国来到保险公司，不料理赔部的一名工作人员称，关于被保险人邱某国的伤残等级，必须按照1996年版的《职工工伤与职业病致残等级》标准评残，他们才能认可；如果按照2006年版工伤评残标准评残，他们不予认可。而现在，邱某国的7级伤残恰恰是根据2006年版工伤评残标准作出的结论。

对此，我认为，1996年版的评残标准早已废止，不可能再适用，从2007年5月1日以后，全国所有的工伤评残适用的都是新版《劳动能力鉴定　职工工伤与职业病致残等级》评残标准。邱某国受伤时间是2013年5月，按照"不溯及既往"的原则，保险公司要求沿用旧版（1996年版）工伤评残标准评残，毫无根据。

随后，该工作人员又抛出一个问题，即使被保险人邱某国构成伤残，也应当按照中国保险行业协会最新发布的《人身保险伤残评定标准》定残。邱某国按照工伤标准评定的伤残，保险公司仍不能认可。

对此，我指出，2013 年 6 月 8 日中国保险行业协会和中国法医学会联合发布的《人身保险伤残评定标准》中"前言"第 4.2 条明确规定，"应根据伤残情况，在同类别伤残下，确定伤残等级"。那么，在该行业标准的"2.1 眼球损伤或视功能障碍"中"一侧眼球缺失"相对应的伤残等级，恰好也是 7 级，与邱某国在大连市劳动能力鉴定中心的伤残等级是一致的。

经过几次协调和沟通，最终，保险公司同意了我的意见。于是邱某国从保险公司顺利领取意外伤害医疗保险金 2 万元（医疗费保险金最高理赔额）、意外伤害伤残保险金 4 万元，共计 6 万元。

接续索赔　再"告"公司

被挂靠的大连某水利建筑工程有限公司和"大包"老黄、"二包"王某队都认为，这宗民工受伤赔偿的事件就这样结束了。

但出乎意料的是，不久，他们又接到了瓦房店市劳动人事争议仲裁委员会的《开庭传票》。看到传票，大连某水利建筑工程有限公司的负责人大吃一惊，竟然还是这个邱某国，又把他们给告了，这次邱某国居然提出了高达 50 余万元的索赔额度。

得知这一情况后，邱某国的直接雇主、"二包"王某队专程到大连找到了我，气哼哼地说，不是已经赔完了吗，为什么还要告？我说，邱某国受到的工伤非常严重，先后进行了 3 次手术，最后一次手术把人工晶体都取出来了，还进行了玻璃体切割和硅油填充，恐怕他左眼这一辈子再也看不到东西了，将处于失明状态，从保险公司领到的 6 万元理赔款远远不能弥补其所受到的重大伤害。另外，从我国《社会保险法》的相关规定来看，邱某国还应当获得各项工伤保险赔偿金。

▲ 图17-1 2015年1月12日媒体对本案的报道

缺席审理 裁决46万元

劳动仲裁委员会开庭那天,我早早地来到仲裁庭,庭上进行了陈述和举证,并提出,由于邱某国的用人单位大连某水利建筑工程有限公司没有依法缴纳工伤保险,根据《工伤保险条例》的规定,应当由社保机构支付的保险金,全部转由该公司赔偿给邱某国。但奇怪的是,被申请人席位上空无一人。

原来,"大包"老黄挂靠的大连某水利建筑工程有限公司害怕再出现不必要的"意外",所以在开庭时,该公司既无人到庭,也不提交书面的答辩状。

邱某国的直接雇主、"二包"王某队倒是来到了仲裁庭，但是大连某水利建筑工程有限公司吸取了上次为邱某国出具工资证明、补签劳动合同的教训，这次拒绝在王某队出庭的《授权委托书》上盖章，使得王某队不具有代理人的资格，仲裁庭不允许其陈述和答辩。

经过开庭审理，瓦房店市劳动人事争议仲裁委员会于 2014 年 5 月 13 日作出裁决，由大连某水利建筑工程有限公司支付邱某国一次性伤残补助金、停工留薪期工资、护理费等 7 项经济损失共计 45.95 万元。

强制执行　和解结案

《仲裁裁决书》送达后，大连某水利建筑工程有限公司没有提起诉讼，该裁决生效。

2014 年 6 月 29 日，我又代理邱某国向法院递交了《强制执行申请书》。法院传唤了大连某水利建筑工程有限公司人员，这一次，该公司人员称，邱某国已经获得了保险理赔，不能重复取得，退一步讲，保险理赔款也应当折抵工伤赔款。该人员又称，公司已经对劳动仲裁的裁决书提出了申诉。最后，他还扔下一句"工伤死亡一个人才多少钱啊，邱某国仅一个伤残就得赔 50 多万元"。

法院执行人员并不理睬该公司人员的无理辩解，加快了执行的脚步。在我的协助下，法院依法冻结了大连某水利建筑工程有限公司在大连银行的三个账户。

在法院的强大攻势之下，2015 年元旦前夕，该工程的"大包"老黄终于露面了，主动站出来收拾"残局"，与我达成了《执行和解协议》，就工伤赔偿款项一次性向邱某国支付人民币 40 万元整。我们向法院撤回了执行申请，法院也解除了对公司账户的冻结。

至此，这起案件从邱某国 2013 年 5 月 21 日受伤到最终获得全部的赔偿款，历时一年半时间，终于落下帷幕。邱某国无限感慨地说：作为外来的民工维权，真是太难了！没有律师的帮助，简直是寸步难行！

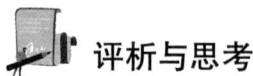 **评析与思考**

两种赔款　可以兼得

本案中，商业保险与工伤保险是可以兼得的。

我国《工伤保险条例》规定，职工在遭受工伤事故后，有权享受工伤待遇。《社会保险法》规定，工伤保险属于财产性质的责任保险。结合本案中邱某国的实际情况，单位为他购买的是意外伤害保险，受益人是邱某国，而非用人单位，故应当认定单位为邱某国等建筑工地的工人投保的是人身险。对于人身险，不论投保多少，职工都可以兼得。由于人身险与工伤保险具有不同的性质，两者在法律关系、支付条件、支付主体、适用法律等方面均存在不同，所以不能以单位为邱某国等人购买了商业险为由而免除单位工伤赔偿的法定责任和义务。

另外，原劳动和社会保障部办公厅早在2001年就印发过《关于参加商业保险中的人身意外伤害险后是否还应当参加工伤保险问题的复函》：

**劳动和社会保障部办公厅
关于参加商业保险中的人身意外伤害险后
是否还应当参加工伤保险问题的复函**

劳社厅函〔2001〕113号

新疆维吾尔自治区劳动和社会保障厅：

你厅《关于建筑企业参加意外伤害保险问题的请示》(新劳社字〔2001〕25号)收悉。现就有关问题答复如下：

工伤保险是社会保险的一个重要组成部分，是国家强制实施的一项社会保障制度。按照《劳动法》第72条"用人单位和劳动者必须依法参加社会保险，缴纳社会保险费"的规定，中国境内的企业无论是否参加了商业保险中的人身意外伤害保险，都必须参加工伤险，并依法缴纳工伤保险费。

人身意外伤害险不能替代工伤保险。企业在参加工伤保险的同时，可根据本单位的实际情况，为职工办理人身意外伤害保险。

二〇〇一年四月二十四日

根据这个答复，职工在获得人身意外伤害险赔偿后，仍可以主张工伤保险赔偿。用人单位不能以职工已获得人身意外伤害赔偿为由进行抗辩，职工可以同时得到该两种赔偿。

挂靠施工 "双刃"之剑

本案中，还涉及"大包"老黄挂靠有资质的大连某水利建筑工程有限公司进行施工的问题。这种情形，在目前建设工程项目中并不少见，存在的问题也非常多。无论对于挂靠人还是被挂靠的公司而言，都是一柄"双刃剑"。

对不具备施工资质的挂靠人来说，除了要向被挂靠公司缴纳一定数额、甚至是高额的"挂靠费"（管理费）外，还有可能得不到工程款或迟延拿到工程款。因为在挂靠关系中，与发包方签订施工合同的是被挂靠公司（名义施工人），而被挂靠公司往往都要求发包方拨付工程款时将工程款汇入被挂靠公司的银行账户内。这样，挂靠人（实际施工人）就显得非常被动。有可能，活都干完了，发包方钱也付了，但挂靠人没拿到钱或者没足额拿到钱。挂靠人的不利之处在于，活都是挂靠人干的，但其处于相对弱势的地位；而被挂靠公司什么也不干，却坐等拿钱。

被挂靠公司的风险是，如果在发包人没有拨付工程款或者拨付工程款不到位的情况下，不但收取不到所谓的挂靠费，还有可能对挂靠人惹下的一系列"祸端"承担责任。比如，挂靠人雇佣的工人出现了重大伤亡事故，如果挂靠人一走了之，就可能由被挂靠公司出来"擦屁股"并付出高昂的代价，就像本案中的大连某水利建筑工程有限公司一样，面临着被起诉和巨额赔偿的风险。

手记 18

冒名患者的 6 场官司

——邓某一波三折的工伤索赔案代理纪实

劳动者因工受伤后,因为无医保,单位用另外一名职工的名义为其办理住院。事后劳动者发现用别人的名字会带来麻烦,要求医院更改姓名但遭拒绝,遂一纸诉状将所住医院告上法庭。他会讨回"真身"吗?

 **案情再现**

为一个名字,伤者出院再住院

黑龙江人邓某在大连一家木业有限公司打工,单位没有为他办理工伤和医疗保险。今年 3 月 10 日,邓某维修机器时,不慎被机器绞伤右手,被送到大连市某医院救治。给邓某办理入院手续时,公司工作人员登记的姓名为同公司有医疗保险的工人黄某。当天邓某做了手术,两根手指被切除大部分。

当邓某住院至 3 月 31 日时,他意识到如果不能以自己的真实姓名入院,将来的工伤认定及工伤待遇申请都会有麻烦。随后邓某告知医院,入院登记时名字弄错了,并出示了身份证,要求将病历及住院手续上的名字更改过来。

对此医院表示,按照医院的相关规定,病历及住院手续均不能改变名字,建议办理出院手续后再立即入院。随后，邓某先办理了出院手续，再以真实名字办理了住院手续。邓某住院至 4 月 10 日病愈出院。

 **代理过程**

第一场官司：患者上法庭讨"真身"

出院后，邓某找到我咨询，我告诉他，如果他先前住院那 21 天的病历和住院手续上的名字不更改的话，肯定会影响工伤认定等。邓某委托我一纸诉状将其所住医院告上法庭，要求将医疗手册、住院病历等上的黄某的名字改为自己的名字。

为慎重起见，我提出三项诉讼请求：一是确认被告 2009 年 3 月 10 日—31 日医疗记录中黄某的姓名实际应为原告邓某。二是判令被告将 2009 年 3 月 10 日—31 日医疗记录中黄某的名字改回原告邓某。三是被告承担诉讼费。

被告答辩称，请求追加黄某作为本案第三人参加诉讼。原告陈述与事实不符，原告在住院的时候，病历第一页写明，无昏迷呕吐，神志清醒，是原告自己或者其工友报的原告入院身份是黄某，因情况紧急，原告当时没有提供身份证，被告以治病救人为第一要务，要求原告以后提供身份证，但原告后来也没有提供相关身份证明，住院部称呼病人为黄某，原告也按黄某名字应答，在 21 天住院期间也没有提出过名字错误。原告因工伤保险问题，才向被告提出名称有错误，被告没有办法实现他的要求。医院没有对真实身份审查的权利和义务，只是根据患者提供的名字登记。因此，造成名字错误的责任不在被告。实际上，姓名登记错误的情况下，被告是可以改正的，但在 21 天的住院期间里，原告从未提出名称错误要求改正。黄某与邓某是两个完全不同的名字，不存在音同的情况，因此请求驳回原告的诉讼请求。

就原告邓某在法庭提出"医院未将涉案 21 天医疗记录上黄某名字改回自

己姓名"的做法侵害了自身合法权益，被告医院认为：（1）原告入院时，是其自己或他的同事登记的姓名，而且由于当时情况紧急，医院未要求提供身份证证明。事后要求原告提供身份证明，但邓某没有提供。而且在原告住院期间，医护人员也都称呼原告为黄某。后因为工伤认定问题，原告才向医院提出病历姓名有误，要求更改。医院没有审查原告真实身份的义务，因此造成原告姓名登记错误的责任在于原告，不同意原告的诉讼请求。（2）原告诉讼的主体有误，不应该告医院，应当告其工作单位，因为是单位把原告的名字错误报为黄某的，原告的单位应对此承担责任。

开庭期间，我们提交了黄某2009年8月26日亲笔书写的一份《证明》：

我是黄某，男，身份证号码（略），辽宁省本溪县草河城镇石门村34号1-1。我于2007年11月到大连某木业有限公司工作，担任拼板车间操作工，一直工作到2009年4月16日离开该公司。

在我之前，邓某就已经到大连某木业有限公司工作，他担任机修工，我们是同事。2009年3月10日邓某在拼板车间修机器时右手被机器绞伤，当天被送到医院救治。

2009年3月10日我正常在车间工作，直到4月16日离开公司，我的右手没受过伤。兹证明，医院关于我右手受伤，于2009年3月10日到31日住院不属实，实际是我的同事邓某右手受伤住院治疗。

随后，法院又找到黄某本人作了《调查笔录》。

判决还公道，讨回自己名字

2009年8月31日法院作出（2009）中民初字第3424号民事判决：

本院认为，公民的姓名权受法律保护。原告邓某受伤后到被告医院接受救治，双方医疗服务合同关系依法成立。根据本案有关证据，原告于2009年3月10日至31日接受被告治疗，期间有关诊疗记录患者姓名均登记为黄某，显然与事实不符。原告现起诉要求确认被告2009年3月10日至31日有关医疗记录中黄某的姓名实际应为原告邓某的诉讼请求，理由正当，本院予以支持。综上所述，依照《中华人民共和国民法通则》第99条的规定，判决如下：

确认被告医院10902725号病案的患者姓名为原告邓某。

一审判决后，被告医院没有提起上诉，判决生效。

▲ 图18-1　2009年11月20日《辽宁日报》对本案的报道

第二场官司：企业玩"双簧"，仲裁庭突现租赁合同

接下来，就涉及邓某申报和认定工伤的程序了。稍有点法律常识的人都知道，要想确认为工伤，必须先请求确认双方存在劳动关系。

于是，邓某又委托我将大连某木业有限公司（以下简称木业公司）告上了劳动仲裁庭。

不料，巨大的麻烦才刚刚开始……

2009年10月16日上午，仲裁开庭时，令人意想不到的一幕出现了。木业公司一方为了证明邓某不是其单位职工，突然拿出一份《租赁合同》，声称木业公司从2002年成立以来就一直没有生产和经营过，而是在2007年起将公司的厂房及机器设备出租给了黑龙江省伊春市一家木制品有限公司（以下简称木制品公司）经营，租赁期限5年，自2007年11月30日起至2012年11月29日止，每年租金50万元人民币。

木业公司还称，邓某因工受伤时恰是木制品公司在经营，故，邓某不是木业公司的员工，其申诉主体不适格，应当木制品公司承担责任。

这离奇一幕的出现，把毫无思想准备的邓某惊得目瞪口呆。

但是，木业公司一方代理人并未就此罢休，紧接着又使出"连环计"——出示了一份公司承租方即黑龙江伊春市某木制品公司盖章的《证明》，上面白纸黑字赫然写着：

因我公司自2007年11月30日租赁大连某木业有限公司的厂房及设备经营至今，在租赁期间工厂和员工均由我公司经营管理，如发生任何安全事故均由我公司承担责任，与出租方大连某木业有限公司无关。

2009年9月25日

出租方、承租方当庭"上演"的这一出证据"双簧"，看上去严丝合缝、链条紧密、互相呼应，使邓某差点气晕过去，他万万没想到，自己在公司辛辛苦苦干了3年多，老板竟不认自己是其职工，还把他连带着厂房、设备一起"出租"给了外省的木制品公司。

邓某有些控制不住自己的情绪，仲裁庭的气氛也骤然紧张起来。

靠证据还原事实真相

对此，我认为，公司一方提供的《租赁合同》及《证明》有多处瑕疵及疑点，不应被仲裁庭采信。

根据我国《税收征收管理法》《税务登记管理办法》《企业法人登记管理条例施行细则》等相关规定，如果木业公司真的出租经营的话，那么承租人伊春市木制品公司必须依法在大连辖属行政机关办理异地租赁经营的税务、工商登记手续，否则即属非法经营。因木业公司不能向仲裁庭提供这些手续，仅凭一纸合同，不能证明其租赁经营的真实性和该合同是否已实际履行。

同时，木业公司也未能向仲裁庭提供其收取50万元租金的入账凭证、纳税凭证和开出的发票存根。

又根据开发区工商局出具的木业公司《注册内容查询卡》，木业公司自成立以来每年都进行了年检，至今仍为正常经营状态。故，木业公司一方所称"从2002年起就停止经营"的说法无事实根据，且其如果停业，应提供税务机关出具的《核准停业通知书》。既然申请人一方有证据证明木业公司始终在自己的场地上正常经营，那么与其所谓的把厂房、机器设备出租给木制品公司岂不是自相矛盾？

随后，我又三次到金石滩派出所调取了派出所电脑中留存的木业公司为邓某办理暂住证时的登记资料，该资料显示，邓某的服务处所为木业公司，暂住地为木业公司院内。

我又到此前审理邓某姓名权纠纷的法院，调取了法院对公司另一职工黄某作的《调查笔录》，该笔录亦显示2009年3月10日邓某在木业公司工作中被机器绞伤右手的事实。

最终，我一共收集、提交了印有木业公司字样的2套工作服、工资条、民事判决书、医院诊断书、查询卡、暂住证等10余份证据材料。

仲裁裁决：存在事实劳动关系

仲裁庭经过合议，采纳了我的代理意见。2009年11月4日，大连经济技术开发区劳动争议仲裁委员会作出大开劳仲裁字（2009）第350号仲裁裁决：

本委认为：被申请人提交的《租赁合同》以及由木制品公司出具的两份说明，均没有直接证明申请人与被申请人具有劳动关系还是与木制品公司具有劳动关系。而申请人提交的证据均显示其是被申请人的职工，其中人民法院生效判决所认定的事实可以作为本案的裁决依据。申请人提交的工作服、由公安机关出具的暂住证以及暂住人口查询单、黄某在人民法院《调查笔录》中所证实的情况亦符合原劳动和社会保障部《关于确立劳动关系有关事项的通知》（劳社部发〔2005〕12号）有关凭证认定的规定，相对于被申请人提交的证据具有较大的证明力，本委予以确认。

综上，根据劳动和社会保障部《关于确立劳动关系有关事项的通知》第1条、第2条之规定，裁决如下：

确认申请人在2009年3月10日受伤时与被申请人存在事实劳动关系。

第三场官司：沉着稳健的庭审应对

木业公司不服仲裁裁决，向法院提起诉讼，请求判决原被告之间不存在事实劳动关系。

木业公司认为，大连市经济技术开发区劳动争议仲裁委员会认定事实错误，裁决结果显失公正，原告与被告之间不存在事实劳动关系。

第一，原告已将厂房等租赁给有用人主体资格的单位，如被告系在原告厂区内工作，其也应当与承租单位建立劳动关系，与原告不存在劳动关系。

第二，仲裁裁决原告与被告之间存在事实劳动关系的依据之一"2009中民初字第3424号"判决不能当作本案的定案证据使用。该份判决在审理查明中表述"2009年3月10日，邓某在其单位木业公司……"，并声称该判决是一份生效的判决，其认定的事实应当作为证据使用。该判决是被告邓某与医院的医疗纠纷，其主要是确认医院10902725号病案的患者姓名是否为邓某。

因此，该案审理的主要问题、要查明的主要事实是邓某是否为 10902725 号病案的患者，至于邓某是否为原告的员工并非该案要审理查明的主要问题。该份判决中"2009 年 3 月 10 日，邓某在其单位木业公司……"的表述只能看作是邓某对其工作单位的自述，该份判决不能作为本案的定案依据使用。

第三，暂住证不能作为本案的定案依据。暂住证是由公安机关发放的，公安机关只是证明当事人在大连的居住情况，而不能确认原被告之间是否存在劳动关系，因此，仲裁委将其作为定案的证据是错误的。

我在开庭中详细阐述了本案的来龙去脉，并提交了多份证据，稳扎稳打，沉着应战，庭审效果良好。

2010 年 3 月 17 日，大连经济技术开发区人民法院作出（2010）开民初字第 104 号民事判决：

经审理查明，根据被告提供的医院 10902725 号《住院病案》首页记载，2009 年 3 月 10 日下午 5 时 30 分，原告的职工黄某因指骨开放性骨折入院治疗。被告曾将医院诉至大连市中山区人民法院，要求法院确认医院 10902725 号病案中记录的"黄某"实际为被告。该法院受理后曾向黄某进行调查询问，在所形成的《调查笔录》中黄某证实："我 2007 年 11 月到木业公司工作，2009 年 4 月离职，2009 年 3 月 10 日，跟我在一个车间工作的邓某被机器绞伤右手，他被公司其他人送到医院救治，后来我听说他住院用的是我的名字。"同年 8 月 31 日，大连市中山区人民法院作出（2009）中民初字第 3424 号民事判决书，认定的事实为：2009 年 3 月 10 日，原告邓某在其工作单位木业公司修理机器过程中不慎被机器绞伤右手，被公司同事紧急送往医院救治；判决主文为："确认被告医院 10902725 号病案的患者姓名为原告邓某"，该判决现已生效。诉讼中，原告提交了工作服和公安机关出具的暂住人口信息查询单和暂住证，工作服的左前胸印有"木业公司"字样，暂住人口信息查询单和暂住证显示原告的服务处所为木业公司。

另查，2007 年 11 月 30 日，原告与木制品公司签订《租赁合同》，约定原告将厂房、机器设备租赁给木制品公司，租赁期间为2007年11月30日至2012年11月29日。2009年9月25日，木制品公司出具《说明》一份，内容为：在租赁期间工厂和员工均由木制品公司经营管理，如发生安全事故由木制品公司承担责任，与出租方原告无关。被告于2009年9月16日到大连经济技术开发区劳动争议仲裁委员会申请仲裁，该仲裁委员会于2009年11月4日作出仲裁裁决，原告不服该裁决，于同年11月26日诉至本院。

本院认为，被告在工作中受伤，应得到及时的救治和工伤认定。被告系原告公司员工已由大连市中山区人民法院的生效法律文书确定，双方之间存在劳动关系。原告在举证期限之内未提供木制品公司企业法人营业执照正本，亦未提供当地工商查询部门的查询记录，故无据认定该公司的身份。原告关于其已与木制品公司签订租赁合同，应由该公司承担劳动者安全生产责任，被告受伤时不是原告职工的诉讼意见，因原告与木制品公司之间的内部约定不能对抗劳动者，该意见无事实依据与法律依据，不予采纳。综上，依据《中华人民共和国劳动合同法》第4条第1款、第29条、最高人民法院《关于民事诉讼证据的若干规定》第2条、第9条之规定，判决如下：

原告木业公司与被告邓某存在劳动关系。

第四场官司：局势陡变，大连中院将本案发回重审

木业公司不服一审判决，提出上诉，理由如下。

1.原审法院认定的事实错误，并因此作出了错误的判决。上诉人已将厂房及机器设备等出租给木制品公司经营使用，在租赁期间均由承租方木制品公司负责经营管理，上诉人只承担出租方的义务。在此期间上诉人从未招聘过被上诉人，也没有给被上诉人发放过工资，与上诉人没有劳动关系。如果被上诉人系在上诉人的厂区内工作，亦应当申请确认其与木制品公司存在劳动关系。

2.原审法院审理违反法定程序，侵害了上诉人的权利。2010年1月13日

上诉人到原审法院领取了开庭传票,并签了送达回证。该传票记载的开庭日期为2010年1月26日,后原审法院电话通知上诉人因被上诉人未能成功送达,开庭推迟。其后,原审法院一直未通知上诉人开庭事宜。2010年3月16日上午9点上诉人突然接到原审法院电话通知,原审法院称定于该日上午9点开庭,并称如上诉人不来开庭,将按上诉人撤诉处理,致使上诉人无法在开庭时提交对自己有利的证据,原审法院以上诉人未提供有力证据为由判决上诉人败诉,是错误的。

二审开庭过程中,木业公司再次拿出一份《证明》:

上诉人木业公司与被上诉人邓某劳动争议一案,事实为我公司与上诉人木业公司系租赁关系,被上诉人邓某系我公司员工,我公司与邓某之间存在劳动关系。

特此证明。

证明单位:伊春市某木制品有限公司
2010年6月2日

2010年7月27日,大连市中级人民法院作出(2010)大民一终字第1755号民事裁定:

本院认为,原判决认定事实不清,证据不足,本案双方争议的劳动关系是否存在,被上诉人认为其与上诉人之间存在劳动关系,但并未有直接证据予以证明。上诉人认为其与被上诉人之间无劳动关系,并提供了被上诉人与木制品公司之间存在劳动关系的相关证据。原审重审时应当追加木制品公司为被告或第三人以查清被上诉人的劳动关系隶属。依照《中华人民共和国民事诉讼法》第153条第1款第3项之规定,裁定如下:撤销原判决,发回重审。

第五场官司：详细论证，再战法庭

2010年11月10日，本案开庭审理。我方又出具了一份黑龙江省伊春市桃山公证处2011年7月5日作出的（2011）黑伊桃证内民字第28号《公证书》，这是一份公证证言，内容为：

我是艾某成，男，汉族。1950年10月2日出生。我于2006年2月17日到木业公司做原木检尺员工作，后又做仓库保管员和员工考勤员工作，于2010年9月辞职。

现为邓某证明以下几点：

一、邓某是在我之前就到木业公司工作的，我到该公司工作后方知道他是修理工。我曾和他在一个寝室住过。

二、邓某因公受伤的时间我没有记清楚，但知道他是在木业公司（厂址金石滩）拼接单板车间受的伤，当时他捂着受伤的手来到办公室，我拿了一条新毛巾把他的伤手包上，然后经理和他急忙打车去医院了。

三、我在木业公司（厂址金石滩）担任过考勤员，每月末为公司财务提供员工考勤情况和员工考勤统计表，公司财务是按照我提供的考勤统计表做工资，我为邓某做过考勤。

四、我和邓某确实在木业公司（厂址金石滩）工作。

以上证言完全属实，如有虚假愿意承担法律责任。

庭审中，我再一次发表了详细的辩论意见。

第一，木业公司提供的《租赁合同》，涉嫌造假，且无证据证明已经实际履行，不应采信。

理由之一，未提供依法出租厂房、设备的手续。在开发区工商局出具的《私营企业注册内容查询卡》中，木业公司的经营范围仅为"木制品加工销售"，并无租赁厂房、设备一项。根据《企业法人登记管理条例》第 13 条"企业法人应当在核准登记注册的经营范围内从事经营活动"及《企业法人登记管理条例施行细则》(2000 年)①第 28 条之规定,如果其出租厂房,则构成超越经营范围的严重违法行为。

理由之二、未提供木制品公司异地租赁经营的工商登记手续。根据《企业法人登记管理条例施行细则》(2000 年)第 40 条第 1 款"企业法人在异地(跨原登记主管机关管辖地)增设或者撤销分支机构,应向原登记主管机关申请变更登记。经核准后,向分支机构所在地的登记主管机关申请开业登记或者注销登记"的规定,其应在大连办理工商登记手续。

理由之三、未提供木制品公司异地租赁经营的税务登记手续。根据《税务登记管理办法》(2003 年)②第 2 条第 1 款"企业,企业在外地设立的分支机构和从事生产、经营的场所,个体工商户和从事生产、经营的事业单位,均应当按照《税收征管法》及《实施细则》和本办法的规定办理税务登记"及第 10 条"企业,企业在外地设立的分支机构和从事生产、经营的场所……向生产、经营所在地税务机关申报办理税务登记"的规定,其应在大连办理税务登记手续,并向法庭提供。

理由之四、未提供 50 万元租金的入账凭证和发票。根据该《租赁合同》第 3 条,上诉人应当提供 2008 年、2009 年两个年度各 50 万元的租金入账凭证,以及根据我国《发票管理办法》(1993 年)③的规定向木制品公司开出的租金发票底联。如上诉人不能提供,则该合同不具备真实性、合法性,不应采信。

理由之五、未提供 50 万元租金的纳税凭证。根据该《租赁合同》第 6 条第 1 项,木业公司应当提供 2008 年、2009 年两个年度的租金纳税凭证。根据《大连市房产税征收管理工作规程》(1995 年)第 16 条"对按租金收入征收房

---

① 编者注:《企业法人登记管理条例施行细则》已于 2020 年修订。
② 编者注:《税务登记管理办法》已于 2019 年修正。
③ 编者注:《发票管理办法》已于 2019 年修订。

产税的，应以出租人实际取得的租金收入为计税依据"、第 17 条"对房屋出租人不申报租金收入或申报不实的，主管地方税务机关有权核定其应纳税额。即以纳税人实际出租的房屋建筑面积和适用的租金标准（经税务机关调查测定）计算出应税租金收入，据以计征房产税"以及辽宁省地方税务局《关于明确房产税有关问题的通知》（辽地税函〔2006〕125 号）第 1 条"对出租房屋取得的租金收入应按租金全额计算缴纳房产税"的规定，如上诉人不能提供，则该合同亦无真实性、合法性，不应采信。

第二，伊春木制品公司到大连租房经营系子虚乌有，不能采信。

1. 证据显示，上诉人始终在正常经营、与其"出租给木制品公司经营"的说法相矛盾。在大连市工商局开发区分局出具的《私营企业注册内容查询卡》中"年检结果"一栏显示，上诉人从 2005 年至今都进行了年检。根据国家工商行政管理总局《企业年度检验办法》（2006 年）[①]的相关规定，企业年度检验（简称"年检"）是指工商行政管理机关依法按年度对企业进行检查，确认企业继续经营资格的法定制度。同时，大连市中山区人民法院对木业公司另一职工黄某所作的《调查笔录》中亦显示，2007 年 11 月至今，木业公司也处于正常经营状态。据此，木业公司代理人在庭审中关于"木业公司从 2002 年起就停止经营"的说法，系虚假陈述，无任何事实根据及法律根据。且木业公司未能提供税务机关出具的《核准停业通知书》。既然木业公司在自己的场地上（什字街村产业加工区）正常经营，那么木制品公司又在哪里经营呢？这一说法显然自相矛盾。

2. 即使租赁关系存在，亦不对申请人产生拘束力。即使该租赁合同和租赁经营为真，也仅是木业公司与木制品公司两者之间的内部法律关系，不具有对抗第三人的效力。我的当事人邓某并不知道该租赁合同及租赁经营一事，作为一个普通工人，他只知道——他工作的场地是木业公司的场地、墙上挂的是木业公司的《营业执照》、身上穿的是印有"木业公司"字样的工作服、《暂

---

① 编者注：该部门规章现已失效。

住信息》上体现的服务处所也是木业公司。故，木业公司无论如何都逃避不了用人单位应当承担的法律责任。

3. 如果伊春木制品公司是实际经营人，则大连的木业公司仍要承担民事责任。即使木业公司提供的《租赁合同》已经实际履行、全面履行，但如果木制品公司对外都是以木业公司名义生产、运输、销售的话（本案现无证据证明木制品公司是以自己的名义生产、运输、销售），根据《最高人民法院关于适用〈中华人民共和国民事诉讼法〉若干问题的意见》（以下简称《民诉意见》）[①] 第 46 条"营业执照上登记的业主与实际经营者不一致的，以业主和实际经营者为共同诉讼人"的规定，我的当事人邓某仍然可以要求木业公司承担相应的民事法律责任。

4. 伊春木制品公司盖章的《说明》及其在《工资表》上的盖章，均无效。首先，两证据均属于当事人陈述和自己证明自己的孤证，无其他证据进一步佐证。尤其是《工资表》，还要提供其他的、邓某在木制品公司实际付出劳动并获取报酬的证据。其次，这两个证据仅属于"当事人提出的主张"，根据《民事诉讼法》第 64 条第 1 款"当事人对自己提出的主张，有责任提供证据"、《民诉意见》第 74 条"在诉讼中，当事人对自己提出的主张，有责任提供证据……"及《最高人民法院关于民事诉讼证据的若干规定》（2008 年）[②] 第 2 条第 2 款"没有证据或者证据不足以证明当事人的事实主张的，由负有举证责任的当事人承担不利后果"的规定，木制品公司应承担举证不能的后果。再次，因木制品公司与木业公司之间存在严重利害关系、不能排除双方互相串通之嫌疑，故该证据均无效。最后，根据《民诉意见》第 77 条"……有关单位向人民法院提出的证明文书，应由单位负责人签名或盖章，并加盖单位印章"的规定，这两个证据亦无效。

第三，邓某与木业公司之间的劳动关系，铁证如山，确实存在，应予

---

① 编者注：该司法解释现已失效。
② 编者注：该司法解释已于 2019 年修正。

认定。

首先，基于"既判力"原则，应予认定。中山区人民区法院（2009）中民初字第3424号《民事判决书》系生效判决，对邓某的工作单位、因工受伤的事实已经开庭审理查明，同时结合该院对第三人黄某的《调查笔录》，应当认定该生效判决对本案具有既判力，完全可以作为本案的审理依据。木业公司如对该生效判决有异议，可通过申请再审等途径另行主张自己的权利。但不容置疑的是，该判决已产生既判力。此外，大连市中山区人民法院对木业公司另一职工黄某所作的《调查笔录》亦可证明（这是国家司法机关出具的证据），邓某是2009年3月与黄某在同一个车间工作时受伤，据此可认定原告与被告存在劳动关系。

其次，基于举证倒置原则，应予认定。根据《最高人民法院关于民事诉讼证据的若干规定》（2008年）第6条、《最高人民法院关于审理劳动争议案件适用法律若干问题的解释》（2008年）[①]第13条、《劳动争议调解仲裁法》（2007年）第6条、第39条的规定，邓某从2006年1月入职至今的工作年限、每月的工资标准以及本代理词第1条中的全部证据材料，均应由木业公司提供，如其不提供，或提供了不确实、不充分的证据，应当承担不利的法律后果。

最后，基于自由心证和优势证据原则，应予认定。从木业公司提供的虚假租赁合同及不履行法定的举证义务来看，其不能自圆其说，而是漏洞百出、前后矛盾、谎话连篇，疑点及瑕疵太多，不能令人信服。反之，从我的当事人邓某提供的工作服（印有"木业公司"字样）、《暂住证明》（服务处所为"木业公司"）、工资条、《住院病案》首页证明、生效判决书、中山区人民法院《调查笔录》、开发区工商局《企业注册查询卡》等数份证据来看，已形成了完整、闭合的证据链条，尽到了举证责任，亦能证明双方存在劳动关系。

[①] 编者注：该司法解释现已失效。

我的当事人邓某的右手除大拇指外、余下4指全部断掉且丧失了功能，甚至无法拿笔签下自己的名字。基于此，即使法律救济之路再漫长，邓某捍卫生命健康权和索赔权利的决心也不会改变。

2011年7月19日，大连经济技术开发区人民法院作出（2010）开民初字第2996号民事判决，再次认定邓某与木业公司之间存在劳动关系：

本院认为，原告提交的其与第三人之间的租赁合同，既无备案，也没有实际履行的证明，该合同的履行及真实性不能确定；原告提供的工资条不完整，也不排除在工资条上后加盖印章的可能性，原告又拒绝提供员工的工资证明（会计传票），应承担不利后果。而被告提供的证明材料，《暂住证明》不仅证明居住地，也显示了服务处所，被告同事因工作原因在外省市无法到庭作证，其提供经公证的证言，也符合规定；同时原告给被告发放的工作服，并非如原告所说是供给第三人用，这一系列证据均表明被告为原告工作。大连市天山区人民法院的生效判决亦可证明，被告是原告的职工。第三人无正当理由拒不出庭，只是为原告出具说明，也未能提供劳动合同或租赁合同履行的证据材料，因此，本院认定，被告的证据材料优于原告提供的证据材料而予采信，对于原告提供的证据材料不予采信。根据以上认定的证据材料，本院查明，被告的服务场所为木业公司，但双方未签订劳动合同。2009年3月10日，被告在工作中受伤，并以原告职工黄某的名义入院治疗。后因原告否认与被告存在劳动合同关系，被告于2009年9月16日到大连经济技术开发区劳动争议仲裁委员会申请仲裁，该仲裁委员会于2009年11月4日作出仲裁裁决，确认原被告之间存在劳动合同关系。原告不服该裁决，于同年11月26日诉至本院。

本院认为，被告在工作中受伤，应得到及时的救治和工伤认定。根据被告提供的《暂住证明》、同事的证明、工作服、大连市天山区人民法院生效民事判决书，可以形成优势证据，足以证明原被告双方之间存在劳动关系。第三人无正当理由未到庭参加诉讼，应视为其放弃对本案的抗辩权。依据《中华人民共和国劳动合同法》第 4 条第 1 款、第 29 条、《中华人民共和国民事诉讼法》第 130 条、《最高人民法院关于民事诉讼证据的若干规定》第 2 条、第 9 条之规定，判决如下：

原告木业公司与被告邓某存在劳动关系。

第六场官司：木业公司再次上诉，与受害人秘密和解

木业公司再次上诉，请求撤销一审判决，改判双方不存在劳动关系。

木业公司的上诉理由是：1. 根据第三人木制品公司提供的其为被上诉人支付工资的明细表，足以证明被上诉人一直在第三人处工作，并由第三人为其支付工资，虽然第三人没有出庭，但是第三人出具的材料是一份直接证据，已足以证明第三人与被上诉人之间存在劳动关系，但是原审法院置这一情节于不顾，而判决被上诉人与上诉人之间存在劳动关系，是明显错误的。2. 原审法院认定原告与被告之间存在事实劳动关系的依据不能当作本案的定案证据使用。3. 原审法院采信了被上诉人提供的所谓其同事艾某成的公证证言，而艾某成本身的身份就无法证明，其不是上诉人的员工，一个自身身份尚无法被证明的人如何能证明其他人的工作单位呢？

二审开庭中，法官极力为双方进行了调解，为了配合法官的工作，我提出了参照 6 级伤残标准确定受害人赔偿金额的调解方案。

二审开完庭后，过了好长一段时间以后，邓某给我打了一个电话，说他的事情已经在法院调解解决了，并且说要感谢我付出的辛苦劳动，把剩余的律师费支付了。看样子，他感到非常满意。我问他，木业公司赔偿了多少钱，他说，跟公司签有保密协议，不想谈及这一话题，我也就没再多问。不久，他和他妻子一起来到了我的律师事务所，按照我们之前签订的委托律师合同，补交了相应的律师费用。

 **评析与思考**

医院应认真核对住院患者的身份信息

现实中,有些企业因未给劳动者办理工伤和医疗保险,在员工出现工伤事故后,便以本单位其他办理了工伤和医疗保险的人的名义办理入院,企图骗取保险金。但这种做法在劳动部门认定工伤时容易发生纠纷,导致伤者的合法权益被侵犯。

因此,劳动者因工受伤入院治疗时,如果用人单位使用他人姓名为其登记,劳动者一定要及时提出异议,绝不能听之任之。同时,作为收治工伤患者的医院,也应按照《病历书写规范》中"病历书写内容要求真实完整"的规定,认真核对患者的身份,以免卷入此类纠纷。

细节决定成败,严格审核对方证据至关重要

张勇所著的《远见》一书中有句话:"不要被对方的证据吓倒,即使是铁水浇过的证据也会有砂眼,这里面就是转机。"

在以往我办理的大量工伤案件中,遇到的侵害职工合法权益、不负责任的单位不少,但像本案中以出租厂房、设备为借口妄图逃避法律责任和对员工工伤赔偿义务的情形,还是第一次遇到。由于目前劳动仲裁机构确定的举证时限一般是到开庭审理前,双方当事人当庭出示证据并质证,所以针对本案中木业公司一方的证据"突袭",别说劳动者发蒙,就是经验丰富的律师一时也会不知所措。好在本案中,我在庭前和休庭后进行了充分准备,仲裁庭按照"优势证据规则"确认了劳动关系。现实生活中,广大劳动者在入职时一定要与用人单位签订书面劳动合同,并依法索要一份合同留存在自己手中,切实维护自身的权利。

手记 19

未经工伤认定，能否诉讼索赔

——一起超过工伤认定时效案代理纪实

用人单位没有在法定的 30 天内给她申报工伤，由于不懂法，她也未在 1 年内自己去申报工伤。这种超过工伤认定时效的案子，还能打赢吗？

案情再现

夏某英，女，系来自内蒙古扎兰屯的一名农民工。2015 年 3 月 30 日开始，她到大连市民政局区下属的社会福利院（事业单位法人）食堂工作，每月工资 3000 元，双方未签订劳动合同，未缴纳社会保险。2016 年 1 月 29 日早上 8 时许，她在五楼厨房里绞面，操作轧面机时不慎受伤，经医院诊断为右手第 1、4 末节指骨甲粗隆骨折，住院治疗 7 天。出院后，福利院没有在法定期限内为夏某英申报工伤，夏某英自己也没有在法律规定的 1 年期限内去申报工伤。

2017 年 7 月 11 日，Y 区公安消防大队发文《关于 Y 区社会福利院存在安全隐患的情况报告》，指出"社会福利院已经不具备营业条件，责令其停止营业"。

2017 年 7 月 15 日，Y 区民政局发文《关于 Y 区社会福利院停业的通知》，其中载明："区民政局决定从 2017 年 8 月 1 日起，Y 区社会福利院停止营业。"

2017年9月12日,福利院与夏某英解除劳动关系,未支付任何工伤赔偿。夏某英找到福利院领导要求赔偿,但没有任何结果。

无奈之下,2017年11月,夏某英委托我们律师事务所的劳动法律服务团队来处理她的维权案件。

 代理过程

我们团队的律师为夏某英确定了"两步走"的维权思路。

仲裁:确认事实劳动关系

2017年12月11日,我们向劳动争议仲裁委员会提出申请,要求确认夏某英与福利院之间存在事实劳动关系,并要求支付解除劳动关系经济补偿金。

庭审过程中,我们还提交了一份用人单位的《安全工作责任清单》,其中第4条赫然写着原告的名字:"后勤安全责任分工及责任人:夏某英、庄某某。"

这次的开庭比较顺利,被告代理人自认了夏某英系2015年3月30日入职福利院,但是对哪一天与夏某英解除劳动关系,却说不清楚。

2018年1月16日,经开庭审理后,大连市Y区劳动人事争议仲裁委员会作出《仲裁裁决书》:

本委认为:本案争议的焦点是申请人夏某英与被申请人大连市Y区社会福利院之间是否存在事实劳动关系。被申请人自认申请人于2015年3月30日入职,但对解除劳动关系时间表述不详,应承担举证不利后果,故对申请人该项请求,本委予以支持。关于赔偿金的问题。本案中,被申请人依据大连市Y区公安消防大队发文《关于Y区社会福利院存在安全隐患的情况报告》和Y区民政局发文《关于 Y 区社会福利院停业的通知》的强制性规定，自 2017 年 8 月 1 日起，Y 区社会福利院停止营业，因客观情况发生重大变化，致使其与编外用工人员夏某英的劳动关系无法继续履行。2017 年 9 月 12 日，被申请人与申请人解除动关系，但未向其支付经济补偿。故对申请人的该项仲裁请求，本委对符合经济补偿权利的部分予以支持。

仲裁裁决作出后，社会福利院没有向法院提起诉讼，该裁决生效。

工伤索赔：一个非常棘手的问题

接下来，我们对夏某英涉及的工伤索赔问题进行了认真研究，由于发生工伤后，夏某英未进行工伤申报和认定，这给她的索赔工作带来了巨大难度。我们查找了有关书籍和资料，网上的很多案例也都表明，像夏某英的这种情况完全可以索赔。

其中，最高人民法院民一庭编写的《民事审判实务问答》一书认为[①]：

6. 在审理工伤事故赔偿纠纷案件时，对劳动部门不作出工伤认定或者认定不是工伤的，人民法院能否根据查明的事实直接作出工伤事故的认定？

答：《工伤保险条例》就工伤的认定条件、认定部门和认定程序等做了明确规定。该条例第 17 条规定："职工发生事故伤害或者按照职业病防治法规定被诊断、鉴定为职业病，所在单位应当自事故伤害发生之日或者被诊断、鉴定为职业病之日起 30 日内，向统筹地区劳动保障行政部门提出工伤认定申请。遇有特殊情况，经报劳动保障行政部门同意，申请时限可以适当延长。用人单位未按前款规定提出工伤认定申请的，工伤职工或者其直系亲属、工会组织在事故伤害发生之日或者被诊断、鉴定为职业病之日起 1 年内，可以直接向用人单位

[①] 黄松有主编：《民事审判实务问答》，法律出版社 2005 年版，第 169 页。

所在地统筹地区劳动保障行政部门提出工伤认定申请。按照本条第一款规定应当由省级劳动保障行政部门进行工伤认定的事项，根据属地原则由用人单位所在地的设区的市级劳动保障行政部门办理。用人单位未在本条第一款规定的时限内提交工伤认定申请，在此期间发生符合本条例规定的工伤待遇等有关费用由该用人单位负担。"根据该条规定，劳动保障行政部门是法定的工伤认定部门，不作出是否属于工伤的认定，或者作出不是工伤的认定的，人民法院在审理劳动者或用人单位提起的工伤损害赔偿纠纷案件时，可以根据查明的事实直接作出工伤事故的认定。

2018年2月23日，我们律师团队代理夏某英向劳动仲裁机构提出申请，要求支付工伤待遇。正如我们事先预料的一样，5天后，该委迅速作出了《不予受理决定书》：

大连市Y区劳动人事争议仲裁委员会
不予受理决定书

中劳人仲不字（2018）第2号

夏某英：

  2018年2月23日你送来的申请书已收悉。经审查，你与大连市Y区社会福利院之间因支付工伤待遇暂定一万元（具体数额待鉴定结论出具后予以确定）争议案，因你所提起的仲裁请求不属本委受案范围，故本委依照《中华人民共和国劳动人事争议调解仲裁法》第2条规定，现决定不予受理。

  你对本决定不服的，自收到不予受理决定书之日起十五日内，可向有管辖权人民法院起诉。

  仲裁委员会以夏某英提起的仲裁请求"不属本委受案范围"为由，决定不予受理。实际上，我们之所以要先向劳动仲裁机构申请仲裁，就是为了把前置程序走完。根据法律规定，凡是劳动争议案件，都必须先进行劳动仲裁，才能到法院起诉。最高人民法院在《全国民事案件审判质量工作座谈会纪要》中也提到，"为了使劳动争议案件能够及时有效地得到解决，对于劳动争议仲裁委员会作出不予受理的通知或决定、判决的，可视为劳动争议仲裁机构已对该劳动争议作出处理。当事人对不予受理的通知不服，可向人民法院起诉，人民法院应予以受理"。由此可见，这种案件比其他的民事案件多了一道法律程序。需要指出的是，大连市Y区劳动人事争议仲裁委员会在《不予受理决定书》中，由于工作人员的疏忽，误把《劳动争议调解仲裁法》写成了《劳动人事争议调解仲裁法》。

2018年3月7日，我们代理夏某英向大连市中山区法院提起了工伤索赔诉讼。与此同时，我们安排夏某英到大连市Y区人力资源和社会保障局申请工伤认定。不出所料，该局以超出工伤认定申请时效为由，决定不予受理，并立即出具了编号为20180001的《工伤认定申请不予受理决定书》。

庭审现场：证人现身，还原真相

2018年4月12日，法院第一次开庭审理过程中，福利院的代理人指出，原告夏某英在2016年1月29日受伤后，至今未就其伤情提出工伤认定申请，已经超过了1年的申请期间，无法确认其受伤是否属于工伤，而且劳动能力鉴定部门也没有对其伤情进行鉴定，因此，原告无权要求被告支付工伤待遇。

对此，我们认为，原告之所以没有申请工伤认定，是因为被告既没有与原告签订劳动合同，也没有为原告缴纳社会保险，在事故发生之后，更没有告知原告可以在1年内申报工伤。因此，导致原告没报上工伤的主要责任应在于被告一方。根据《工伤保险条例》第17条的规定，职工发生事故伤害后，所在单位有责任、有义务自事故发生之日起30日内，向统筹地区的社会保险行政部门提出工伤认定申请。因此，福利院不能把没有进行工伤认定的责任推给职工一方。如果按照被告的逻辑，那么全国会有很多的工伤职工因为错过工伤认定时限而无法认定工伤，进而无法得到赔偿。这样的话，对受伤的职工来说，是不公平的。

为了证明夏某英遭受工伤的事实，我方申请证人王某某（也是被告单位的女工）出庭作证，证人称："2016年1月29日早上（因为还差10天过春节，所以这个时间我记得很清楚）8点钟左右，夏某英正在厨房里绞面，当时我正在五楼厨房对面大厅里。早8点左右，我就听见夏某英大叫了一声，然后就看见很多人往厨房里跑，有人手里还拿着钳子，我就跟着去了。到了一看，夏某英的右手手背朝上绞在绞面机里，她疼痛难忍，在那里不停地哭着。当时福利院有两个男职工，叫赵某某、安某某，跑过去用力把机器掰开了。安某某还嘀咕着，这机器都绞过好几个人的手了。之后，司机赵某开着车，院长李某、会计夏某，还有我，把夏某英送到位于Y区山屏街的210医院分院治疗。当时夏某英的右手上全是血，医生用剪子把她右手上的戒指剪开，给她包扎和处置。随后单位安排我在医院陪了她一晚上……"

焦点：未经工伤认定，能否请求工伤赔偿？

庭审过程中，为了更进一步说明问题，我们还向法庭提交了辽宁省高级人民法院2013年印发的《民事审判服务基层、服务群众热点难点100问》中的规定：

问题46：未经工伤认定的工伤保险待遇案件，以未经有权机构进行工伤认定为由裁定不予受理或驳回起诉，是否妥当？

参考意见：《劳动争议司法解释（二）》第6条规定，劳动者因为工伤、职业病，请求用人单位依法承担给予工伤保险待遇的争议，经劳动争议仲裁委员会仲裁后，当事人依法起诉的，人民法院应予受理。根据该项规定，劳动者请求用人单位依法承担给予工伤保险待遇的争议，应当立案受理；因用人单位原因导致未能进行工伤认定，且已无法补办，劳动者请求用人单位赔偿相应经济损失的，应予支持；因劳动者自身原因导致未能进行工伤认定，且已无法补办，劳动者请求用人单位给予工伤保险待遇的，不应予以支持。

按照这个规定，被告未与原告签订劳动合同，没有为原告缴纳社保，在原告因工受伤后，也没有为原告及时申报工伤，更没有告知原告其可以自行申报工伤，因此，符合上述规定中的"因用人单位原因"。即使原告错过了工伤认定的时效，同样可以向被告主张赔偿。

被告Y区社会福利院一方则认为：

1. 原告主张的全部诉讼请求，均是基于工伤认定的前提下，原告的伤情是否属于工伤，不属于人民法院审理的范围，因为其没有劳动部门作出的工伤认定结论。

2. 原告陈述被告没有为原告申报工伤使原告没有获得工伤赔偿待遇，是没有事实根据和法律依据的。根据《工伤保险条例》的规定，尽管被告未提出申请，原告及其近亲属也可以在工伤发生1年内直接提出申请，但原告并未申请，因此被告的行为与原告损失之间不存在因果关系。

鉴定：双方对适用的标准争议巨大

审理过程中，我们申请法院委托司法鉴定机构，对原告的伤残等级、合理休治时间、营养期限等进行鉴定。我们要求按照《劳动能力鉴定 职工工伤与职业病致残等级》标准进行鉴定，但被告方坚决不同意，认为，此标准是在认定工伤的前提下所适用的标准，本案没有经过工伤认定，不能适用该标准。我提出，本案虽然没有工伤认定，但主要是因为单位的过错造成的，并且从事实上来说，原告也是工伤，法庭审理过程中已经查明了此节事实。

法院采信了我的意见，决定适用《劳动能力鉴定 职工工伤与职业病致残等级》标准进行鉴定。2018年5月14日，鉴定机构出具了《司法鉴定意见书》，摘录如下：

五、分析说明

依据伤情、临床资料、辅助检查及查体所见与相关法规适用对委托事项作如下分析说明。

伤残等级：被鉴定人夏某英压面机绞伤致右手食指、中指末节指骨骨折，右拇指、食指、中指、环指多发软组织挫裂伤。目前右拇指、食指、中指、环指屈曲轻度受限，依据《劳动能力鉴定 职工工伤与职业病致残等级》第5.10.2.12条之规定，构成10级伤残。

停工留薪期限：2011年起执行的《工伤保险条例》第33条规定："停工留薪期一般不超过12个月。"

《工伤保险条例》对工伤职工的"误工期、护理期、营养期"无相关条款的明确规定。

中华人民共和国公安部2014年11月26日起实施的（GA/T 1193-2014）《人身损害误工期、护理期、营养期评定规范》1范围：

本标准规定了人身损害误工期、护理期、营养期评定的原则、方法和内容。

本标准适用于人身伤害、道路交通事故、工伤事故、医疗损害赔偿中的误工期、护理期和营养期评定。

参照《人身损害误工期、护理期、营养期评定规范》第10.2.7b）条之规定，结合被鉴定人手指多发骨折，并多发软组织挫裂伤行手术治疗，参照本规范附录A.2之规定，合理休治时间为伤后150天（即指停工留薪期限）。

住院期间及停工留薪期间是否需要护理及期限：根据伤情，住院期间及停工留薪期间共需1人陪护30天。

评定伤残后是否需要护理及期限：评定伤残后无须护理及期限。

根据《司法鉴定意见书》，被鉴定人夏某英的损伤构成10级伤残，合理休治时间（停工留薪期限）为伤后150日，住院期间及停工留薪期间共需1人陪护30天，评定伤残后无须护理及期限。鉴定后，我们将索赔金额增加至10余万元。

2018年7月2日，法院进行了第二次开庭。被告除坚持之前的答辩意见外，又突然抛出了一个问题，称本案的鉴定是在事故发生3年后才做的，不能体现当时的受伤情况，而且原告现在的伤情也可能不是当时造成的，该鉴定意见不应采信。关于护理费和伙食补助的问题，因为没有实际发生，福利院不同意支付。对此，我指出，如果被告认为原告现在的情况和当时（3年前）的情况不一致，可以申请伤病因果关系补充鉴定。在法官向其询问是否申请补充鉴定后，被告代理人明确表示不申请补充鉴定。

一审：原告全部请求获法院支持

2018年7月9日，法院审理后认为：

《工伤保险条例》第17条规定，职工发生事故伤害或者按照职业病防治法规定被诊断、鉴定为职业病，所在单位应当自事故伤害发生之日或者被诊断、鉴定为职业病之日起30日内，向统筹地区社会保险行政部门提出工伤认定申请。遇有特殊情况，经报社会保险行政部门同意，申请时限可以适当延长。用人单位未按前款规定提出工伤认定申请的，工伤职工或者其近亲属、工会组织在事故伤害发生之日或者被诊断、鉴定为职业病之日起1年内，可以直接向用人单位所在地统筹地区社会保险行政部门提出工伤认定申请。按照本条第1款规定应当由省级社会保险行政部门进行工伤认定的事项，根据属地原则由用人单位所在地的设区的市级社会保险行政部门办理。用人单位未在本条第1款规定的时限内提交工伤认定申请，在此期间发生符合本条例规定的工伤待遇等有关费用由该用人单位负担。本案中，原告与被告系劳动合同关系，原告在工作中受伤后，被告应当自事故伤害发生之日起30日内，向统筹地区社会保险行政部门提出工伤认定申请，但被告未提出工伤认定申请，故在此期间发生相应的工伤待遇等有关费用由被告负担。

关于被告辩称原告未认定工伤，原告可申请工伤但未申请，其不应承担责任一节，原告申请工伤系其权利，而被告为原告申请工伤却系其法定义务，被告怠于行使其法定义务，应承担相应的法律责任。被告未申请工伤认定，原告申请时已过时效，现已无法认定工伤继而无法享有工伤保险待遇，按照上述法律规定，被告应承担责任，故对被告该辩称不予采纳。关于被告辩称原告现在的伤情不能反映当时受伤情况一节，经本院释明可以申请对因果关系进行鉴定，但被告称不申请鉴定，被告应承担不利的法律后果，对被告该辩称不予采纳。

法院判决，被告给付原告一次性伤残补助金、一次性工伤医疗补助金、一次性伤残就业补助金等共计97595.3元。

二审：被告称法院无权认定工伤

被告不服一审判决，提出上诉，要求改判驳回夏某英的全部诉讼请求，其上诉理由如下。

第一，一审判决关于"原告申请工伤系其权利，而被告为原告申请工伤却系其法定义务，被告怠于行使其法定义务，应承担相应的法律责任"的认定，是错误的。根据《工伤保险条例》第17条第2款的规定，职工因事故受伤害，用人单位未提出工伤认定申请的，工伤职工或者其近亲属、工会组织在事故伤害发生之日起1年内，可以直接向用人单位所在地统筹地区社会保险行政部门提出工伤认定申请。自2016年1月29日受伤后，夏某英从未向Y区社会福利院提供过申请工伤认定的材料或向用人单位所在地统筹地区社会保险行政部门提出工伤认定申请。因此，并不是上诉人怠于行使义务，而是夏某英怠于行使其权利。上诉人的行为与夏某英的损失之间不存在因果关系。

第二，一审判决关于"被告未申请工伤认定，原告申请时已过时效现已无法认定工伤继而无法享受工伤保险待遇，按照上述法律规定，被告应承担责任"的认定，是错误的。被上诉人夏某英要求享受工伤保险待遇要以构成工伤为前提，工伤认定属于社会保险行政部门的职权范围，法院无权对是否构成工伤作出认定，更不能以《工伤保险条例》作为判决的法律依据，且认定工伤的申请已过时效，故夏某英的工伤赔偿请求无事实依据和法律依据。

二审庭审中，我指出：

第一，2016年1月29日，夏某英在Y区社会福利院工作时受伤，被压面机将手压伤。无论工作时间、工作场所还是工作原因，都符合工伤的规定。而且夏某英在一审中申请了证人出庭，证明了夏某英因工受伤的全部过程以及在场人员和送医的治疗情况以及医疗费的支付情况。因此，虽然夏某英的工伤没有经过劳动部门的工伤认定，但其受伤害的事实已经现实存在，双方均已经认可。

第二，《工伤保险条例》第17条适用的前提条件是用人单位应该在发生工伤之日起30日内为受害人申报工伤，用人单位给受伤害的劳动者申报是前提条件和法定的义务。Y区社会福利院故意避开此项规定，而把责任全部推到劳动者身上是错误的。由于Y区社会福利院没有跟夏某英签订书面的劳动合同，也没有为夏某英缴纳过社保，在工伤发生之后，也没有告知夏某英可以自己申请工伤认定。夏某英作为一个普通工人，在缺乏上述材料的情况下，没有办法向社会保险行政部门提出工伤认定申请。

第三，Y区社会福利院一审中放弃了伤情鉴定，意味着其认可双方存在因果关系。关于Y区社会福利院所称夏某英申请已过时效问题，2013年辽宁省高级人民法院印发的《民事审判服务基层，服务群众热点、难点100问文件》中第46问中有所说明，因用人单位原因导致未能进行工伤认定的，且已无法补办，劳动者要求用人单位赔偿经济损失的，也应予支持。

第四，根据最高人民法院民事审判第一庭编写的《民事审判实务问答》第170页的明确答复，劳动保障行政部门是法定的工伤认定部门，不作出是否属于工伤的认定，或者作出不是工伤的认定的，人民法院在审理劳动者或用人单位提起的工伤损害赔偿纠纷案件时，可以根据查明的事实直接作出工伤事故的认定。因此，一审法院的认定是完全正确的，本案中夏某英的工伤已经经过了工伤认定的前置程序，虽然由于超过工伤认定时限被人社局驳回，但是并不影响人民法院根据事实情况作出相应的判断，来保护工伤受害人的合法权益。

终局：一块石头落了地

二审法院审理后，再次采纳了我的观点，仅对一审法院数额计算有差错之处进行了重新计算。2018年10月22日，大连市中级人民法院作出（2018）辽02民终6361号民事判决：

本院认为，根据《工伤保险条例》第17条规定，申请工伤认定，对受伤职工来说是权利，对用人单位来说是权利，更是义务。工伤待遇的支付途径有两种，一种情形是在用人单位参加社会保险统筹，为其职工缴纳工伤保险费的情况下，由工伤保险经办机构支付；另一种情形是由用人单位自己支付。由工伤保险经办机构支付工伤待遇的前提是经过法定的行政程序认定为工伤。用人单位和受伤职工均未在法定时限内申请工伤认定，虽然使得本来可由工伤保险经办机构从工伤保险基金中支付该受伤职工工伤待遇的途径和程序丧失，但并不意味着该受伤职工工伤待遇权益的绝对丧失。劳动者享受劳动保护和因工受伤享受工伤待遇是宪法和劳动法律法规规定的基本权利，是受法律的绝对保护的。本案中，Y区社会福利院既未与夏某英签订书面的劳动合同，也未提交证据证明已为夏某英缴纳了工伤保险费。而提交劳动合同是申请工伤认定所必需的材料之一。直至2017年12月11日，夏某英到大连市Y区劳动人事争议仲裁委员会申请仲裁，该仲裁委员会方于2018年1月26日作出仲裁裁决确认双方存在劳动关系。而此时早已超过了工伤认定的法定时限。Y区社会福利院既未在法定时限内为夏某英申请工伤认定，也未积极配合夏某英进行工伤认定申请，由此产生无法通过法定程序确认工伤的不利后果不应由夏某英承担。《工伤保险条例》第14条第1款规定，在工作时间和工作场所内，因工作原因受到事故伤害的，应认定为工伤。Y区社会福利院认可夏某英是在工作时间、工作地点受伤，但不认同夏某英是因工作原因受伤。结合夏某英在一审中申请出庭的证人证言、入院记录中关于受伤原因的记载以及 Y 区社会福利院院长等人陪同夏某英到医院救治但却对夏某英就诊时自述的因工受伤原因未予否认的情况，可以认定夏某英在工作过程中受伤害的事实确已存在，符合工伤的认定标准。并且，司法鉴定机构已经对夏某英的伤残等级作出了鉴定结论，故一审法院判令 Y 区社会福利院按照工伤保险待遇标准赔偿夏某英工伤保险待遇损失符合公平原则，并无不妥。

二审法院仅是将一审中计算错误的一次性伤残补助金和一次性工伤医疗补助金的数额进行了微调，确定赔偿总额为 94898.5 元。二审判决生效后，我们又代理了该案件的执行，使当事人顺利地获得了赔偿款项。

 **评析与思考**

虽未经工伤认定程序，劳动者工伤权益也应受到保护

申请工伤认定，对受伤职工来说是权利；对用人单位来说是权利，更是义务。如果用人单位在其职工受伤后不积极履行这项义务，最终导致申请工伤认定超过时限，那么由此引发的后果和责任只能由用人单位承担。工伤待遇的支付途径有两种：一种情形是用人单位参加了工伤保险统筹，为其职工缴纳了工伤保险费的，发生工伤事故后由工伤保险经办机构向职工支付工伤待遇；另一种情形是由用人单位自己支付。

由工伤保险经办机构支付工伤待遇的前提是，必须经法定的行政程序认定为工伤。用人单位和工伤职工均未在法定时限内申请工伤认定，即意味着未经法定程序认定为工伤。这使得本来由工伤保险经办机构承担的支付责任落空。但这并不意味着受伤职工工伤待遇的绝对丧失，劳动者享受劳动保

和因工受伤享受工伤待遇是宪法及劳动法规定的基本权利,是受法律保护的。在工伤职工主张工伤待遇的诉讼请求下,最终只能由用人单位赔付受伤职工应当享受的各项待遇。也就是说,应由用人单位来承担支付受伤职工工伤待遇的责任。

在本案中,夏某英和Y区社会福利院均未在法定时限内提出工伤认定申请,但这只是意味着不再适用工伤认定的行政程序,并不能因此剥夺夏某英作为劳动者应当享有和获得工伤赔偿的法定利益。Y区社会福利院作为用人单位仍然负有支付夏某英工伤待遇各项费用的法定义务。

"未认定工伤能否起诉索赔"的争议还在继续

可以说,这个话题争论了很多年。以本案为例,司法实践中至少存在两种不同的观点。

第一种观点认为,原告夏某英属于依法应当参加工伤保险统筹的用人单位的劳动者,应适用《最高人民法院关于审理人身损害赔偿案件适用法律若干问题的解释》(2003年)第12条第1款,即"依法应当参加工伤保险统筹的用人单位的劳动者,因工伤事故遭受人身损害,劳动者或者其近亲属向人民法院起诉请求用人单位承担民事赔偿责任的,告知其按《工伤保险条例》的规定处理"。在当地工伤认定部门以夏某英自2016年1月29日发生伤害之时至提起工伤认定申请及医疗费用赔偿之时已超过1年为由作出工伤认定申请不予受理通知书;当地劳动争议仲裁委员会也以夏某英超过仲裁时效期为由作出不予受理案件通知书的情况下,法院应依法驳回起诉。

第二种观点则认为,工伤认定部门、劳动争议仲裁委员会分别以超过1年的工伤申请期限和"不属于本委受案范围"为由所作出的不予受理通知书,系对该损害事实及争议所作出的程序性处理。这种程序性处理不应剥夺当事人对于自身所受损害得到相应赔偿的实体性权利。故对于原告夏某英提出的民事赔偿请求,法院应当予以受理。

本案中，最终法院采用了第二种观点，也就是我们主张的观点。

但是，在撰写此篇办案手记时，我突然发现在2020年7月6日《海峡导报》上刊登了一篇《未工伤认定能否起诉索赔？法官：直接起诉不符合人民法院受理案件的条件》：

台海网7月6日讯（海峡导报记者　陈捷　通讯员　集法宣／文）劳动者施工时受伤，未经工伤认定，能否直接起诉索赔？近日，集美法院针对这样一起劳动争议案件作出裁定，认定该案不符合人民法院受理案件的条件，应予以驳回。

法官说，工伤认定是劳动行政部门依据法律的授权对职工因事故伤害（或者患职业病）是否属于工伤或者视同工伤给予定性的行政确认行为。根据国务院《工伤保险条例》规定，工伤认定一般由劳动行政部门来确认。因工伤提起赔偿诉讼，工伤认定是人民法院受理该诉讼的条件之一。所以，对于罗某还未经过工伤认定便向法院起诉，不符合人民法院法定受理案件的条件，应当予以驳回。

2020年8月20日，陕西省米脂县人民法院的一位法官发表了一篇案例文章《劳动者因工受伤后的权利保护不属劳动争议案件审理范围》。该文章在"裁判要旨"中提出，劳动者在因工受伤后，劳动者或用人单位应及时申请工伤认定，劳动者方可申请工伤赔偿。如未及时主张自己的合法权益，也不能以劳动争议为由要求法院判令用人单位承担工伤赔偿责任，两者属于不同的法律体系。

类似本案的争议还在继续，我在此强烈呼吁，最高人民法院应当尽快制定相应的司法解释或者发布指导案例，确定此类案件的裁判原则，以更好地保护工伤受害人的合法权益！

手记 20

工伤"私了"15年后的索赔案

——一起历经省、市、区三级法院审判的案件代理纪实

 **案情再现**

15年前：他的一根手指被机器轧伤

霍某海系大连市J区二十里堡镇半拉山村半拉山屯人，于1995年7月到位于金州经济开发区的一家大型集装箱有限公司工作，双方先后多次签订固定期限劳动合同，并于2008年开始签订无固定期限劳动合同。公司安排他在生产岗位工作，担任电焊工。

2000年4月28日，霍某海在公司工作时被一台机器碾轧到左手食指，被公司送到J区第一人民医院救治，经诊断为左食指离断伤，指间关节无功能，随后进行了断指再植手术。公司没有为他申报工伤。

私了协议：公司只给他6500元

在他的极力要求下，2006年7月4日，公司委托大连市劳动能力鉴定委员会给他作了鉴定，结论为构成9级伤残。

2006年12月29日，公司有关人员把他找到办公室，称赔偿给他6500元，并让他在一张《协议书》上签字。霍某海一看，《协议书》上写着："2006年7月，劳动者霍某海被认定为工伤，双方针对补偿事宜，经协商达成协议如下：1.公司在本协议签订时，一次性向霍某海补偿人民币6500元整（其中包括乙方工伤鉴定费用100元整）。此补偿金包括但不限于乙方依法应从甲方得到的工资、医疗费、经济补偿金及医疗补助金等。2.霍某海保证收到该款项后，不再以任何理由或形式向公司主张任何权利。"

霍某海说，当时他就感到公司给的钱太少了，不想签字。但公司人员说，如果嫌少，那就不能赔偿了。没办法，老实巴交的霍某海只好在《协议书》上签下了自己的名字。

 **代理过程**

申请仲裁：不予受理

2015年1月，这家集装箱公司因经营形势不好，进入破产重整程序。霍某海再次想起了这份协议，他认为，自己被评定为9级伤残，公司只给自己6500元，数额太少，太不公平了。他再次找到公司领导，但公司认为，双方已经达成了协议，不可能再给更多补偿了。霍某海很委屈，他找了几家律师事务所，律师们听完案情都认为不好办，没人接这个案子。

但霍某海不死心，倔强的他在2015年2月找到我所在的律师事务所，与此同时大连市某区工会组织也给我打来了电话，希望我能够认真研究和分析此案，帮助霍某海维权。经过综合分析，我们认为霍某海与公司签订的《协议书》存在一定问题，遂决定代理此案。

2015年2月27日，我们代理霍某海向金州新区劳动人事争议仲裁委员会申请仲裁。没想到的是，就在递交申请书的当天，仲裁机构就以"该公司已破产，主体不适格"为由下发了《不予受理决定书》。

一审开庭：提交两份公报案例

首战失利，但我们没有气馁，而是针对此案再次进行了研究，准备向集装箱公司所在地的 J 区人民法院起诉。就在此时，经查询发现，在 2014 年 6 月 16 日大连市中级人民法院已经作出《民事裁定书》[（2010）大民三破字第 4-4 号]，终止集装箱公司重整计划的执行，宣告集装箱公司破产，并于 2014 年 7 月 1 日在《人民法院报》第 8 版予以公告。

而根据《企业破产法》第 21 条"人民法院受理破产申请后，有关债务人的民事诉讼，只能向受理破产申请的人民法院提起"的规定，在这种情形下，霍某海只能向大连市中级人民法院起诉维权。

2015 年 3 月 9 日，霍某海向大连市中级人民法院提起诉讼，该院于 2015 年 4 月 14 日开庭审理了此案。

在一审庭审过程中，我们除了发表辩论意见之外，还提交了两份公报案例。一份是 2013 年第 1 期《最高人民法院公报》上的"黄某华诉刘某明债权人撤销权纠纷案"，该案例的"裁判摘要"为：

用人单位与劳动者就工伤事故达成赔偿协议，但约定的赔偿金额明显低于劳动者应当享受的工伤保险待遇的，应当认定为显失公平。劳动者请求撤销该赔偿协议的，人民法院应予支持。

另一份是 2014 年第 4 期《江苏省高级法院公报》上的"戴某诉金坛市赞鑫服饰有限公司工伤待遇纠纷案"，该案例的"裁判摘要"为：

"工伤私了协议"并不是平等民事主体签订的民事合同，对"工伤私了协议"的效力审查也就不适用普通民事协议中的权利放弃原则，如果协议存在重大误解和显失公平的情形，当事人请求撤销的，应予支持。

开完庭后，我又在5月6日补充提交了简短的代理意见，主要强调一点，因被告未给原告依法申报工伤，社保机构对于一次性伤残补助金和一次性工伤医疗补助金2项不予赔偿，该款项应由被告予以支付。

本以为这个案子没什么问题，但事实上，我还是太乐观了。从后来大连市中级人民法院作出的一审判决看，大连市中级人民法院对我的代理意见及两份比较有说服力的公报案例并未采纳。

一审判决宣告我方败诉

2015年5月11日，大连市中级人民法院作出（2015）大民五初字第1号民事判决：

本院认为，用人单位与劳动者发生劳动争议，当事人可以依法申请调解、仲裁、提起诉讼，也可以协商解决。本案中，原被告双方就工伤待遇方面的争议以协商方式解决，符合当事人意思自治原则。双方于2006年12月29日签订的《协议书》是双方的真实意思表示，且不违反法律法规的强制性规定，合法有效。

关于原告要求撤销诉争协议一节，根据相关法律规定，在订立合同时显失公平的，当事人一方有权请求人民法院撤销合同。具有撤销权的当事人自知道或者应当知道撤销事由之日起1年内没有行使撤销权的，撤销权消灭。本案中，原告依法享有对诉争协议的撤销权，但现距协议签订以及履行完毕已逾8年，且原告未提供证据证明撤销权仍在除斥期间内，因此其撤销权已然消灭。原告行使撤销权缺乏法律依据，要求撤销《协议书》与法相悖，本院不予支持。

关于原告要求被告支付相关工伤待遇一节，如上所述，原被告双方的相关工伤待遇仍应按照诉争协议约定的内容处理，原告在领取了补偿款并承诺不再向被告主张权利的情形下，再次请求被告支付相关工伤待遇，缺乏事实和法律根据。

据此，法院驳回了霍某海的全部诉讼请求。

这样的判决，实在难以令人信服。简言之，仅《协议书》中的"2.霍某海保证收到该款项后，不再以任何理由或形式向公司主张任何权利"这一条，就属于明显限制当事人诉权的条款，严重违反《最高人民法院关于审理民事案件适用诉讼时效制度若干问题的规定》（法释〔2008〕11号）[①] 第2条"当事人违反法律规定，约定延长或者缩短诉讼时效期间、预先放弃诉讼时效利益的，人民法院不予认可"的明确规定。

在辽宁高院扭转不利局面

一审判决后，再次失利的结果使霍某海感到很灰心，觉得自己没有赢的希望了。我们团队遂劝他说，再拼一次，要相信法律的力量。

我们接着代理他向辽宁省高级人民法院提起上诉。在二审审理过程中，我们指出以下几点。

1.一审法院认定《协议书》中的全部条款有效，是错误的。《协议书》第2条因剥夺了上诉人的诉权，违反了法律的强制性规定，无效。根据《最高人民法院关于审理民事案件适用诉讼时效制度若干问题的规定》第2条的规定可知，当事人不能违反法律规定而约定延长或者缩短诉讼时效期间、预先放弃诉讼时效利益，即诉讼时效是不可以预先放弃的。结合本案，如果认定为上诉人预先放弃诉权的话，必然会导致其预先放弃诉讼时效，而这种预先放弃是被禁止的。因此，这种预先约定放弃诉权的条款自始无效。

2.签订该《协议书》时，并未提及上诉人是否构成伤残，事实上，上诉

[①] 编者注：该司法解释已于2020年修订。

人已经构成9级伤残，而《工伤保险条例》规定，一次性伤残就业补助金、一次性工伤医疗补助金只有在用人单位与劳动者解除或终止劳动关系时，才能获得。故，该《协议书》不能订立未来的、无法预见的条款。双方劳动关系直到2014年6月才终止，故应根据实际的伤残等级，计算原告的一次性伤残就业补助金、一次性伤残补助金和一次性工伤医疗补助金。而上诉人本次提起诉讼，并未超过诉讼时效，应当获得支持和保护。

3. 一审认定"关于原告要求被告支付2012年6月到2014年6月拖欠工资一节，已在破产清算案件中一并处理，本院不再重复处理"的事实与实际不符。对上诉人拖欠工资的问题，被上诉人并未在破产清算案件中一并处理。针对该项事实，一审法院未经过质证，也未作处理。

综上，本案并非仅针对一般的、简单的债权债务关系，而是涉及劳动者的生存权益，请二审法院依法裁判，保护上诉人的合法权益。

辽宁省高级人民法院采纳了我们的辩论观点，2016年1月18日作出（2015）辽民一终字第00263号《民事裁定书》：

本院认为，《中华人民共和国社会保险法》第41条规定："职工所在用人单位未依法缴纳工伤保险费，发生工伤事故的，由用人单位支付工伤保险待遇……"故本案被告集装箱公司应就其参加工伤保险的事实承担举证责任。

根据《最高人民法院关于审理劳动争议案件适用法律若干问题的解释》（法释〔2001〕14号）[①]第20条第2款规定："对于追索劳动报酬、养老金、医疗费以及工伤保险待遇、经济补偿金、培训费及其他相关费用等案件，给付数额不当的，人民法院可以予以变更"。本案中，双方于2006年12月29日签订的《协议书》中约定的赔偿费用性质不能涵盖工伤赔偿内容，该赔偿款项与受《工伤保险条例》调整的工伤保险法律关系具有质的差异，亦不能相互替代。集装箱公司不得以该《协议书》中的约定排除其依据《工伤保险条例》所应承担的

---

① 编者注：该司法解释已于2021年1月1日起失效。

法定强制性义务,该《协议书》中关于霍某海不得就此再向集装箱公司主张任何权利的约定应属无效。一审法院未就案涉《协议书》中约定的赔偿金额是否过分低于霍某海依法应获得的赔偿额事实予以审查,而驳回霍某海一次性工伤补助金的诉讼请求,缺乏充分依据。另,《中华人民共和国企业破产法》第48条第2款规定:债务人所欠职工的工资和医疗、伤残补助、抚恤费用,所欠的应当划入职工个人账户的基本养老保险、基本医疗保险费用,以及法律、行政法规规定应当支付给职工的补偿金,由管理人调查后列出清单并予以公示。职工对清单记载有异议的,可以要求管理人更正;管理人不予更正的,职工可以向人民法院提起诉讼。对于霍某海提出集装箱公司拖欠其2012年6月至2014年6月期间工资的诉讼主张,虽属企业破产清算的职工债权范畴,但该债权是否在集装箱公司公示的职工债权清单中,此节事实一审法院应予查清。现集装箱公司已进入清算程序,其诉讼主体是否变更,应予确认。

综上,依照《中华人民共和国民事诉讼法》第170条第1款第3项之规定,裁定如下:

一、撤销大连市中级人民法院(2015)大民五初字第1号民事判决;

二、此案发回大连市中级人民法院重审。

本案又被"打回"基层人民法院审理

就在当事人焦急地等待何时开庭重审的过程中,2017年4月26日,大连市中级人民法院又作出一纸《民事裁定书》:

原告霍某海与被告集装箱公司劳动争议一案,辽宁省高级人民法院于2016年1月18日作出(2015)辽民一终字第00263号民事裁定:撤销原判,发回重审。本院于2017年4月17日立案。

本院经审查认为,本案属于涉及破产程序中有关债务人的劳动争议案件,辽宁省高级人民法院已对此类案件统一交由破产企业住所地基层人民法院进行一审审理作出通知。依照《中华人民共和国民事诉讼法》第38条第1款、《最高人民法院关于适用〈中华人民共和国民事诉讼法〉的解释》第42条规定，裁定如下：本案由大连市J区人民法院审理。

本裁定一经作出即生效。

《民事诉讼法》（2012年）[①]第38条第1款的规定是，上级人民法院有权审理下级人民法院管辖的第一审民事案件；确有必要将本院管辖的第一审民事案件交下级人民法院审理的，应当报请其上级人民法院批准。

《最高人民法院关于适用〈中华人民共和国民事诉讼法〉的解释》（法释〔2015〕5号）[②]第42条规定，下列第一审民事案件，人民法院依照民事诉讼法第38条第1款的规定，可以在开庭前交下级人民法院审理：（一）破产程序中有关债务人的诉讼案件；（二）当事人人数众多且不方便诉讼的案件；（三）最高人民法院确定的其他类型案件。人民法院交下级人民法院审理前，应当报请其上级人民法院批准。上级人民法院批准后，人民法院应当裁定将案件交下级人民法院审理。

但是，这份裁定书存在两个以下问题。

一是根据《最高人民法院关于审理民事级别管辖异议案件若干问题的规定》（法释〔2009〕17号）[③]第4条规定，上级人民法院将其管辖的第一审民事案件交由下级人民法院审理的，应当作出裁定。当事人对裁定不服提起上诉的，第二审人民法院应当依法审理并作出裁定。由此可见，移送管辖的行为，是法院就程序性事项作出裁定的行为，为保护当事人的诉讼权利，对于下放案件的移送，在上级人民法院审批同意后，应当采用裁定的形式，将案件交其下级人民法院审理，并说明理由。

[①] 编者注：《民事诉讼法》已于2017年修订。
[②] 编者注：该司法解释已于2020年修正。
[③] 编者注：该司法解释已于2020年修正。

也就是说，管辖权的转移不能由受诉法院自行决定，要报请其上级人民法院批准，这是有道理的，主要是避免一些法院随意向下移交案件管辖权而从程序上进行限制。本案的移送，大连市中级人民法院说明了理由，即"本案属于涉及破产程序中有关债务人的劳动争议案件，辽宁省高级人民法院已对此类案件统一交由破产企业住所地基层人民法院进行一审审理作出通知"。但存在一个问题——"本裁定一经作出即生效"，这属于变相剥夺了当事人对该裁定不服的救济途径，也即，当事人对该裁定不服，依照《最高人民法院关于审理民事级别管辖异议案件若干问题的规定》，是可以提起上诉的，第二审人民法院应当依法审理并作出裁定。

二是本案件原来就是大连市中级人民法院进行的一审，二审法院是辽宁省高级人民法院。在大连市中级人民法院裁定将本案移送下级人民法院审理后，如果当事人再次不服一审判决，则上诉法院只能是大连市中级人民法院，而不会上诉到辽宁省高级人民法院。我们都知道，有些案件一直在本地审理，之所以得不到公正的对待，就是由于司法环境以及人为干扰因素的存在。而一旦跳出这个区域，则会好得多。本案能够在辽宁省高级人民法院上诉成功，被发回重审，就很能够说明问题。

重审：柳暗花明又一村

大连市中级人民法院指定J区基层人民法院审理此案后，此时的被告集装箱公司，其名称并没有变更，仅是在原来的公司破产后又与一家外企共同改制为中外合资公司。在重审过程中，我们除了坚持辽宁省高级人民法院的意见之外，还进一步指出，根据《最高人民法院关于审理劳动争议案件适用法律若干问题的解释》（法释〔2001〕14号）第20条第2款"对于追索劳动报酬、养老金、医疗费以及工伤保险待遇、经济补偿金、培训费及其他相关费用等案件，给付数额不当的，人民法院可以予以变更"的规定，法院应当支持劳动者的诉讼请求。

同时我们强调指出以下几点。

第一，《协议书》不能排除原告向被告主张工伤保险待遇的权利。被告辩称，2016年12月29日，原被告之间签订的《协议书》中所支付款项的项目包括企业在员工发生工伤时所应支付的全部费用。原告方认为，原告被认定为9级伤残，而《协议书》中的赔偿数额只有区区6500元，且《协议书》并没有包括《工伤保险条例》中规定的一次性伤残补助金、一次性工伤医疗补助金和一次性伤残就业补助金。所以原告方认为《协议书》的补偿费用没有包括工伤赔偿的内容。

同时，辽宁省高级人民法院"（2015）辽民一终字第00263号"《民事裁定书》第8页明确指出，2006年12月29日签订的《协议书》中的补偿费用性质不能涵盖工伤赔偿内容，该赔偿款项与受《工伤保险条例》调整的工伤保险法律关系具有质的差异，亦不能相互替代。集装箱公司不得以案涉《协议书》约定排除其依据《工伤保险条例》所应承担的法定强制性义务，该《协议书》中关于原告不得就此再向被告主张任何权利的约定应属无效。原告仍然有权向被告主张其应当享受的工伤保险待遇。

第二，被告与原告签订《协议书》，以此来限制原告主张自己合法权益的权利，同时根据《工伤保险条例》第17条，所在单位应当自事故伤害发生之日或者被诊断、鉴定为职业病之日起30日内，向统筹地区社会保险行政部门提出工伤认定申请，但是被告并没有履行自己的义务，同时也没有告知原告可以自行提出工伤认定申请，致使原告不能正常获得工伤保险待遇。过错完全在被告一方，故被告应当承担原告的一次性伤残补助金、一次性工伤医疗补助金和一次性伤残就业补助金。

2017年10月25日，J区人民法院作出（2017）辽0213民初4105号民事判决，判令被告集装箱公司再支付霍某海一次性伤残补助金、一次性工伤医疗补助金、一次性伤残就业补助金共计86298元。

本院认为：关于霍某海要求集装箱公司支付拖欠工资，因该期间集装箱公司处于破产程序阶段，霍某海主张的此期间的拖欠工资应属职工债权，已在破产清算案件中一并处理，故本院不予支持。关于原被告签订的《协议书》，《协议书》中约定的补偿费用性质不能涵盖工伤赔偿内容，该赔偿款项与受《工伤保险条例》调整的工伤保险法律关系具有质的差异，亦不能相互替代，被告不得以案涉《协议书》的约定排除其依据《工伤保险条例》所应承担的法定强制性义务，该《协议书》中关于霍某海不得就此再向被告主张任何权利的约定应属无效。

法院判决被告支付原告一次性伤残补助金、一次性工伤医疗补助金和一次性伤残就业补助金合计86298元。

集装箱公司上诉，大连中院维持原判

集装箱公司不服一审判决，提起上诉，理由有以下几点。

1.原审判决中一次性工伤医疗补助金计发基数错误，且判决由上诉人承担该补助金不符合法律规定，依法应由工伤保险基金支付。根据《工伤保险条例》之规定，劳动合同终止，由工伤保险基金支付一次性工伤医疗补助金，具体标准由省自治区、直辖市人民政府规定。

2.原审判决中的一次性伤残就业补助金，双方已结算完毕，原审法院不应让上诉人再次承担，且原审法院计算该补助金的月工资标准错误。

3.原审判决中一次性伤残补助金计发依据错误，且判决由上诉人承担该补助金不符合法律规定，依法应由工伤保险基金支付。根据《社会保险法》《工伤保险条例》之规定，一次性伤残补助金的支付主体应为工伤保险基金，而非上诉人，原审该判项没有法律依据。

二审开庭时，我们认为，上诉人并未为被上诉人缴纳工伤保险，根据《社会保险法》第41条、《工伤保险条例》第62条的规定，应当由上诉人承担被上诉人的工伤保险待遇；根据上诉人支付的经济补偿金除以被上诉人的工作期限可以计算出被上诉人的月工资为3800元,并不是上诉人所说的1040元;双方签订的《协议书》不能涵盖工伤保险待遇等相关内容,此事实已由辽宁省高级人民法院判决予以认定。

2018年3月15日,大连市中级人民法院作出(2018)辽02民终467号民事判决书,采纳了我的辩论意见,驳回上诉,维持原判。

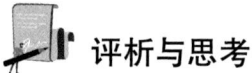 **评析与思考**

关于工伤"私了"的一点思考

现实生活中,很多用人单位以"私了"方式解决工伤赔偿,赔偿数额往往较《工伤保险条例》所确定的赔偿数额低很多,这不利于保护工伤受害人的合法权益。一般来讲,"工伤私了协议"并不是平等民事主体之间签订的民事合同,那么,对"工伤私了协议"的效力审查也就不适用普通民事协议中的权利放弃原则。如果"工伤私了协议"存在重大误解或显失公平等情形,人民法院会根据法律规定的、工伤受害人实际应得的赔偿数额来处理。一般来说,在以下3种情况下,"工伤私了协议"无效:(1)未经工伤认定和劳动能力鉴定,就对是否认定工伤和劳动能力等级做出协议的;(2)存在显失公平、重大误解,甚至是在用人单位欺诈、胁迫的情况下签订,违背劳动者真实意思表示的;(3)违反了《工伤保险条例》对工伤事故的管理制度,而且以合法形式掩盖非法目的的。

用人单位与劳动者虽签订有协议,但该协议并非针对简单的债权债务关系,而是涉及工伤受害人的劳动权益和生存权益。如果签订的协议严重损害劳动者的利益,很可能被人民法院予以撤销。正常的做法应该是,在劳动者发生工伤后,用人单位及时向行政主管部门上报,并启动工伤认定和劳动能力鉴定程序。在劳动者明知自己按照伤残鉴定等级以及用人单位应支付的具体赔偿数额的情形下，还愿意与用人单位达成和解协议，则这样的协议大都是合法有效的。但如果达成的协议数额显著低于法定数额，劳动者仍有权在一定期限内，向人民法院申请撤销双方达成的协议。

当事人预先放弃诉讼时效利益的约定无效

根据《民法典》第197条第2款的规定，当事人对诉讼时效利益的预先放弃无效。此规定与《民法典》施行之前，《最高人民法院关于审理民事案件适用诉讼时效制度若干问题的规定》第2条是一致的。

所谓"预先放弃"，是指权利人对尚未取得的诉讼时效利益进行放弃。详言之，在合同订立之时，诉讼时效期间尚未起算，义务人尚未取得诉讼时效利益，义务人就对之后产生的诉讼时效利益进行放弃的，为预先放弃诉讼时效利益。

如果允许当事人预先抛弃时效利益，则可能出现权利人利用其强势地位强迫义务人放弃其诉讼时效利益、损害义务人权利的情况发生。而且，这种预先放弃时效的行为，无异于允许权利人无限期地怠于主张权利，不利于维护稳定的市场交易秩序，背离了诉讼时效制度的设定宗旨。

在司法实务中，预先放弃诉讼时效利益的表现形式多样，如义务人在合同履行期限届满之前即在债权人的空白催收通知单上加盖公章，默许债权人填写催收日期，以使请求权未过诉讼时效期间；在订立合同之初即承诺不进行诉讼时效抗辩等。本案中，霍某海与集装箱公司签订的《协议书》就设置了预先放弃时效利益的条款，用人单位利用其强势地位向工伤职工施压，若职工签署，则一次性给付6500元补偿款，工伤职工承诺放弃剩余权利，不得再主张；若职工不签署，则6500元也别想拿到。这就是一种变相的强迫劳动者预先放弃诉讼时效利益的情形，因违反法律的强制性规定，应为无效。

手记 21

股东"金蝉脱壳"之后

——一起工伤案件胜诉后的执行代理策略与技巧

一天,顾问单位的一位副总给我打来了电话,让我帮助处理他老乡卫某祥的工伤执行案件。这起案件,简单来说,就是一句话:赢了官司执行难!卫某祥所在的用人单位未给员工缴纳工伤保险,这还不算,用人单位竟然在卫某祥起诉过程中使出"金蝉脱壳"之计,一边派人到法庭应诉,一边暗地修改了公司章程,向他人转让股权,变更了股东和法人代表,导致他老乡至今没拿到一分钱。听完案情,我非常爽快地答应下来。

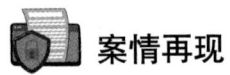 **案情再现**

官司胜诉执行难

2017年5月27日,卫某祥到大连某船舶重工有限公司(以下简称船舶公司)从事铁铸件喷油工作。同年6月26日,刚刚工作了一个月,卫某祥就从铁架子上摔了下来。被大连市甘井子区人力资源和社会保障局认定为工伤,并被劳动能力鉴定委员会鉴定为8级伤残,停工留薪期满。

2019年3月,在经过劳动仲裁后,卫某祥向法院起诉,要求船舶公司支付工伤赔偿的各项损失34万余元。2019年7月24日,大连市某区人民法院作出判决,被告船舶公司向原告卫某祥支付一次性伤残补助金、一次性医疗补助金、一次性伤残就业补助金共计 252529 元。但船舶公司拒不履行生效民事判决。卫某祥向人民法院申请了强制执行,在执行过程中,法院未查询到船舶公司任何可供执行的财产及线索,遂裁定终结本案的执行。

 代理过程

第一招:申请社保机构先行支付

我们正是在这个时候接手这个执行案件的。卫某祥见到我时,眼泪汪汪地说:"张哥,你帮我一把吧,这个单位太过分了,我官司虽然赢了,但到现在一分钱没拿到不说,自己还搭进去不少钱啊!"说心里话,对这类案件,我非常自信,并且认为操作起来不会有什么问题。我一边安慰卫某祥,一边把助理找来,安排维权的思路和具体事宜。

第一个策略是,向社保机构申请工伤保险先行支付。

根据《社会保险法》第 38 条的规定,因工伤发生的下列费用,按照国家规定从工伤保险基金中支付:(一)治疗工伤的医疗费用和康复费用;(二)住院伙食补助费;(三)到统筹地区以外就医的交通食宿费;(四)安装配置伤残辅助器具所需费用;(五)生活不能自理的,经劳动能力鉴定委员会确认的生活护理费;(六)一次性伤残补助金和一级至四级伤残职工按月领取的伤残津贴;(七)终止或者解除劳动合同时,应当享受的一次性医疗补助金;(八)因工死亡的,其遗属领取的丧葬补助金、供养亲属抚恤金和因工死亡补助金;(九)劳动能力鉴定费。第 41 条第 1 款规定,职工所在用人单位未依法缴纳工伤保险费,发生工伤事故的,由用人单位支付工伤保险待遇。用人单位不支付的,从工伤保险基金中先行支付。人社部《社会保险基金先行支付暂行办法》第 6 条第 2 款规定,职工被认定为工伤后,有下列情形之一的,职工或者其近亲属可以持工伤认定决定书和有关材料向社会保险经办机构书面申请先行支付工伤保险待遇：……（三）依法仲裁、诉讼后仍不能获得工伤保险待遇，法院出具中止执行文书的……

据此，2020年3月4日，我们代理卫某祥向大连市社会保险事业服务中心申请工伤保险基金先行支付，并提交了法院的判决书和终本执行裁定书。本来我们以为，这一环节应该非常顺利。但事实证明，什么事情都不能过于乐观。就在这个时候，我们又遇到一个不大不小的麻烦。

"两字之差"惹风波

原来，依据《社会保险基金先行支付暂行办法》第6条第2款的规定，职工被认定为工伤后，依法经仲裁、诉讼后仍不能获得工伤保险待遇，法院出具中止执行文书的，职工或者其近亲属可以持工伤认定决定书和有关材料向社会保险经办机构书面申请先行支付工伤保险待遇。本案法院出具的是终本执行裁定书，并非中止执行裁定书，正因如此，社保机构认为，我们所持的法律文书不符合人社部的规定，不同意先行支付工伤保险待遇。

我们马上联系了法院。执行法官说，司法实务中中止执行裁定法院已经不适用了，现在都是终本裁定，实际上中止裁定与终本裁定是一样的。我们把法官的回复跟社保中心的窗口受理人员说了，但这位工作人员说，她并不懂得两者之间是什么关系，但她的职责是按照人社部的规定来执行。

那么，终本执行与中止执行有什么区别呢？

终本执行是指人民法院已穷尽一切执行措施，未发现被执行人有可供执行的财产或者发现的财产不能处置的，将暂时终结执行程序并作结案处理，待发现可供执行财产后继续恢复执行的一项制度。《最高人民法院关于严格规范终结本次执行程序的规定（试行）》（法〔2016〕373号）第1条规定，人民法院终结本次执行程序，应当同时符合下列条件：（一）已向被执行人发出执行通知、责令被执行人报告财产；（二）已向被执行人发出限制消费令，并将符合条件的被执行人纳入失信被执行人名单;(三)已穷尽财产调查措施,未发现被执行人有可供执行的财产或者发现的财产不能处置;(四)自执行案件立案之日起已超过三个月;(五)被执行人下落不明的,已依法予以查找;被执行人或者其他人妨害执行的,已依法采取罚款、拘留等强制措施,构成犯罪的,已依法启动刑事责任追究程序。

而中止执行是指已经开始的执行程序因发生法律规定的原因,暂时不能继续进行。根据《民事诉讼法》第256条的规定,有下列情形之一的,人民法院应当裁定中止执行:(一)申请人表示可以延期执行的;(二)案外人对执行标的提出确有理由的异议的;(三)作为一方当事人的公民死亡,需要等待继承人继承权利或者承担义务的;(四)作为一方当事人的法人或者其他组织终止,尚未确定权利义务承受人的;(五)人民法院认为应当中止执行的其他情形。中止的情形消失后,恢复执行。中止执行的情形消失后,执行法院可以根据当事人的申请或依职权恢复执行。恢复执行应当书面通知当事人。

本案法院作出的是终本执行裁定书,确实不是《社会保险基金先行支付暂行办法》要求的中止执行裁定书。但我们认为,无论是终本执行还是中止执行,实际上都是暂时无法执行而采用的执行结案方式。本案中,并不能单纯以没有中止执行裁定书为由拒绝卫某祥工伤保险先行支付的要求。

同时,《社会保险法》第41条第1款规定,职工所在用人单位未依法缴纳工伤保险费,发生工伤事故的,由用人单位支付工伤保险待遇。用人单位不支付的,从工伤保险基金中先行支付。《社会保险法》是上位法,《社会保险基金先行支付暂行办法》是下位法,应当优先适用上位法。所以,只要拥有终本裁定,即使没有中止执行裁定书,当用人单位船舶公司无法支付工伤保险待遇时,也应当从工伤保险基金中先行支付。

我们立即写了一份书面材料,陈述法院的终本裁定书也符合《社会保险法》和人社部《社会保险基金先行支付暂行办法》,不能因为表面上名称的不同,而影响工伤受害人的利益。我们多次奔走于法院和社保中心之间,社保中心最终同意受理本案。

2020年6月24日，社保中心向卫某祥拨付了一次性伤残补助金和一次性医疗补助金等款项。

第二招：提出执行异议

卫某祥一下子拿到了将近16万元，脸上几乎乐开了花，他把我们当成神仙一样来看待。尽管如此，我们并没有停歇，而是马不停蹄地继续追索剩余的款项。

我们实施的第二个策略是，提出执行异议。

为了摸清船舶公司的工商登记情况，我们到当地工商局进行了工商资料调档。经过查阅该公司的工商登记信息，发现船舶公司为一人有限责任公司（自然人独资），发起人原为吴某一人，注册资本为20万元。

2019年3月29日，船舶公司作出《股东会决议》，股东吴某将公司的20万元出资转让给林某升，原股东为吴某，现变更为林某升。公司执行董事、法定代表人变更为林某升，聘用林某升为经理。

同日，船舶公司作出《章程修正案》，将原章程第六章第8条公司规定的"股东的出资方式、出资额及出资时间"，由"股东吴某以货币出资100万元，占注册资本的100%，于10年内缴齐"修正为"股东林某升以货币出资20万元，占注册资本的100%，于10年内缴齐"。

也是在同一天，原股东吴某与现股东林某升签订《股权转让协议》，其中第2条约定，转让股权的价格以本公司净资产为参照根据，经双方协商转让价格为100万元人民币。第4条约定，受让方同意在本合同签订30日内，以货币形式一次性支付转让方所转让股权的全部价款。甲方收到股权转让款后，应向乙方出具收款收据，并协助乙方办理股东名册及《出资证明书》变动手续。

2019年4月9日，吴某在未履行出资义务的情形下，将公司股权以100万元的价格转让给林某升，工商资料显示，双方已完成了股东和法定代表人的变更登记。

这样，船舶公司至少存在两个问题：1. 未依法履行出资义务即转让股权；2. 新股东林某升不能证明公司财产独立于自己的财产。

根据《最高人民法院关于民事执行中变更、追加当事人若干问题的规定》（法释〔2016〕21号）①第17条的规定，作为被执行人的企业法人，财产不足以清偿生效法律文书确定的债务，申请执行人申请变更、追加未缴纳或未足额缴纳出资的股东、出资人或依公司法规定对该出资承担连带责任的发起人为被执行人，在尚未缴纳出资的范围内依法承担责任的，人民法院应予支持。第19条规定，作为被执行人的公司，财产不足以清偿生效法律文书确定的债务，其股东未依法履行出资义务即转让股权，申请执行人申请变更、追加该原股东或依公司法规定对该出资承担连带责任的发起人为被执行人，在未依法出资的范围内承担责任的，人民法院应予支持。第20条规定，作为被执行人的一人有限责任公司，财产不足以清偿生效法律文书确定的债务，股东不能证明公司财产独立于自己的财产，申请执行人申请变更、追加该股东为被执行人，对公司债务承担连带责任的，人民法院应予支持。

我们决定向法院提出执行异议，追加原股东吴某和现股东林某升为被执行人，承担连带还款责任。法律根据就是《最高人民法院关于民事执行中变更、追加当事人若干问题的规定》第1条，即执行过程中，申请执行人或其继承人、权利承受人可以向人民法院申请变更、追加当事人。申请符合法定条件的，人民法院应予支持。《最高人民法院关于严格规范终结本次执行程序的规定（试行）》（法〔2016〕373号）第16条第2款也规定，终结本次执行程序后，当事人、利害关系人申请变更、追加执行当事人，符合法定情形的，人民法院应予支持。《最高人民法院关于执行案件立案、结案若干问题的意见》（法发〔2014〕26号）第9条规定，下列案件，人民法院应当按照执行异议案件予以立案：……（四）申请执行人申请追加、变更被执行人的……

我们及时向法院递交了《执行异议申请书》，并提出，作为被执行人的船

---

① 编者注：该司法解释已于2020年修正。

舶公司，不能清偿到期债务，且法院穷尽执行措施无财产可供执行，被执行人船舶公司的股东于 2019 年 4 月 9 日（诉讼中）发生变更：出资股东由吴某变更为林某升。截至 2020 年 1 月 14 日，被执行人船舶公司仍有注册资本 100 万元未实缴。为维护异议人的合法权益，我们请求依法追加吴某、林某升为（2019）辽 0211 民初 2204 号民事判决书的被执行人。

两次"听证"

针对此案，法院组织了两次听证。

被申请人吴某委托其丈夫到庭答辩称，不同意申请人的异议请求。船舶公司原法定代表人是吴某，但她从来没有参加这个公司的任何经营；吴某已经支付了申请人的治疗费。吴某当时的注册资本系以实物缴纳的，即以机械设备方式缴纳，工商登记材料里面没有记载这部分内容。在没有注册成立船舶公司时吴某就买了设备，然后就成立了船舶公司，船舶公司是 2015 年 10 月 19 日成立的，当时是吴某借钱购买的设备。后来企业经营不下去了，就把设备抵押给了自己的弟弟，我方有购买设备的发票和相关合同，船舶公司没有现金投入，都是设备投入。后因船舶公司经营不下去了，就转让给林某升了，吴某也记不清她是否给我转让费了，也不清楚是否是无偿转让的公司。

我们对被申请人的答辩观点进行了有力反驳，为了增强说服力，还向法庭提交了两篇与本案相同的案例。

一篇是最高人民法院审理的韵某明与青海元鑫矿业有限公司案。最高人民法院认为，作为一人有限责任公司股东的韵某明未能提交充分证据证明兴发公司的财产独立于其个人财产，而明兴发公司未能履行生效裁判文书确定的债务，债权人元鑫公司利益受损，一审法院追加韵某明作为被执行人，符合《公司法》第 63 条及《最高人民法院关于民事执行中变更、追加当事人若干问题的规定》（法释〔2016〕21 号），故驳回上诉，维持原判。

另一篇是 2019 年 9 月 12 日《人民法院报》刊登的《能否追加未届认缴出资期限即转让股权的股东为被执行人》。河南省焦作市山阳区人民法院经审理认为，郭某在未完全履行出资义务的情况下即转让股权，某轮胎公司在青岛某公司的财产不足以清偿生效法律文书确定的债务时，申请追加其为被执行人并要求其在未依法出资的范围内承担责任，符合法律规定，应予支持。

执行异议被驳回

但是，在此次的异议程序中，法官并没有采纳我们的观点。2020 年 9 月 10 日，大连市甘井子区人民法院作出《执行裁定书》，法院认为：

本案中，申请人请求追加吴某、林某升为被执行人，本院依法不予支持。理由如下：

1. 关于被执行主体的追加，是指人民法院在执行程序中因出现法定原因，将与直接被执行人有义务关联的案外人依法追加为被执行人的一种法律制度。执行当事人的追加，既涉及程序法问题，也涉及实体法问题，但实质上是实体法问题，此类问题都涉及相关事实的认定问题。依据相关规定，可在执行过程中追加当事人为被执行人的情形需要有明确的法律规定，并且被追加的当事人应当符合法律规定的被追加条件；

2. 本案中，申请人未提供证据证明船舶公司的财产现不足以清偿生效法律文书确定的债务；

3. 本案中，申请人以船舶公司的前后股东未实缴出资为由申请追加为本案的被执行人，但申请人提供的船舶公司章程记载了"船舶公司的股东出资时间均为于 10 年内缴齐出资"，在注册资本认缴制下，股东依法享有期限利益，债权人以公司不能清偿到期债务为由请求未届出资期限的股东在未出资范围内对公司不能清偿的债务承担补充赔偿责任的，鉴于保护股东的期限利益是原则，申请人主张股东出资应加速到期的条件未成就，故申请人卫某祥的追加申请，本院依法不予支持。

在我们看来，法院的理由无法成立，原因如下。

第一，被执行主体的追加，是指法律文书确定的被执行人不能履行或不能完全履行生效法律文书所确认的义务时，可以依法将与被执行人有权利义务关系的案外人追加为共同的被执行人，从而保障权利人的权利得以实现。2019年7月24日作出的（2019）辽0211民初2204号民事判决书判令船舶公司对卫某祥的工伤损害作出赔偿，后因船舶公司的财产不足以清偿卫某祥，卫某祥方才决定追加林某升、吴某为执行主体。实体法问题是指以确认权利和义务以及职权和责任为主要内容的法律问题，程序法问题是指保证权利和职权得以实现或使义务和责任得以履行的有关程序为主要内容的法律问题。本案实体法问题，即工伤认定及法院判决的赔偿等事宜均已生效，实体问题并无争议，追加林某升、吴某为执行主体只是为了保障工伤民事判决能够顺利执行，只涉及程序法问题。故《执行裁定书》中所述的"此类问题都涉及相关事实的认定问题"是错误的。

第二，大连市甘井子区人民法院作出的（2019）辽0211执5498号执行裁定书，裁定书表明，经查询银行、房产、车辆、股票等未查询到船舶公司可供执行的财产，已经可以证明船舶公司的财产现不足以清偿生效法律文书确定的债务。法院以未提供证据证明船舶公司的财产不足以抵债为由，拒绝追加林某升、吴某为执行主体，也是错误的。

第三，"认缴制"是法律赋予股东的一项权利，股东的期限利益也应当受到法律的保护，但是当公司债务无法清偿时，股东的期限利益就应当作出让步。最高人民法院印发的《全国法院民商事审判工作会议纪要》（法〔2019〕254号）第6条，对公司在非破产和未解散的情形下股东出资应否加速到期作出了规定。在注册资本认缴制下，股东依法享有期限利益。债权人以公司不能清偿到期债务为由，请求未届出资期限的股东在未出资范围内对公司不能清偿的债务承担补充赔偿责任的，人民法院不予支持。但是，下列情形除外：

1. 公司作为被执行人的案件，人民法院穷尽执行措施无财产可供执行，已具备破产原因，但不申请破产的；2. 在公司债务产生后，公司股东（大）会决议或以其他方式延长股东出资期限的。当穷尽执行措施仍无财产可供执行、公司已具备破产原因但债权人不申请破产的情况下，为保障债权人利益，是可以"牺牲"股东的期限利益的。因此，法院以保护股东的期限利益是原则，申请人主张股东出资应加速到期的条件未成就为由，拒绝追加林某升、吴某为执行主体，更是错误的。

第三招：提起"执行异议之诉"

根据《最高人民法院关于民事执行中变更、追加当事人若干问题的规定》（法释〔2016〕21号）第32条第1款的规定，被申请人或申请人对执行法院依据本规定第14条第2款、第17条至第21条规定作出的变更、追加裁定或驳回申请裁定不服的，可以自裁定书送达之日起15日内，向执行法院提起执行异议之诉。

据此，在收到执行异议被驳回的裁定书后，我们马上提起了执行异议之诉：1. 追加被告林某升、吴某为被执行人；2. 判令被告林某升对船舶公司应向原告支付的债务承担连带责任；3. 判令被告吴某在100万元出资的范围内，对船舶公司应向原告支付的债务承担连带清偿责任。

我们向法庭提交了从工商信息档案中查询到的《公司登记（备案）申请书》《股东会决议》《章程修正案》《股权转让协议》等证据，用以证明船舶公司原股东未履行出资义务即转让股权，来支持我们的主张。

在开庭审理过程中，三被申请人均委托了代理人到庭应诉，其答辩内容与执行异议阶段大致相同，认为当时股东的注册资金属于认缴，林某升的100万元注册资金10年内（2029年）缴齐，现在还没到认缴期。企业现在还存在，不应该由个人承担连带责任。

这次庭审中，我们又提交了大连市中级人民法院审理的两个同类案件。

这两份判决书的核心观点为：股东未出资部分的财产亦属于公司财产，不应区分已缴出资或未缴出资。公司章程关于出资期限的约定仅是对股东出资义务作出的具体安排，不能对抗善意第三人。

诉讼请求终获法院支持

2020年12月23日，大连市甘井子区人民法院作出民事判决书：

本院认为，根据《最高人民法院关于民事执行中变更、追加当事人若干问题的规定》第20条，作为被执行人的一人有限责任公司，财产不足以清偿生效法律文书确定的债务，股东不能证明公司财产独立于自己的财产，申请执行人申请变更、追加该股东为被执行人，对公司债务承担连带责任的，人民法院应予支持。《中华人民共和国公司法》第63条规定，一人有限责任公司的股东不能证明公司财产独立于股东自己的财产的，应当对公司债务承担连带责任。本案中，因被告船舶公司无法清偿（2019）辽0211民初2204号民事判决书确定的债务，且被告林某升未提供证据证明公司财产独立于自己的财产，故对于原告主张追加林某升为被执行人及对被告船舶公司应向原告支付的债务承担连带责任的诉讼请求，本院予以支持。

本案中，船舶公司的注册资本为1000000元，发起人即吴某的认缴数额为1000000元，吴某以认缴期为2025年、未到认缴期为由进行抗辩及林某升以认缴期为2029年、未到认缴期为由进行抗辩。本院认为，该抗辩理由不能成立，理由如下：首先，作为注册资本的投入，形成公司自有资产，是公司承担经营责任的基础。公司的注册资本及股东的认缴出资额属于有限责任公司的对外公示信息，具有对外性和公开性，是有限责任公司对外交易的基础，交易相对人出于信赖与有限责任公司交易，故有限责任公司就应当以其注册资金额对外承担责任，而不仅是以股东的实际出资额为限对外承担责任，这是公司注册资本和股东认缴出资额公示公信力的体现。其次，《中华人民共和国公司法》第3条第 2 款规定，有限责任公司的股东以其认缴的出资额为限对公司承担责任；股份有限公司的股东以其认缴的股份为限对公司承担责任。该条款明确规定股东对有限责任公司债务承担责任的范围是认缴的出资额，而非实缴的出资额，因此，在股东未履行完毕缴纳全部认缴出资额的情况下，不能免除其在未缴出资额范围内继续对公司债务承担补充清偿责任的义务。最后，注册资本认缴登记制服务于行政管理需要，而是否应承担民事责任则依于法律的规定及对立法本意的理解，在生效文书已认定船舶公司对原告负有债务，且未发现可供执行的财产线索，有理由相信该公司无法达到债权人对其责任能力的预期，故不应以未到认缴期为由免除本案中原始股东吴某及新股东林某升的责任。根据《最高人民法院关于民事执行中变更、追加当事人若干问题的规定》第19条，作为被执行人的公司，财产不足以清偿生效法律文书确定的债务，其股东未依法履行出资义务即转让股权，申请执行人申请变更、追加该原股东或依公司法规定对该出资承担连带责任的发起人为被执行人，在未依法出资的范围内承担责任的，人民法院应予支持。吴某未缴纳船舶公司注册资本，并以1000000元对价将股权进行转让。原告主张追加吴某为被执行人，在未依法出资的范围内承担责任，证据充分，理由正当，本院予以支持。

关于被告船舶公司辩称其因疫情原因没有营业收入为由，拒绝偿还其所欠债务，无事实和法律依据，本院不予认可。

法院判决追加被告林某升、吴某为被执行人，被告林某升对被告船舶公司向原告卫某祥欠付的债务承担连带责任，被告吴某在1000000元出资范围内，对被告船舶公司向原告卫某祥欠付的债务承担连带责任。

法院的判决依据为：《最高人民法院关于民事执行中变更、追加当事人若干问题的规定》第34条规定，申请人提起的执行异议之诉，人民法院经审理，按照下列情形分别处理：（一）理由成立的，判决变更、追加被申请人为被执行人并承担相应责任或者判决变更责任范围；（二）理由不成立的，判决驳回诉讼请求。

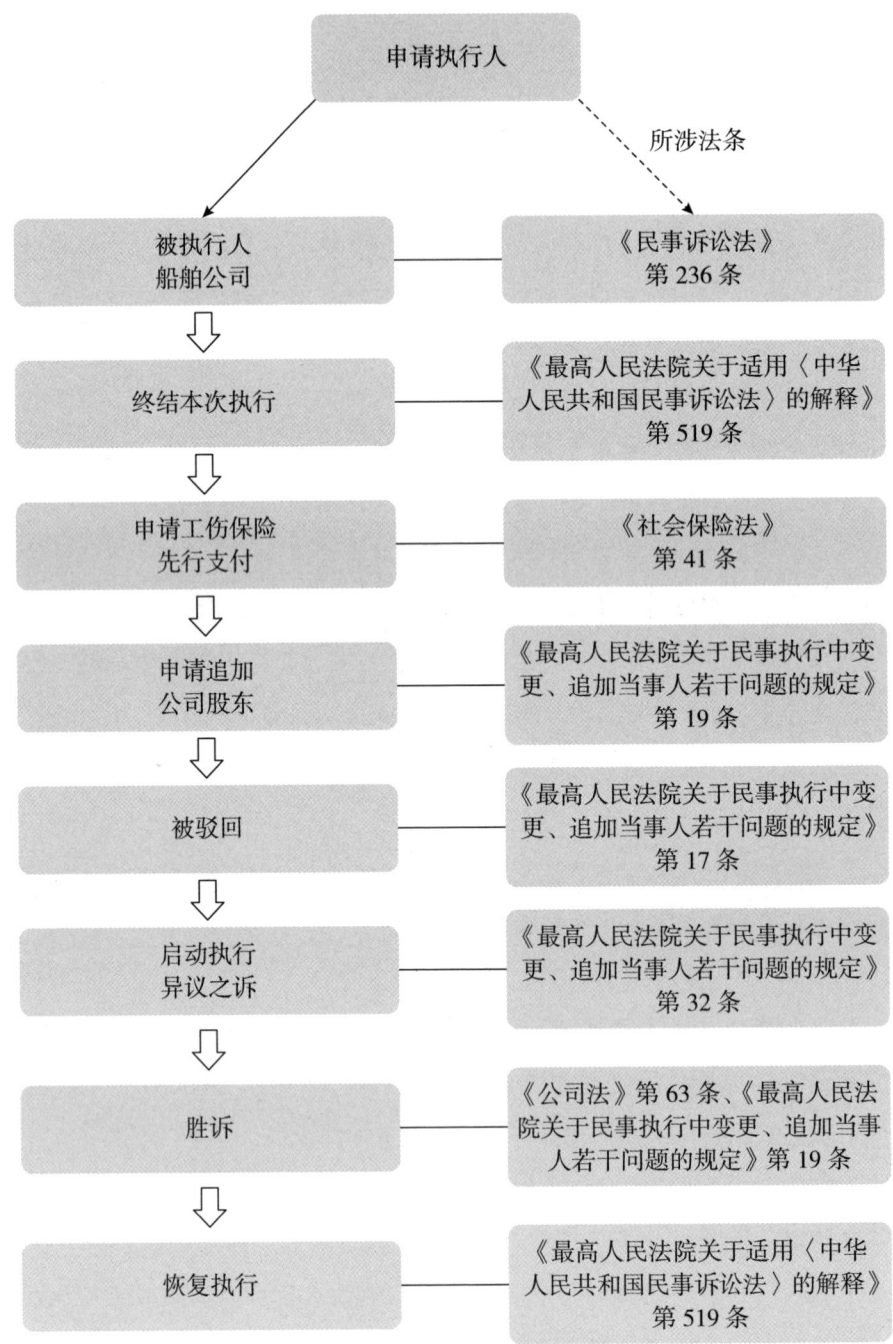

图 21-1 卫某祥案件办理流程

 **评析与思考**

执行异议与执行异议之诉的区分

《民事诉讼法》第 225 条、第 227 条以及《最高人民法院关于执行案件立案、结案若干问题的意见》（法发〔2014〕26 号）第 9 条对执行异议作出法律规定。

《民事诉讼法》第 227 条、《最高人民法院关于民事执行中变更、追加当事人若干问题的规定》第 32 条对执行异议之诉作出了法律规定。

执行异议和执行异议之诉的区别是：1. 二者主体不同。最大的不同是前者可由当事人、利害关系人提出；后者由案外人、申请执行人、债权人、被执行人提出。2. 管辖不同。执行异议直接向执行法院提出；执行异议之诉由执行法院的民事庭管辖。3. 目的不同。执行异议的主要目的是维护民事执行中当事人、利害关系人的合法权益，在执行程序中变更、追加当事人，减少当事人的诉累，节约司法资源；执行异议之诉是对执行异议救济方式的补充，当事人、利害关系人申请执行异议得不到救济时，以提起执行异议之诉的方式，补充救济执行权利人的利益。4. 程序不同。执行异议的程序是提出异议，法院作出裁定，如对裁定不服在 15 日内申请执行异议之诉；执行异议之诉则需要先提出执行异议，法院作出执行异议裁定，对执行异议裁定不服的，才可以提出执行异议诉讼，执行异议是执行异议之诉的前置程序。5. 保护的利益不同。执行异议保护的是程序性利益，法院作出的是裁定书；执行异议之诉虽然保护的也是程序性利益，但是执行异议之诉是可以保护实体性利益的，法院作出的是判决，这点与执行异议不同。

本案中，卫某祥想先通过执行异议维护自己的权益，法院驳回了其执行异议请求，最终卫某祥通过执行异议之诉维护了自己的权益。执行异议与执行异议之诉意在执行阶段就保护执行权利人的利益，如果只能通过另诉程序来增加、变更执行主体，必然增加当事人的讼累，提高人民法院的司法成本，也不利于案件的及时执结。

公司注册资金未到认缴期，股东转让股权的责任

股权转让包含股权作为财产的权属变更和受让人股东资格的取得两个环节。股权权属变动，是股权转让合同履行的结果，以满足公司章程规定的股权转让条件为前提，是股权在转让人与受让人之间的权属变更，其结果是受让人取得股权本身的财产价值及其带来的收益。股东资格是相对于公司而言的，股东资格的取得意味着公司对股权转让事实和受让人股东身份的确认。

依据《最高人民法院关于民事执行中变更、追加当事人若干问题的规定》第19条的规定，吴某作为未履行出资义务的股东，转让股权给林某升，当公司财产不足以清偿生效法律文书确定的债务时，吴某与林某升应当对公司债务承担连带赔偿责任。

最高人民法院发布的《全国法院民商事审判工作会议纪要》（2019年）第6条，对公司在非破产和未解散的情形下股东出资应否加速到期作出了规定。在注册资本认缴制下，股东依法享有期限利益。债权人以公司不能清偿到期债务为由，请求未届出资期限的股东在未出资范围内对公司不能清偿的债务承担补充赔偿责任的，人民法院不予支持。但是，下列情形除外：（1）公司作为被执行人的案件，人民法院穷尽执行措施无财产可供执行，已具备破产原因，但不申请破产的；（2）在公司债务产生后，公司股东（大）会决议或以其他方式延长股东出资期限的。

虽然"认缴制"是法律赋予股东的一项权利，但在当下，公司债务无法清偿时，股东需要提前履行出资义务，如本案中，法院最终判决林某升对船舶公司欠付卫某祥的债务承担连带责任，吴某在1000000元的出资范围内，对船舶公司欠付卫某祥的债务承担连带责任。

零元转让股权的法律后果

本案例涉及一人有限责任公司股东约定以 100 万元的价格转让股权，实际上是零元即无偿对外转让股权的情形。依照《公司法》的规定，无偿对外转让股权很容易受到内部股东的阻挠和干预，且在同等条件下，内部股东有优先购买权。没有经过内部股东同意的对外无偿转让股权的行为，很容易被内部其他股东申请撤销。但是本案中，船舶公司只有吴某一个股东，其转让行为完全可以由吴某一人决定。那么在此情况下股权转让会产生何种法律后果呢？

通常，公司进行股权转让是有转让价格的，这个价格由双方协商确定。在一些股权转让案例中，我们会发现股权转让价格很低，有些甚至是 1 元乃至更低，这时价格其实就是象征性的了。那么股权是否可以零元转让呢？答案是肯定的，任何股权均可以零元转让，无论是新三板还是主板股票。股权零转让和象征性价格转让越来越多地被运用在民营企业股权重组中。

但是，根据《最高人民法院关于适用〈中华人民共和国公司法〉若干问题的规定（三）》的规定，当公司股东没有履行出资义务却转让股权时，应当与受让人承担公司债务的连带责任。本案中，船舶公司的注册资本是 100 万元，但其唯一股东吴某并没有实际出资，而且在诉讼过程中，将其股权实际以零元转让给了林某升，其行为完全是为了逃避债务而转让股权，吴某与林某升应当承担连带赔偿责任。

关于执行听证问题

对于执行听证，法学界的表述不尽相同，并没有通说的执行制度概念及含义。目前，关于执行听证制度的概念主要有程序说和方法说两种观点。其中，程序说认为执行听证制度是执行中的一种程序，主要作用是查明执行中的事实并作出裁决。大部分制定了执行听证规则的法院持此种观点,如广东省高级人民法院制定的《执行听证程序规则(试行)》第2条规定,执行听证是人民法院在执行程序中,根据当事人、案外人对具体执行行为合法性提出的异议,以及在作出重大执行措施决定之前组织有关当事人进行公开举证、质证和辩论的程序,目的在于确定执行异议是否成立,以及执行措施是否正确的司法活动。

尽管定义不统一,但归纳起来,执行听证具有以下特征:第一,赋予执行裁判过程中当事人、利害关系人以及案外人的参与权;第二,听证程序是当事人请求权和执行机构裁决权的结合;第三,听证程序发生和运行执行过程中,用于解决执行中发生的实体性纠纷和程序性纠纷。[1]

采取听证审查方式处理执行异议固然是一种比较可靠、稳妥的方式,但如果对所有执行异议都实行听证审查,不仅会降低执行效率,还会导致司法资源的浪费。目前,执行听证基本类似于审理程序,有开庭、举证、答辩等程序,也需要查明案件事实,操作起来既需要很多的审判资源,又需要更长的时间。执行机构应当区分不同的情况,决定是否举行听证,一味劳神费力地选择听证审查,在法理上与执行程序的效率原则相悖,很容易导致审查期限超过法定的15日。即便勉强、仓促地在审查期限内完成听证,也很难保证当事人的权利和听证的效果。因此,只是在案情复杂、争议较大的情况下才能适用听证程序。

---

[1] 江必新、刘贵祥:《最高人民法院关于人民法院办理执行异议和复议若干问题规定理解与适用》,人民法院出版社2015年版,第166页。

附录一

交通事故案件中"第三者"与"车上人员"的认定

——"丈夫轧死妻子"索赔案中保险公司应否承担赔偿责任的思考[①]

一、案情概述

2010年7月3日晚上9点多,在大连市金州区华北线13KM+600M处,发生了一起车祸。由于车门没关好,坐在副驾驶位置上的宋某坠落至车外,被其正在开车的丈夫尹某林当场轧死。交警部门出具《道路交通事故认定书》,认定驾驶人尹某林负事故的全部责任,乘车人宋某无责任。事后,尹某林找到投保的保险公司索赔。

令尹某林万万没想到的是,保险公司认为,死者宋某属于车上人员,仅同意按座位险(车上人员责任险)赔偿1万元。对此,尹某林认为,自己投保了交强险和第三者商业责任险,就是为了风险发生后,能够得到相应的、足额的赔偿。保险公司只赔偿1万元,尹某林无法接受。2010年9月,该交通事故案件中死亡人的近亲属将保险公司告上了法庭,先期索赔交强险11万元。在这起民事诉讼进行过程中,法院判决尹某林犯交通肇事罪,判处其有期徒刑1年3个月,缓刑2年。

[①] 本篇文章曾收入辽宁省律师协会编:《赢:典型案例与诉讼指引(民事卷)》一书(法律出版社出版),并在2014年第3期《辽宁律师》杂志全文刊发。该案件的具体办案过程,在笔者所著的《诉讼律师疑难案件博弈之道》(法律出版社2014年版)一书中有详细记录,题目是《赢在"辩"点》,第48—89页。

二、本案中的问题

当前，在机动车交通事故案件中，有很多情形保险公司都不予理赔。比如，醉酒驾驶、无证驾驶、被保险机动车在被盗抢期间肇事、投保人逾期未支付保险费等。《机动车交通事故责任强制保险条例》第22条对此有明确规定，保险公司与投保人之间订立的保险合同也通常将这几种情形作为合同的一部分予以约定。一旦出现上述情形，保险公司将拒绝赔付，从而导致投保人与保险人之间的赔偿争议（赔还是不赔、按什么标准赔）越来越多。

接受这起案件的代理委托以后，我们认真细致地分析了案情，本案虽不属于无证驾驶、醉酒驾驶等情形，保险公司也并未拒赔，但保险公司赔偿的标准和依据存在严重问题，这也是投保人尹某林不能接受的原因之一。凭借多年的办案经验，我们认为本案诉讼须解决以下两个焦点问题。

第一，在发生交通事故时，死亡人宋某到底是"车上人员"还是"车下人员"（即"第三者"）？如果宋某被认定为"车上人员"，则应按相应险种——车上人员责任险（即通常所说的"座位险"）予以理赔，只能获赔1万元；如果宋某被认定为"第三者"，则保险公司应当在交强险限额内和第三者商业责任险中予以赔偿。后者的赔偿额度要高出前者数十倍。这是本案的关键之处。在机动车保险中，座位险和三者险之间的区别在于，座位险是专门保障车上乘客（包括驾驶员）的一个险种，投保时通常按照司机和乘客座位来确定每个座位的保额。投保了座位险的车辆，在使用过程中发生意外事故，致使保险车辆的车上人员遭受人身伤亡的，由保险人依照法律法规和保险合同的约定给予赔偿。现实生活中很多车辆投保的座位险保额都在1万元左右（指乘客座位，驾驶员座位可能会高一些）。而三者险既包括机动车第三者责任强制保险，又包括机动车第三者责任商业保险，是指以被保险人对第三者依法应负的赔偿责任为保险标的的保险。

第二，本案的诉讼主体问题。我们认为，根据《民事诉讼法》及最高人民法院相关司法解释的规定，本案中，死亡人宋某的父亲宋某某、与前夫所生的女儿吕某某、与现任丈夫尹某林所生的女儿尹某某3人作为原告提起诉讼，应无问题。问题是，如何确定肇事人尹某林的诉讼地位？他既是本次交通事故的肇事人、承担刑事责任的犯罪嫌疑人，也是其小女儿尹某某的法定代理人，还是死亡人宋某的近亲属（配偶）。在本案当中，他的身份非常特殊。他到底是作为原告还是作为被告？

三、笔者的观点

本案先后经过多次开庭审理。针对被告保险公司提出的"死亡人宋某应属于车上人员、保险公司不应在交强险限额内予以赔偿"的答辩意见，我们有理有据地发表了如下代理意见。

（一）死亡人宋某应属于车下人员（第三者），而非车上人员。

首先，保险公司将被保险人尹某林的妻子宋某排除在第三者责任险赔付范围之外，没有法律依据。

案涉保险合同为机动车辆第三者责任险保险合同。按照通常理解和国际通行的保险理念，机动车辆第三者责任险中的"第三者"，是指订立保险合同的双方当事人即保险人、被保险人（包括被保险车辆内的人员）以外的所有人。机动车辆第三者责任险旨在确保第三者因交通事故受到损害时能够从保险人处获取救济，以保护不特定第三者的利益。机动车辆第三者责任险保险合同是射幸合同，保险人是否应当给付保险金，取决于合同成立后偶然事件即交通事故的发生。本案中，尹某林驾车致其妻子死亡，此次交通事故的发生纯属偶然。尹某林的妻子作为案涉交通事故的受害者，和通常情况下与交通事故肇事者无直系血亲或其他亲属关系的第三者并无不同。难道不是"行人"就不能成为"第三者"了吗？被告的说法毫无根据。

其次，机动车是一种交通工具，任何人都不能永久地置身于机动车车辆之上，"车上人员"和车外"第三者"均系特定时空下的临时性身份，不是永久的、固定不变的，判定本案死亡人是"车上人员"还是车外"第三者"，应根据死亡人在事故发生时所置身的位置，在车上就属于"车上人员"，在车外就属于车外"第三者"。但如果是受害人跌落车外摔死，而不是被车辆撞死，则又当别论。我们注意到，本案中宋某跌落车外后，是被事故车辆碾轧致死的，其死亡时不但在车下，而且被车辆碾轧死亡。我们认为，这与普通的车外行人（第三者）被碾轧致死没有本质上的区别。

（二）三原告均为受害人的近亲属，主体适格，享有诉权。

本案中，保险公司提出，其与原告宋某某、尹某某、吕某某无保险合同关系，故三原告无权主张保险金。我们认为，这一观点是错误的，理由如下。

1. 机动车所有人投保机动车第三者责任保险后，被保险人发生交通事故需要承担的赔偿责任，因保险合同而发生转移，在保险合同约定的范围内，由保险公司承担对事故受害人无条件直接赔偿的义务。

2. 根据《保险法》的有关规定，保险人对责任保险的被保险人给第三者造成损害的，可以依照法律的规定或合同的约定，直接向第三者赔偿保险金。同时根据《道路交通安全法》的有关规定，赔偿权利人对保险公司拥有直接请求权，因而保险公司应依照法律的规定直接向赔偿权利人赔偿保险金。

3. 《最高人民法院关于审理人身损害赔偿案件适用法律若干问题的解释》（法释〔2003〕20号）① 第1条第1款和第2款规定，因生命、健康、身体遭受侵害，赔偿权利人起诉请求赔偿义务人赔偿财产损失和精神损害的，人民法院应予受理。本条所称"赔偿权利人"，是指因侵权行为或者其他致害原因直接遭受人身损害的受害人、依法由受害人承担扶养义务的被扶养人以及死亡受害人的近亲属。

（三）被告保险公司利用己方强势地位以预先设定的格式免责条款，缩小第三者范围，并最大化地免除自己的责任，该格式化免责条款系无效条款。

在现有法律、法规没有明确规定的情况下，案涉机动车辆第三者责任险保险合同的相关格式化免责条款将被保险人或被保险车辆驾驶人员的家庭成员排除在外，属人为缩小第三者的范围。该格式化免责条款的设定主要是保

---

① 编者注：该司法解释已于2020年修正。

附录一：交通事故案件中"第三者"与"车上人员"的认定 | 305

▲ 附图1　本文曾收录于法律出版社《赢：典型案例与诉讼指引（民事卷）》一书

护保险人一方的利益，有悖于设置机动车辆第三者责任险的初衷。案涉机动车辆第三者责任险保险合同是保险人事先拟就的格式合同，提供该格式合同的保险人应当遵守诚信原则。《合同法》[①]第39条规定："采用格式条款订立合同的，提供格式条款的一方应当遵循公平原则确定当事人之间的权利和义务……"《合同法》第40条规定："……提供格式条款一方免除其责任、加重对方责任、排除对方主要权利的，该条款无效。"据此，被告保险公司利用己方强势地位以预先设定的格式免责条款，缩小第三者范围，以最大化地免除自己的责任，没有法律依据，该格式化免责条款应认定为无效条款。

（四）应否先由肇事人赔偿后，保险公司才能赔偿？

法庭上，保险公司抛出的第二个观点是，交强险的保险标的是被保险人在交通事故当中应负的责任，而保险公司承担交强险责任的前提也应当是被

---

① 编者注：《合同法》现已失效。

保险车辆的驾驶人员向受害人承担人身损害赔偿责任，在这个前提之下，才涉及保险公司的理赔问题。

对此，我们认为：本案的案由是机动车交通事故责任纠纷。被告的上述说法没有任何法律根据。试问，哪一部法律规定，必须先由被保险人赔偿完之后，保险公司才能承担交强险赔偿责任？恰恰相反，交强险具有法定性和强制性的特点，它作为一种责任保险，主要功能是对被保险机动车在使用过程中，因交通事故造成的本车人员、被保险人以外的受害人的人身伤亡、财产损失，依法应当由被保险人承担损害赔偿责任时，由保险公司在交强险责任限额内进行赔偿。同时，根据《侵权责任法》①第48条的规定，机动车发生交通事故造成损害的，依照道路交通安全法的有关规定承担赔偿责任。《道路交通安全法》第76条规定："机动车发生交通事故造成人身伤亡、财产损失的，由保险公司在机动车第三者责任强制保险责任限额范围内予以赔偿；不足的部分，按照下列规定承担赔偿责任……"故，保险公司在交强险限额内可以直接向受害人予以赔偿，这也能够体现交通强制责任保险的立法宗旨。本案中，保险公司提出的"被保险人先承担赔偿责任后，保险公司才能理赔"的观点属于曲解法律，是完全错误的。

恰恰相反，不是肇事人先赔，而应是保险公司在交强险限额内先赔。发生交通事故后，受害人的损失无疑是由致害人赔偿，致害人承担的是侵权赔偿责任，归责原则一般是过错责任原则。但是，机动车一旦投保了交强险，无论被保险人在交通事故中有无过错，只要被保险人应当承担责任，保险公司就要承担赔偿责任，其归责原则是无过错责任原则。根据《道路交通安全法》第76条的规定，机动车发生交通事故造成人身伤亡、财产损失的，只要被保险人不是故意制造交通事故，首先由保险公司在交强险责任限额范围内予以赔偿，不足部分，再按照法定规则赔偿。

---

① 编者注：《侵权责任法》现已失效。

四、本案的结果

2011 年 5 月 23 日,一审法院作出裁定,认为提起诉讼的宋某的两个女儿和宋某父亲并非案涉交强险合同的被保险人,因而不具有向保险公司直接索赔的权利,也没有直接起诉保险公司的起诉权。原告尹某林虽为案涉交强险的被保险人,但其于本案中对被告所提起的诉讼,是基于其为赔偿权利人而非被保险人的身份,故原告尹某林作为本案原告主体同样不适格。另,原告尹某林作为本次事故的全部责任承担者,其从侵权行为中获益,有悖于社会正常的价值取向,亦不利于维护社会的公平与正义。法院遂驳回包括原告尹某林在内的四名原告的起诉。四名原告不服一审裁定,向大连市中级人民法院提起上诉。

2011 年 10 月 16 日,大连市中级人民法院经过开庭审理作出《民事裁定书》,认为死亡人宋某的两个女儿和宋某的父亲作为受害人宋某的近亲属,依据《道路交通安全法》的规定向保险公司主张权利,符合法律规定,具备起诉的主体资格。虽然上诉人尹某林在本案中具有三种身份,即案涉交强险的被保险人、赔偿权利人、赔偿义务人,但其系死者宋某的丈夫,其选择作为赔偿权利人亦符合法律规定,亦为主体适格。故四上诉人要求被上诉人保险公司履行交强险赔偿义务,应进行实体处理,原审裁定驳回四上诉人起诉不当。遂撤销一审法院的民事裁定,指令一审法院进行审理。

2012 年 5 月 7 日,一审法院经过审理,作出一审判决,被告保险公司在交强险限额内赔偿原告保险金 11 万元。一审判决作出后,保险公司未上诉,该判决已生效并得到履行。

2012 年 9 月 20 日,一审法院判决保险公司在第三者商业责任险限额内向三原告赔偿 20 万元。

五、几点启示

本案的诉讼历程可谓一波三折。其中,有很多地方值得深入思考。

首先,律师要有判断案件发展方向的能力,在充分论证后坚持自己的观点不动摇。在本案诉讼之初,曾经有观点认为,若本车人员坠出车外受伤或死亡的,在事故发生的瞬间,其仍认定为本车人员,无论其在车内伤亡,还是在车外伤亡,其受伤或者死亡的后果均直接由该车事故而引发,故应界定为本车人员。就本案而言,受害人宋某在副驾驶座位上乘坐,属于"本车人员",尽管事故发生后,宋某坠出车厢,但不能否认宋某是"本车人员"的事实。至于宋某已经由车上人员转化为"第三者"的说法,在本案中根本不能成立,并不是"本车人员"坠下车就可以发生转化。我们坚持认为,事故发生的时候,宋某是在车下的,已经与被保险车辆发生了分离。一审判决也采纳了我们的代理意见。

其次,作为一名执业律师,应始终以案件事实为依据,以法律规定为准绳。如果说案件的胜诉有赖于律师个人的谋略和技巧,那么最大的技巧就是,在把握法条原意的基础上,对法律条文灵活理解和娴熟运用,从而做到"让法律做主,用证据说话"。本案中,涉及《道路交通安全法》《保险法》《侵权责任法》《机动车交通事故责任强制保险条例》《民事诉讼法》,等等。我们非常注重对案件事实的把握,当被告代理人提出死亡人宋某系车上人员、已经被《交通事故认定书》予以认定时,我们反驳:交警部门作出的是事故责任的认定,不可能作出"是车上人员,还是车下人员"的认定,这不是交警的职责。被告把自己的说法(即死亡人宋某是车上人员)强加在交警身上,主要是想逃避自己的赔偿责任。

再次,律师应直面困难。本案原本是一起简单的案件,却因为保险公司的拒赔引发了这么多的复杂情节。透过这艰辛的诉讼之路,我们不难发现,在"保险容易理赔难"的现实面前,代理律师应当不畏艰辛,直面困难,具备"将官司打到底,不信春风唤不回"的勇气。应当看到,当前的司法环境和法治建设正在逐步完善,我们要善于运用法律武器来捍卫被代理人的合法权益。

最后,一定要抓住关键。打蛇要打七寸,优秀的律师既要视野开阔,能在重重迷雾中准确找到问题的症结所在;又要办事干练,能在关键时刻果断出击,解决所面临的复杂问题。从表面上看,本案似乎只是一件简单的机动车交通事故责任纠纷,但从一开始就遭遇重重困难。但万变不离其宗。本案的关键就是宋某是车上人员还是第三者。这个问题解决了，其他问题都会迎刃而解。此外，通过认真仔细地调查分析，在牢牢把握关键点的同时，我们凭借丰富的执业经验和敏锐的洞察力，在原被告双方的激烈交锋中，很快发现了本案中存在的种种问题。如，保险公司应否与肇事人一起列为共同被告的问题，在原告众多的情况下交强险赔偿金是否在诉讼时就应分清各自份额的问题，是否应当由肇事人先予赔偿后保险公司才能赔偿的问题，诉讼费的承担问题，等等。针对诉讼中存在的种种问题，代理律师要一一找出应对措施。

附录二

浅析人身侵权案件中雇员受害赔偿纠纷的几个问题[①]

——结合《民法典》第1179条、第1183条、第1192条的探讨和分析

内容摘要：《民法典》施行后，在司法实务中存在的大量人身侵权案件中的雇员受害赔偿纠纷案件，会出现哪些问题呢？本文主要从《民法典》第1179条、第1183条、第1192条及原《侵权责任法》第35条的理解与延伸，结合相关审判案例和笔者曾经办理过的案件，分别从案由、归责原则、法律关系、举证责任、第三人侵权、被扶养人生活费等几方面作简要分析，并期望最高人民法院尽快制定精细的、具有可操作性的司法解释。

雇员受害赔偿纠纷，是指在雇佣法律关系中，雇员在从事雇主授权或者指示范围内的生产经营活动或者劳务活动中受到损害，由雇主承担赔偿责任而引起的纠纷。《民法典》施行后，对于这类纠纷在法律适用上也产生了一些不同的变化，笔者结合司法实践中的粗浅体会，作以下探讨。

第一，关于案由问题。

在《侵权责任法》实施前，最高人民法院印发的《民事案件案由规定》（法

[①] 本文写于2011年，并曾在辽宁省律协2011年4月在盘锦市举办的第五届民商法论坛上宣读。收入本书时，根据《民法典》的相应规定作了调整。

发〔2008〕11号）在"特殊类型的侵权纠纷"项下规定了"雇员受害赔偿纠纷"这一案由。既然规定在"特殊类型的侵权纠纷"项下，则这类纠纷显然应适用无过错责任归责原则。

在2010年《侵权责任法》施行后，为方便当事人进行民事诉讼，需要对《民事案件案由规定》作进一步调整和补充。2011年2月18日，最高人民法院发布了《关于修改〈民事案件案由规定〉的决定》，在第二级案由"三十、侵权责任纠纷"项下增加"345、提供劳务者受害责任纠纷"，删除了"特殊类型的侵权纠纷"案由。

《民法典》实施后，最高人民法院再次印发了《关于修改〈民事案件案由规定〉的决定》（法〔2020〕346号），雇员受害赔偿纠纷案件的案由，仍然沿用了此前确定的"提供劳务者受害责任纠纷"。

第二，关于雇员与其他自然人之间形成劳务关系后归责原则的问题。

《侵权责任法》实施前，《最高人民法院关于审理人身损害赔偿案件适用法律若干问题的解释》（法释〔2003〕20号）第11条规定，雇员在从事雇佣活动中遭受人身损害，雇主应当承担赔偿责任。雇员在从事雇佣活动中因安全生产事故遭受人身损害，发包人、分包人知道或者应当知道接受发包或者分包业务的雇主没有相应资质或者安全生产条件的，应当与雇主承担连带赔偿责任。

《侵权责任法》实施后，该法第35条后半句明确规定，个人之间形成劳务关系，提供劳务一方因劳务自己受到损害的，根据双方各自的过错承担相应的责任。

这是我国法律首次明确规定雇员受害赔偿纠纷的归责原则为过错责任原则。如何理解这一规定呢？笔者认为，提供劳务一方在提供劳务过程中受到伤害，是否由接受劳务一方承担责任，要看哪一方存在过错。有过错的，当然应承担责任；没有过错的，不承担责任。法条中"相应的责任"，就是与过错程度相适应，与原因力比例相适应。

如果系提供劳务一方自己原因造成的损害，由于己方存在过失，则提供劳务者对于自己的过失造成的损害，应当自行承担责任；如果其与接受劳务一方构成混合过错，则应按照过失相抵规则确定赔偿责任。如果完全是接受劳务一方的过错，当然应由接受劳务一方承担全部责任。

根据笔者的个人理解，之所以这样规定，是因为雇员、雇主均为自然人，相比较而言，自然人雇主比法人类雇主承担责任要轻一些，因此这里采用了过错责任归责原则。这就改变了《最高人民法院关于审理人身损害赔偿案件适用法律若干问题的解释》（法释〔2003〕20号）第11条确定的无过错归责原则，相应减轻了雇主的责任，加重了雇员的注意义务，体现了公平原则。

《民法典》实施后，其中第1192条完全沿用了《侵权责任法》第35条的规定，没有修改。

第三，关于雇员与单位形成劳务关系后归责原则的适用问题。

2010年《侵权责任法》实施后，《侵权责任法》第35条仅规定了个人之间形成劳务关系后雇员受害赔偿的归责原则，并没有明确规定个人与单位之间形成劳务关系，适用过错归责原则，还是无过错归责原则。我们知道，自然人与单位之间，绝大多数形成的是劳动关系，应通过《劳动法》和《劳动合同法》予以调整。员工在工作中受伤的，可以直接按照《社会保险法》和《工伤保险条例》的规定，申请认定工伤，而后经劳动能力鉴定，依法获得相应的工伤保险待遇。所以，当时的《侵权责任法》没有对此作出规定。

但是，现实中也存在大量的个人与单位之间形成劳务关系的情形。我们这里主要探讨两种情形，第一种情形是，一部分自然人与单位确实形成了劳务关系，如某轴承制造销售有限公司利用1天的时间，临时找了2个人为公司搬砖砌墙，日劳务费为700元。在这种情形下，2名雇员的工作与公司正常的轴承制造销售工作无任何关系。2名雇员一旦在砌墙过程中受伤，应如何适用法律？应采用哪一种归责原则？第二种情形是，已经办理了退休手续、年龄确实超过法定退休年龄的自然人，被某用人单位聘用后在工作中受伤，应如何适用法律和归责原则？

笔者认为，在《民法典》出台之前，上述两种情形中的雇员受到损害的，都应适用无过错责任归责原则。这是因为，作为法人雇主的用人单位，其应当比自然人雇主具有更高的安全注意义务，也具有更强一些的赔偿能力。对于此类雇员受害赔偿的归责原则，应适用《最高人民法院关于审理人身损害赔偿案件适用法律若干问题的解释》（法释〔2003〕20号）第11条确定的归责原则。

但是，《民法典》施行后，《最高人民法院关于审理人身损害赔偿案件适用法律若干问题的解释》（法释〔2003〕20号）被修订，原第11条的规定被删除。而《民法典》继续沿用了《侵权责任法》第35条的规定，并没有对自然人与单位之间形成劳务关系应当如何承担侵权责任作出规定，笔者认为需要作出进一步的司法解释，解决雇员受害赔偿责任中的一些细节问题。

第四，超过退休年龄的职工在工作中受伤的，是"劳务"还是"劳动"？

目前，针对超龄职工在工作中受伤是否为工伤的认定在全国各个省市规定并不相同，大致有三种情况：（1）明确规定不予受理。如《北京市实施〈工伤保险条例〉办法》规定不予受理，该办法规定，受伤害人员是用人单位聘用的离退休人员或者超过法定退休年龄的，对工伤认定申请不予受理。（2）明确规定可以享受劳动保险。如《上海市劳动和社会保障局、上海市医疗保险局关于实施〈上海市工伤保险实施办法〉若干问题的通知》规定，本市用人单位聘用的退休人员发生事故伤害的，其工伤认定、劳动能力鉴定按照《实施办法》的规定执行，工伤保险待遇参照《实施办法》的规定由聘用单位支付。（3）没有明确规定。如大连市对此未作规定，但大连市司法实践中的通常做法是按照雇员受害赔偿纠纷处理，如笔者曾在2010年办理过的吴某艳案件，大连市旅顺口区人民法院就是按照"雇员受害赔偿纠纷"予以立案，最终调解结案。

对于这个问题，早在2007年7月5日，最高人民法院行政审判庭就作出

《关于离退休人员与现工作单位之间是否构成劳动关系以及工作时间内受伤是否适用〈工伤保险条例〉问题的答复》（〔2007〕行他字第6号），该答复中规定，"根据《工伤保险条例》第二条、第六十一条等有关规定，离退休人员受聘于现工作单位，现工作单位已经为其缴纳了工伤保险费，其在受聘期间因工作受到事故伤害的，应当适用《工伤保险条例》的有关规定处理"。这里要特别注意，该《答复》中明确，现工作单位已经为其缴纳了工伤保险费的，按工伤处理。那么，现工作单位没有为其缴纳工伤保险费的，如何处理？对此，2010年3月17日，最高人民法院行政审判庭又作出《关于超过法定退休年龄的进城务工农民因工伤亡的，应否适用〈工伤保险条例〉请示的答复》（〔2010〕行他字第10号），其中规定，用人单位聘用的超过法定退休年龄的务工农民，在工作时间内、因工作原因伤亡的，应当适用《工伤保险条例》的有关规定进行工伤认定。

第五，关于被扶养人生活费的"存废"问题。

《侵权责任法》实施前，我国《民法通则》《消费者权益保护法》《产品质量法》中均有"被扶养人生活费"的规定。

在2010年《侵权责任法》施行后，该法第16条和第22条规定的人身损害赔偿项目中包括医疗费、护理费、交通费、误工费、残疾生活补助具费、残疾赔偿金、丧葬费、死亡赔偿金和精神损害抚慰金9项，但没有规定被扶养人生活费。那么在大量的雇员受害赔偿纠纷中，还能否主张被扶养人生活费这一赔偿项目？

对此，在律师界——特别是代理雇主一方的律师的一种理解是，该赔偿项目已经被完全取消，理由是被侵权人（受害人）已经获得了误工费、残疾赔偿金或者死亡赔偿金，如果不发生人身损害事件，权利人也就是用自己劳动所得的报酬（相当于误工费）支付被扶养人的生活费用，因此在法律中另行规定该赔偿项目，属于重复规定，有加重侵权人负担之嫌，不符合民法所倡导的公平原则和侵权责任法的"填补"原则。

另外的一种理解是，在我国《民法通则》《消费者权益保护法》《产品质量法》中均有"被扶养人生活费"的规定，《侵权责任法》予以取消的话，将无法与上述三部法律相衔接，造成法律适用上的混乱。特别是2010年6月30日，《最高人民法院关于适用〈中华人民共和国侵权责任法〉若干问题的通知》第4条规定："人民法院适用侵权责任法审理民事纠纷案件，如受害人有被扶养人的，应当依据《最高人民法院关于审理人身损害赔偿案件适用法律若干问题的解释》第二十八条的规定，将被扶养人生活费计入残疾赔偿金或死亡赔偿金。"这就使有被扶养人的残疾赔偿金和死亡赔偿金与立法精神一致了，同时也与《最高人民法院关于审理人身损害赔偿案件适用法律若干问题的解释》的做法完全一致。也就是说，《侵权责任法》规定的死亡赔偿金、残疾赔偿金等于《最高人民法院关于审理人身损害赔偿案件适用法律若干问题的解释》规定的死亡赔偿金、残疾赔偿金和被扶养人生活费之和。

笔者认为，《最高人民法院关于适用〈中华人民共和国侵权责任法〉若干问题的通知》导向很明确，廓清了我们头脑中的疑云，那就是——受害人仍可主张被扶养人生活费这一项目。

2010年，笔者在《侵权责任法》施行之后代理的一起雇员受害赔偿纠纷案件，就依法主张了被扶养人生活费这一赔偿项目，并获得了法院的支持。2010年6月9日下午4时许，原告杨某林接受被告王某德雇佣为他人安装太阳能热水器，在安装过程中原告从被安装人的房屋上坠下，被医院诊断为脾破裂，并进行了脾切除手术。2010年10月28日，原告委托笔者将被告起诉到普兰店市人民法院，索赔项目中包括被扶养人生活费24528元及残疾赔偿金等共计20多万元。2011年3月23日，法院作出一审判决，支持了其中的被扶养人生活费24528元（15330元×8年÷2人×40%）。

《民法典》施行后，其中第1179条、第1183条沿用了《侵权责任法》第16条和第22条的规定，同时《最高人民法院关于审理人身损害赔偿案件适用法律若干问题的解释》（法释〔2020〕17号）第16条规定，被扶养人生活费计入残疾赔偿金或者死亡赔偿金。很明显，被扶养人生活费并不是被取消了，而是被吸收到了残疾赔偿金或死亡赔偿金中。

第六，关于举证责任问题。

《侵权责任法》实施前，从《最高人民法院关于审理人身损害赔偿案件适用法律若干问题的解释》（法释〔2003〕20号）第11条可以看出，举证责任应当主要在于雇主，雇主承担的是无过错责任。

《侵权责任法》实施后，第35条的规定明显加重了雇员一方的举证责任，受损害的雇员不仅要证明侵权行为的存在（因劳务受到损害）、损害的后果，还要证明雇主有过错。今后，作为雇员受害赔偿纠纷案件的代理人，应对这一变化有清醒的认识。这里，不仅是举证责任上的变化，还包括减轻自然人雇主赔偿责任上的变化。在无过错责任原则下，一般而言，要求雇员有重大过失才能减轻赔偿义务人的赔偿责任。而在过错责任原则下，雇员有一般的过失，也应当减轻赔偿义务人的赔偿责任。

《民法典》施行后，沿用了《侵权责任法》第35条的规定，同样加重了雇员一方的举证责任。

第七，雇员在第三人侵权时赔偿义务主体问题。

《最高人民法院关于审理人身损害赔偿案件适用法律若干问题的解释》（法释〔2003〕20号）第11条规定，雇佣关系以外的第三人造成雇员人身损害的，赔偿权利人可以请求第三人承担赔偿责任，也可以请求雇主承担赔偿责任。雇主承担赔偿责任后，可以向第三人追偿。该条文规定了第三人侵权致雇员损害的，雇员享有选择权，其可以请求第三人承担赔偿责任，也可以请求雇主承担赔偿责任。

《侵权责任法》实施后，没有明确规定雇员在提供劳务时因第三人原因受到损害的，接受劳务一方是否应承担赔偿责任。《侵权责任法》第28条规定，损害是因第三人造成的，第三人应当承担侵权责任。再结合《侵权责任法》第35条来分析，第三人侵权致雇员损害，如果雇主无过错，则雇员不享有"既可以请求第三人承担赔偿责任，也可以请求雇主承担赔偿责任"的选择权，其只能要求第三人承担赔偿责任，不能要求雇主承担赔偿责任。

《民法典》施行后，有效地解决了该问题。《民法典》第1192条规定，提供劳务期间，因第三人的行为造成提供劳务一方损害的，提供劳务一方有权请求第三人承担侵权责任，也有权请求接受劳务一方给予补偿。接受劳务一方补偿后，可以向第三人追偿。该条规定吸收了《最高人民法院关于审理人身损害赔偿案件适用法律若干问题的解释》（法释〔2003〕20号）第11条的规定，赋予遭受第三人侵害的提供劳务一方以选择请求权，其既可以请求实施侵权行为的第三人承担赔偿责任，也可以请求接受劳务一方承担赔偿责任，接受劳务一方承担侵权责任后，可以向第三人追偿。实施侵权行为的第三人与接受劳务一方的关系为不真正连带债务，从终局责任承担的角度考虑，接受劳务一方承担赔偿责任后，可以向第三人追偿，这种追偿是代位清偿的追偿权。

以上，是笔者在《民法典》施行后，结合此前的《侵权责任法》及最高人民法院司法解释的规定，对雇员受害赔偿纠纷案件的几个问题所做的简单探讨，希望律师同仁在今后办理此类案件时，能够充分领会立法本意，不断提高执业水平。同时期望最高人民法院尽快就《民法典》侵权责任编完善相应的司法解释，以破解目前司法实务中律师和法官所遇到的法律适用上的一些难题。

附录三

"石看纹理山看脉"[1]

——发挥律师参与调解的主观能动性，倾力化解矛盾纠纷

调解解决纠纷符合社会大众的价值观念，也体现了中华民族追求自然秩序、社会秩序和谐的理想。通过调解，可有效避免冗长的法庭诉讼，减少人力、物力上的消耗，降低纠纷解决成本。通过调解还可以有效避免"执行难"的现象。若干年前，笔者在代理的人身损害赔偿案件中，忠于事实和法律，成功调解了一批案件，促使双方当事人及时地息诉止争。

第一，在调解中依法依规，突出一个"讲"字。

在开展调解工作中，笔者充分依据法律、法规、规章和政策进行调解，充分贯彻"合法性原则"，不厌其烦地向当事人宣讲相关的法律知识，最终使当事人之间互谅互让，达成了一致意见的和解协议。

在张某与大连某重工有限公司工伤索赔一案中，笔者就是通过宣讲法律知识，促使用人单位与劳动者在调解现场达成了《赔偿协议书》，次日上午就支付了8万元款项。

案情是：2009年3月11日上午10时许，37岁的张某在大连某重工有限公司工作中，被台钻钻伤左手臂，先后2次住院共计25天。在张某受伤后，单位没有按规定为其申报工伤。而张某也未在一年期限内去申请认定工伤。

---

[1] 作者于2011年度参与了当地司法行政机关组织的"化解矛盾纠纷优秀律师"评选活动，本文系从其报送的材料整理而成。

张某妻子在 2010 年的 7 月 2 日委托笔者代理这起案件，向公司索赔。笔者反复翻阅当事人提供的相关证据材料，一边向当事人详细询问公司的情况，一边考虑此案有无调解的空间和可能。

2010 年 7 月 8 日下午，笔者与张某等人一起来到公司新的经营地点，与公司经理王某进行面对面"谈判"。笔者利用 2 个多小时的时间向王经理讲解了工伤的无过错赔偿原则、享受工伤待遇不以行政程序的工伤认定为必然前提等法律知识，并将 2009 年 5 月 22 日《人民法院报》刊登的案例《享受工伤待遇不以行政程序工伤认定为必然前提》拿给王经理看。见其思想有所松动，笔者适时提出，公司应实际向张某支付工伤赔偿款 9 万余元。出人意料的是，经过近 3 个小时的沟通，最终双方达成协议，公司一次性支付张某人民币 8 万元整。第二天（2010 年 7 月 9 日），公司将 8 万元款项以现金方式交付到张某手中。2010 年 7 月 13 日，《大连晚报》以《调解 3 小时受伤员工获赔 8 万》为题，报道了此案。

第二，在调解中要有耐心，做到一个"勤"字。

在一些案件中，笔者突出诉前调解的作用，不怕吃苦受累，有时经常在当事人之间往返数次。王某利的索赔案件，就是通过勤跑、勤说、勤沟通，最终说服和打动了企业领导，双方很快达成了调解协议。

该案案情是：2009 年 3 月 15 日下午 2 时许，王某利在某造船厂大院内的外协单位——南通某钢业有限公司工作中，在 T30-20# 船 2011 段进行打磨作业时，被爆裂的砂轮片崩伤左眼及鼻子，前后共住院 5 次，计 63 天。后王某利被认定为工伤，鉴定为 7 级伤残。为顺利获得各项赔偿，王某利委托笔者代理其工伤待遇索赔案件。笔者详细查看了用人单位的相关资料，为避免工伤案件程序烦琐、时间长的不利因素，使经济困难的王某利快速得到赔偿，笔者决定调解解决此案，遂从 2010 年 8 月初开始，近 5 次到位于香炉礁附近的钢业公司，向其提交了王某利的《工伤索赔额计算明细及法律依据》及其他相关证据材料。钢业公司安全员对王某利的索赔项目，如解除劳动合同经济补偿金等都提出了异议，笔者再次与钢业公司进行多次细致沟通并进行了相关的法律宣讲。至 2010 年 9 月 1 日，双方经多次协商最终达成调解协议，钢业公司终于同意一次性支付王某利各项工伤待遇合计 116136.04 元（含工伤保险基金支付的一次性伤残补助金 16136.04 元）。

从接受委托开始不到 1 个月，就顺利解决了此案，这是笔者充分发挥调解主观能动性的结果。

第三，在调解中开动脑筋，用活一个"借"字。

调解工作是一门艺术，在当事人各方有调解意愿时，可动员、借助多种社会力量协助，抓住主要矛盾，引导当事人换位思考，解决纠纷。

在纪某案件中，笔者就是采取了"多方位借力"的方式，促成了双方的调解。2010 年 5 月 12 日早上 7 时许，纪某受雇于张某某，在中交一航局第三工程有限公司承包的大连某建筑工程安装有限公司分包的大连湾和尚岛杂货及滚装泊位扩建工程中船上干活时，右脚拇趾被缆绳勒成骨折，住院 40 天。

纪某的父亲向张某某索赔未果，委托笔者代理这起纠纷案件。笔者了解到纪某的雇主张某某系挂靠在大连某建筑工程安装有限公司名下的事实，遂与张某某取得了联系，要求其向纪某支付赔偿。在电话中，张某某称自己在外地，回来再解决此事。但一连等了几天，再打电话，张某某的电话已经停机了。怎么办呢？为了尽快解决此案，在向大连海事法院起诉之前，笔者决定"借力"解决此案。笔者找到位于世贸大厦附近的中交一航局第三工程有限公司法律事务部，说明了纪某的情况。该公司法律事务部曲某钢部长得知这一情况后，联系到了大连某建筑工程安装有限公司，要求建筑公司敦促张某某尽快妥善解决此事。在该公司的催促之下，2010 年 8 月 13 日，张某某主动找到笔者，先是埋怨纪某要求赔偿不跟他说，而是直接捅到了承包人中交一航局第三工程有限公司那里，对他很不利。对此，笔者指出，纪某受伤后，张某某作为雇主，理应妥善解决好受害人的疗养、康复等问题，并应及时向受害人发放劳务费或者工资，以保证其生活需要和加强营养，特别是纪某还属于未成年人（受伤时17周岁），更应受到我国法律的特殊保护。同时笔者向他出示了本案的全部证据材料及病历资料，说明了本案诉诸法院的后果。经过笔者反复进行法律宣讲和劝说，张某某最终同意调解解决此案。8月18日下午，双方在开发区达成了调解协议，张某某一次性向纪某支付了赔偿款项。

第四，在调解中坚持底线，遵守一个"德"字。

近年来，我国律师业在取得可喜发展的同时，也出现了一些问题，集中表现为：背离法律，唯利是图，缺乏诚信和职业良心，导致社会公众对律师产生非议。笔者在做诉前调解工作中，也充分认识到，律师避免不了与对方当事人接触和沟通，这就需要站稳立场，严格遵守职业道德规范。

在一起调解案件当中，对方单位负责人坚持要送给笔者一笔钱，被笔者婉拒，同时促使双方当事人达成了调解协议。2010年6月9号早上8点左右，52岁的女工吴某艳在大连旅顺一家贸易有限公司下蹲干活时，被门口的铁门砸中右肩。公司将吴某艳送到营城子地区医院，诊断为骨折移位。吴某艳当天又被送到大连医科大学附属第一医院检查，确诊为右肱骨大结节撕脱骨折。为节省手术费用，吴某艳受伤第二天到大连造船医院住院治疗。2010年8月30日，吴某艳自己到旅顺口区人力资源和社会保障局申报工伤，工伤部门向她出具了《一次性补齐材料告知书》，但她不知道该怎么去做，于是在2010年9月上旬委托笔者代理她的损害赔偿案件。

笔者随即与公司老板韩某数次通电话并见面，做了大量调解工作。就在10月17日下午快下班的时候，公司老板韩某打来电话，说就在律所办公楼下，要求见个面。为了避嫌，笔者邀请同事张红伟律师一起下楼到车上与这位老板见面。笔者刚一上车，老板韩某坐在驾驶位置上，用手指着前边风挡玻璃处的一个牛皮纸档案袋，努努嘴，暗示要笔者拿走。笔者并没有拿，而是对他说："韩老板，吴某艳作为外地来打工的劳动者，非常不容易。假如你是吴某艳这样的劳动者，也在工作中受到了这样的伤害，是不是也想获得一定的赔偿呢？拿人心比自心，你应该妥善处理好这个问题。"他说回去再考虑一下，怏怏离去。出人意料的是，第二天（10月18日）双方居然达成了调解协议。

总之，调解是定分止争的重要形式之一，律师在执业和处理具体案件中，只要发现有调解意向和端倪的案件，就应当本着"能调速调、应调尽调"的原则，运用各种合法手段，采取各种措施，争取调解成功。本文采用"石看纹理山看脉"作为标题，意指律师要洞察双方当事人的心理状态，掌握调解技巧，积极地促使双方各让一步，求同存异，最终自愿达成协议。

附录四

专访文章：律师博弈之道[①]

——《方圆律政》记者 2015 年 3 月对笔者的一次采访

《方圆律政》见习记者　唐涛涛 / 文

一本书就是一段记忆，身居大连的张荣君利用从春到秋大半年的业余时间，终于完成了 33 万字的著作《诉讼律师疑难案件博弈之道》，让读者通过该书获取一些法律技能和意识是他的初衷，而这个初衷也成了他半年著书历程的佐证。

方圆律政：张律师请你介绍一下该书。

张荣君：我当初在写作该书时，充分吸纳了出版社编辑提出的意见，明确该书的受众是年轻的律师，遂将该书定位为"诉讼律师业务指南丛书"。所以我精心遴选了亲身经历的包括刑事案件、建筑工程、房地产、交通事故、工伤等 17 个精彩案例，将自己的诉讼技巧和诉讼历程展现给读者。

方圆律政：是什么原因促使您创作这本书？

张荣君：对年轻的律师而言，在走上律师道路后，最初碰到的，也是最容易接触到的案件，还是诉讼案件。以我个人为例，我在 2008 年刚做律师时，

[①] 本文 2015 年 4 月刊载于最高人民检察院主管、检察日报社主办的《方圆律政》杂志，第 58—59 页。题目中的"博弈之道"四字系该刊记者为呼应笔者的上一本书《诉讼律师疑难案件博弈之道》所写，与本书书名的副题"诉讼律师办理疑难损害赔偿案件实战之道"从字面上看，是不同的。

▲ 附图2 《方圆律政》杂志的专访文章：律师博弈之道

第一个案件就是一起人身损害赔偿纠纷，当时我代理被告一方，收取了2000元代理费。就是说，大部分年轻的律师，可能都会像我一样，刚执业的时候，没有什么人脉和资源，你让他上来就找到一家或几家顾问单位，去做非诉业务，是不现实的。但是，如果他去做诉讼业务，就相对容易得多。关键是接到案件后怎么做呢？有时候，往往越小的案子，法律关系越复杂。那么，我出版这本书是想给年轻律师一个从业"样本"。

同时，年轻律师对相关的法律条文几乎都很熟悉，但如何把这些法律规定有效地运用到诉讼中去，对官司有所帮助，年轻律师在这方面的经验还有待提高。一般来讲，审案法官不会在法庭上听代理律师唠叨这些法律条文。法官要看的是什么？首先看的是证据，其次是看律师能否把法律关系理顺。而这本书，就是对一些常见案件的诉讼历程进行了详细的、有条理的归纳和阐述，从而给年轻律师呈现一个系统的"工具书"。

方圆律政：在该书中您有哪些理念与体会与读者分享？

张荣君：通过这本书，我想向大家宣示一个不变的"真理"：正义还是有的，可能会迟一些，而迟来的正义总比没有正义要好得多。我们任何人心中都要坚定"正义"二字，用百姓的话来讲，就是"举头三尺有神明"。古罗马时期，司法女神朱斯提提亚雕像背面经常刻有一句法谚：为了实现正义，哪怕天崩地裂！而我在承办每一起复杂诉讼案件时，都会把这句法谚奉为座右铭，不断鼓励自己和当事人把官司打下去，坚持到最后之际，就是胜诉到来之时。从这个角度而言，这本书也可以说是一本"正义的手记"，然后，我也希望将正义的理念带给更多的读者。

方圆律政：本书的书名选取"博弈"两个字，有什么内涵吗？

张荣君：这里的"博弈"二字，是要作扩大解释和广义上的理解，既包括与对手之间的"博弈"，还包括与诉讼中其他各方如法官、当事人之间有效的沟通和交流，涉及方方面面。当然，在诉讼案件中，最主要的还是跟对手之间的"博弈"。从受案开始，作为一名专业律师，就要认真思考，通过哪些途径能够使案件获得胜诉，包括收集组织证据、研讨庭审方案、确定诉讼方向、提炼辩论观点等。而每一场官司都是一次战役，"凡事预则立，不预则废"，一定要进行全面和周密的准备。律师的全部准备工作就是要在"法庭"这个"战场"上展示出来，这属于"正面博弈"。而在这种博弈过程中，要讲究进攻、迂回、侧击、后退和防守策略。在这方面，我读过大量的博弈论和战争军事学的书籍，如《策略思维》《孙子兵法》等。事实证明，这些对于我经历的诉讼"之战"都有一定的启示。例如，本书中的第八篇《围魏救赵》一节，围绕一起蹊跷的轿车诉讼案，当事人在一审民事官司败诉后，我直接告诉他，不要再考虑上诉的事情，而是要转变诉讼思路、调整诉讼方向，打一场民告官的行政诉讼。这一策略确定及实施后，仅用20天时间，该案未开庭就结案，出奇的顺利。从这点来看，律师博弈更多的是自己学习之后的积累，我愿通过博弈之道，有效保障当事人的合法权益。

方圆律政：作为诉讼领域的知名律师，您长期专注于诉讼业务的研究，请您介绍一下诉讼律师在处理疑难案件时需要具备什么样的素质？

张荣君：我认为，一名合格的诉讼律师必须具备三种素质：一是过硬的法律功底。这就要不断加强学习，在熟读、熟记、熟用法律条文的基础上，结合相关的法学理论知识，综合运用到实务案件中去。二是必要的技巧和技能。律师只有法律知识还远远不够，还要具备如何把你的服务转化为可以实现经济价值的产品而进行销售的能力，让你得到客户的认可、尊重、信任和赞赏。三是良好的沟通和协调能力。做诉讼律师，不可避免地会与法院等各方打交道，那么如何实现我们的价值目标，如何让法庭采纳我们的观点，听得进去我们所说的话，这也是一个关键性的问题。律师要做到圆融而不圆滑、沟通而不勾兑、有利可图而不唯利是图。如此，才能做好一名诉讼律师。

方圆律政：这本书出版后，对您自身而言，有什么影响吗？

张荣君：这本书出版后，算是有了一点点"小名气"，但我所忌讳的地方也正在于此。有句话叫"不忘初心，方能始终"。我不想因一点虚名而迷失了方向，迷失了自己。这本书刚上市的时候，有一家公司老板找到我说，愿意与我们合作召开一个新书发布会，但我们经过考虑之后放弃了。我的想法是，不要把书籍这种精神食粮搞成特别商业化的东西，真金需要火炼，一本书到底如何，最终需要经过市场的检验和读者的认可。

后记

铭记一段历程

　　整理和写作一本为弱者维权的法律实务书籍，是我多年以来的夙愿。

　　然而，日常工作繁杂，各种琐事缠身，直到今天，这本小书才最终完成，深感愧疚。写作本书的宗旨，主要是对自己承办过的此类案件做一个总结和梳理，是对自己执业初期那种激情似火的时光的一个纪念。再回头来看这些案件，仍然是让我欢喜让我忧，让我兴奋让我愁。那些我曾经帮助过的当事人的面孔，都会一一浮现在眼前，他们那善良、朴实、憨厚、愤怒的神态，他们那委屈、卑微、隐忍、无助的身影，常常让我感慨和唏嘘不已。

　　德国法学权威耶林先生在题为《为权利而斗争》的著名演讲中说道，权利斗争是权利人受到损害，对于自己应尽的义务。美国人罗纳德·德沃金还写过一本《认真对待权利》的书，他在书中论述的关于个人权利的法律与道德理论使他成为最有影响的法律学者之一。我作为一名律师，经常把这种为底层小人物的维权工作称为"底线正义"。

　　我是从 2008 年 5 月 3 日来到海滨城市大连，开始我的律师生涯的。世事如棋，白驹过隙，一晃十几年就这么飘然而逝。想当初，刚踏入律师这个行业时，摆在面前的头一个问题就是，我的业务从哪里来？从何处打开突破口？怎么才能让当事人和客户找到我？我在思索着对策。我横下一条心，从加入某律师事务所的第一天起，就要了一张属于自己的独立办公桌，此举后来被个别律师嘲笑为"老鳖"，也许是指我愚笨、不精明的意思。想想也是，一分钱没挣，先支付给律所一笔不菲的桌位费和管理费，不是"老鳖"又是什么？

　　但很快，至少是在 2008 年夏季到 2010 年的短短几年间，我就有了源源不断的案子，我独立办理了大量的——涉及生命权、健康权、身体权纠纷的——为受害人或其家属维权的案件。由于刚踏入律师这个行业，我"不求闻达于诸侯"，期待值相当低，只要有案子做，哪怕每月收入不高，我也感到特别充实和幸福。无论别人怎么看，我始终认为自己的生活丰富多彩。我每天不厌其烦地研读案卷，来去匆匆地奔走于各级法院、政府部门和企事业单位之间，晚上则伏于床头展书阅读，咀嚼那些异常枯燥的法条，并随手记下一天的体会和办案感受，真是苦在其中，乐在其中。

那时候，有一个阶段，对我而言甚至出现过这样一个景象——很多身体受伤的当事人和家属都排着队到我所在的律师事务所，点名道姓找我代理他们的案子。我有时为了搞清楚他们的先后顺序，不得不安排人事先给他们每人发一个"号牌"，然后像医生诊病那样叫号，一个一个地接待他们，听取他们或忧伤或沉重的叙述。有很多人后来都成了我的老客户。时移世易，这段稚嫩和青涩的历史，至今还被一些同行传为佳话。而正是做了这些案件，我非常荣幸地被司法行政机关和总工会联合授予了"十佳职工维权律师"的称号。

如今，收在这本小书里的一些案件都是那时候做的。但由于篇幅和字数的限制（我颇不喜欢"大部头"），这本小书里的案例，仅是我办理过的人身侵权案件中的一小部分。这本小书出版后，紧接着会推出我关于房地产方面的代理手记。当然，有很多文字还在不断准备和完善中。

几年前，曾读到俞敏洪的《从绝望中寻找希望》一书。我想，我们做律师的，面对每一个棘手的案件时，面对当事人每一个忧虑的眼神时，面对接踵而来的各种压力时，又何尝不是"从绝望中寻找希望"呢？只不过，俞敏洪是针对公司创业历程来说的，是针对如何经营好"新东方"来说的。而我们，则是为了如何突破摆在面前的每一个疑难案件，去寻求法律上的解决之道。

接触过我的很多人，也许会认为我是一个非常勤奋和刻苦之人。但我自己认为，我是一个生性懒散之人。我很希望把律师这份紧张的工作与自己追求的读书之类的个人生活有机结合起来，以期达到那种晴耕雨读或半耕半读的状态。时至今日，只能说我做到了一小部分，因为每天的工作依然太忙了。

总体而言，这几年，我们国家的法治建设进程有了明显的、快速的发展。但揆诸实际，保护弱势群体的法律法规，还是需要进一步细化、加强和完善，需要不断增强可操作性和执行性，不能让有些法律"说起来好听，看起来很美，用起来无力"，更不能让有些法律条文长年累月地躺在法典里"酣睡"。就像我这本小书里的那篇手记"'祸'后之惑，法律之问"中所呼吁的，法律授权的机关或者有关组织是哪个？至今没有答案，应该尽早地确定下来。我虽然只是办了这么一个"无名氏"的案件，但从全国广阔的地域而言，类似案件肯定不在少数。

一位名人说过："我们都是普通人，这一生，就让我们做点普通人能够做的事情吧。"本书也仅是我选取以前办理过的若干同类案例，集在一起向感兴趣的读者朋友介绍一下，并不期冀得到什么"笔落惊风雨，声名从此大"的效应，毕竟时代不同了，别把自己太当回事儿！

综上，本人不揣浅陋，"不贵尺之璧而重寸之阴"，增删成书，聊备识者一阅，并请批评指正！

最后特别感谢我的两位亦师亦友的朋友——全国人大代表李宗胜和东北财经大学法学院邹世允先生，他们能在百忙中抽出宝贵时间作序，为这本小书增添了很多色彩。序言中的诸多溢美之词，我实在不敢当，也没有做得那么好。我把他们的话语当成一种鼓励和鞭策，在以后的执业道路上，虚心做人，恪尽职守，不饱食以终日，力争做一名更好的律师工匠。

张荣君
二〇二一年二月

图书在版编目(CIP)数据

正义在左,赔偿在右:诉讼律师办理疑难损害赔偿案件制胜之道 / 张荣君著. —北京:中国法制出版社,2021.5

ISBN 978-7-5216-1808-2

Ⅰ.①正… Ⅱ.①张… Ⅲ.①赔偿—案例—中国 Ⅳ.① D923.05

中国版本图书馆 CIP 数据核字(2021)第 068008 号

策划编辑:马春芳
责任编辑:马春芳 　　　　　　　　　　　　封面设计:周黎明

正义在左,赔偿在右:诉讼律师办理疑难损害赔偿案件制胜之道
ZHENGYI ZAI ZUO, PEICHANG ZAI YOU: SUSONG LÜSHI BANLI YINAN SUNHAI PEICHANG ANJIAN ZHISHENG ZHI DAO

著者 / 张荣君
经销 / 新华书店
印刷 / 三河市国英印务有限公司
开本 / 720 毫米 × 960 毫米　16 开　　　　　印张 / 21.75　字数 / 310 千
版次 / 2021 年 5 月第 1 版　　　　　　　　　2021 年 5 月第 1 次印刷

中国法制出版社出版
书号 ISBN 978-7-5216-1808-2　　　　　　　　　　定价:76.00 元

北京西单横二条 2 号　　　　　　　　　　传真:010-66031119
邮政编码 100031
网址:http://www.zgfzs.com　　　　　　　编辑部电话:010-66073673
市场营销部电话:010-66033393　　　　　邮购部电话:010-66033288

(如有印装质量问题,请与本社印务部联系调换。电话:010-66032926)